급수시험을 대비하는

실용한자

급수시험을 대비하는
實用漢字

신현규

북페리타
BOOK PELITA

신현규

저자는 중앙대에서 고전문학(한문학)을 전공하고, 『壬丙兩亂을 素材로 한 漢文敍事詩 硏究』(1996) 박사논문으로 문학박사를 취득하였다. 현재 중앙대학교 다빈치교양대학 교수로 재직 중이다. 문화관광부 우수학술도서로 『조선조문인졸기』(1998)가 선정되었다.

그밖에 『기초한문』(1997), 『국어와 생활한자의 이해』(1999), 『초급한문』(2000), 『기초한문』(2001), 『한국문학의 흐름과 이해』(2002), 『실용한자의 세계』(2002), 『현대인의 언어와 표현』(2004), 『꽃을 잡고 ; 일제강점기 기생인물생활사』(2005), 『중국간체자여행』(2005), 『현대인을 위한 글쓰기 기술』(2005), 『고려조문인졸기』(2006), 『글쓰기를 위한 책읽기』(2006), 『기생, 조선을 사로잡다』(2010), 『글쓰기 1』(2010), 『교양한문』(2011), 『고려사악지-아악.당악.속악』(2011), 『중국창기사』(2012), 『대학생을 위한 글쓰기』(2014) 등이 있다.

급수시험을 대비하는
실용한자

1쇄 발행일	2014년 8월 14일
4쇄 발행일	2020년 3월 13일
저자	신현규
펴낸이	최민서
책임 편집	신지항
펴낸곳	(주)북페리타
등록	315-2013-000034호
주소	서울시 강서구 양천로 551-24 한화비즈메트로 2차 807호
대표전화	02-332-3923
팩시밀리	02-332-3928
이메일	bookpelita@naver.com
값	16,000원
ISBN	979-11-950821-6-2 (03720)

「이 도서의 국립중앙도서관 출판시도서목록(CIP)은 서지정보유통지원시스템 홈페이지(http://seoji.nl.go.kr)와 국가자료공동목록시스템(http://www.nl.go.kr/kolisnet)에서 이용하실 수 있습니다.(CIP제어번호: CIP2014023217)」

머리말

현대는 무한 경쟁의 시대이기에 항상 준비된 사람에게 기회가 주어진다고 봅니다. 요즈음 경제 단체들이 한자 구사 능력 시험을 적극 권장하는 발표문에 주목할 필요가 있습니다. 사회 구조상 경제인은 시대의 흐름을 가장 빠르게 읽는 능력이 있습니다. 이윤 창출을 위해서 시대의 변화에 대한 감각이 뛰어나야 살아남을 수 있기 때문입니다. 이러한 배경에는 기업에서 요구하는 실무 능력과 제 1의 무역상대국 중국의 부상이 연유한다고 볼 수 있습니다.

지금도 외래의 학문을 비롯한 여러 새로운 술어를 받아들이는 경우, 흔히 두세 자의 한자로 번역하고 있어 이러한 경향은 앞으로도 좀처럼 없어질 것 같지 않다고 봅니다. 결국 고유어는 일상어나 감격어에 국한되고 한자어는 관념어와 학술어의 태반을 차지한다고 볼 수 있습니다. 단적인 예가 한국어의 70% 이상이 한자어이기에 이를 무시하고는 일상 언어생활에서 읽기와 쓰기에 지대한 지장을 줍니다. 이러한 상황에 개방화되고 있는 중국이라는 존재가 부각되면서 한자문화권에서 필수불가결하게 학습해야 될 문자가 바로 한자입니다.

제 경험으로는 대학 강단에서 한문·한자 강좌를 담당해보니 수년전부터 의외로 한자 학습에 대한 열의가 강렬했습니다. 이에 한문 문장을 중심으로 하는 전통적인 한자 학습보다는 漢字(한자)에서 漢字語(한자어)로 이를 漢字語句(한자어구), 그리고 漢文文章(한문문장)으로 학습하는 심화 학습이 되도록 강의안을 만들었습니다.

그 강의의 결과물을 실용 한자서적으로 기획하게 되어 〈실용한자〉가 만들어졌습니다. 〈실용 한자〉는 취업 및 실무, 생활에 필요한 한자(교육부 상용한자 1,800자) 중심으로 분야별 총 9장 9개씩의 표제자를 선정하였습니다. 학습 방법론은 한자의 연상 학습 원리와 이미지 학습으로 체계화하였습니다. 즉, 한자 3요소 응용 학습을 예시하였습니다. 또한 세계화 시대의 한자 학습을 위하여 중국의 간체자를 표제자 중심으로 함께 실었고, 중국어의 한자 표기에서 알아야 할 표현을 가차문자 형식으로 밝혔습니다. 별책 부록에는 입사 시험에 출제된 최신 기출문제를 수록하고 이를 유형 분석으로 시험 대비를 하였습니다.

　　아무쪼록 〈실용한자〉의 독자 분들에게 한자 학습에 도움이 되었으면 하는 바람입니다.

중앙대학교 다빈치교양대학 교수
신 현 규

꼭 알아야 할 실용 한자의 학습 안내

1. 학습 목적

〈실용한자〉는 취업 및 실무, 생활에 필요한 한자(교육부 상용한자 1,800자) 중심으로 분야별 총 9장 9개씩의 표제자를 선정하였다. 학습 방법론은 한자의 연상 학습 원리와 이미지 학습으로 체계화하여 一目瞭然(일목요연)하게 학습할 수 있도록 하였다. 또한 세계화 시대의 한자 학습을 위하여 중국의 간체자를 표제자 중심으로 함께 실었고, 중국어의 한자 표기에서 알아야 할 표현을 가차문자 형식으로 밝혔다. 별책 부록에는 입사 시험에 출제된 최신 기출 문제를 수록하고 이를 유형 분석으로 시험 대비를 하였다.

2. 학습 구성

(1) 실용한자 총론

한자의 기초적인 개념 설명을 중심으로 部首(부수)와 六書(육서), 그리고 한자의 構造(구조)를 설명하였다. 이를 통하여 학습 방법론은 부수 학습, 형성문자 학습, 구조 학습으로 이미지의 시각과 연상, 그리고 청각으로 대입시켰다. 즉, 한자 3요소 응용 학습을 예시하였다.

(2) 실용한자 본문

1,800자 상용한자 중심으로 현대인의 '실용'이라는 개념에 충실한 분야별 한자를 선정하여 해당 분야의 한자를 최대한 학습할 수 있도록 하였다. 그 기준은 정치·경제·경영·법

률·사회·과학·문화·건강·환경 등 분야의 실용성을 강조하여 9개씩 표제자를 선정하였다.

기본 표제자 81개에 연관된 활용 한자 12개씩, 사자성어 2개씩, 유의어, 모양이 비슷한 한자, 반의어 등을 함께 익힐 수 있도록 하였다. 또한 표제자와 관련된 이미지를 수록하여 시각 중심 세대에 알맞게 편집하였다.

　– 표제자 : 한자마다 음, 뜻, 부수, 총획, 간체자 수록
　– 표제 한자 : 한자마다 모양이 비슷한 한자와 유의어, 약자 수록.
　– 활용어 : 표제 한자마다 연관된 활용 한지어를 수록하고 응용 용례 수록.
　– 사자성어 : 표제 한자마다 연관된 실용적인 사자성어 수록.
　– 이미지 : 표제 한자와 관련된 이미지와 설명 수록.

　* 각 표제자의 음은 대표음으로 표기한다.

(3) [부록] 통합한자 능력검정 3급 문제 유형 분석

유형 분석은 국가공인 10개 한자시험 단체를 통합하여 13개 유형으로 정리하였다. 최근 한자 시험에 출제된 기출문제를 수록하고 이를 유형 분석하여 실전대비 및 응용할 수 있도록 하였다.

실용 한자 총론

1. 한자의 개념

'한(漢)'은 물 수(氵)에 진흙 근(堇=황토의 뜻)을 합친 자로 강 이름을 뜻하였으나, 이 지역 (양자강 상류)에 세워진 나라 이름을 뜻한다. 흔히 중국 민족은 한족(漢族)으로 부른다. 영문 으로 'China'는 중국의 역사상 최초 통일왕조인 진(秦)나라의 발음이 전이된 것으로 알려 졌다. 단, 소문자 'china'는 '도자기'라는 뜻이다. 반면에 일본의 영문명이 'Japan'이 지만, 소문자 'japan'은 '(일본식)도자기' 즉 칠기(漆器)로 수록되어 있다. '자(字)'는 집 면(宀)과 아들 자(子)를 합친 자로 집(宀)에서 부모가 아이(子)를 낳는 것처럼 상형과 지사의 글자로 결합해 회의·형성 등의 '문자'를 만든다는 뜻이다. 이를 보면 '한자'는 '중국인 이 만든 글자'가 되는 셈이다.

한자(漢字)와 한문(漢文)의 차이를 혼용하는 경우가 있는데 한자어(漢字語)가 모여 문장이 된 것이 한문이다. 예전부터 한자의 자(字)에서 구(句)로 학습하고 이를 문장(文章)으로 완성 하는 단계로 나아간다.

본 학습을 하기 전에 자전(字典)과 옥편(玉篇)을 변별할 줄 알아야 한다. 옥편은 중국의 자 전 중의 하나로 중국 양(梁)나라 남조(南朝) 고야왕(顧野王)이 엮어 543년 완성된 서책의 제목 이다. 따라서 옥편은 자전 형식의 서책이지 자전(字典)의 대명사로는 같이 쓸 수 없다는 점 이다.

2. 부수의 개념

한자 학습에는 부수(部首) 학습이 최선의 방법 중에 하나이다. 부수는 한자를 자형(字形) 상 같은 또는 비슷한 요소로 분류, 배열할 경우 그 부(部)의 대표가 되는 글자를 말한다. 즉 단자(單字)마다 좌우·상하·내외·본말·주종 등으로 나누어 그 구성요소를 추출하고, 그 중에서 의부(意符)를 같이 하는 것으로써 한 부를 만들고, 그 부에 공통되는 의부가 있는 형태를 색인에 올린 글자를 말한다.

부수는 중국 후한시대의 허신(許愼)이 편찬한 《설문해자(說文解字, 121년)》에서 '일(一)·이(二)·시(示)' ~ '유(酉)·술(戌)·해(亥)'까지 540부로 나눈 것이 문헌 기록상 처음이다. 그 후 양나라의 고야왕이 펴낸 《옥편(玉篇, 543년)》은 〈설문해자〉의 12부를 줄이고 14부를 더하여 542부로 하였다.

부수의 배열은 중국 옥편을 따르는 의부 분류 중심의 것이 많으나, 근대에는 주로 획수순에 따라 배열한다. 현행 한한사전(漢韓辭典)은 대부분 '일(一)~약(龠)'까지 214부수를 획수순으로 배열하고 부수 내의 한자도 획수에 따라 배열한 《강희자전(康熙字典, 1710년), 49,030자》을 따르고 있다.

부수 학습은 육서의 형성문자 학습과 함께 한자 학습의 지름길이라고 할 수 있다. 한자는 뜻글자이기에 모양과 음을 이해하면 한자의 학습이 연상 학습으로 체계화된다.

3. 육서(六書)의 개념

육서는 후한 시대 허신(許愼)의 저서 『설문해자(說文解字)』에 나오는 6가지 조자법(造字法)이다. 문(文)이란 물체의 모양을 본떠서 만든 글자를 말하고, 자(字)란 표의기호와 표음기호로 보았다. 이 중 상형과 지사는 무늬나 모양의 뜻을 지닌 '문(文)'에 해당하는 것으로 사물의 형상을 그림으로 표시하고 회의, 형성, 전주, 가차는 '모두 불어나다', '보태어 불리다'는 뜻의 '자(字)'에 해당하는 것으로 상형이나 지사에다 보태고 조합해서 새로운 글자를 만들어 놓은 것이다.

1) 문자 구성 분류

(ㄱ) **상형(象形)** : 모양(形)을 있는 그대로 본떠서(象) 한자를 만드는 방법이다.

　　(例) 日, 月, 山, 川, 人, 口, 耳, 手, 水, 子

(ㄴ) **지사(指事)** : 추상적 개념[事]을 기호화하여 형상화[指]시켜 글자를 만드는 방법이다.

(例) 一, 二, 三, 上, 下, 本, 末, 天, 刃, 寸

(ㄷ) 회의(會意) : 기존 한자에서 뜻[意]과 뜻[意]을 합하여[會] 새로운 뜻의 글자를 만드는 방법이다. (例) 好, 筆, 寒, 林, 休, 折, 畚, 明, 鳴, 男

(ㄹ) 형성(形聲) : 한 글자에서는 소리[聲]를 따오고 다른 글자에서는 모양[形]을 따다가 그 모양에서 뜻을 찾아 새로운 뜻의 글자를 만드는 방법이다. 6만자가 넘는 한자의 구성에 80%를 차지한다. (例) 野, 豫, 序, 抒, 版, 販, 返, 飯, 淸

2) 문자 사용 분류

(ㅁ) 전주(轉注) : 수레바퀴가 구르듯[轉 : 구를 전] 이쪽 물을 저쪽으로 쏟아 붓듯이[注 : 부을 주] 본래의 뜻이 확대되어 그 뜻이 바뀐 글자이다.

(例) 樂 (풍류 악, 즐길 락, 좋아할 요)

(ㅂ) 가차(假借) : 기존 한자에서 모양[形]이나 소리[音]나 뜻[意]을 잠시 [假 잠시 가] 빌려[借 빌 차] 다른 뜻을 나타내는 방법을 말한다.

(例) 可口可樂, 百事可樂, 電腦, 迷爾裙

4. 한자어의 구조

한자는 표의문자로 고립어의 특성이기에 표음문자로 교착어인 우리말과 계통이 다르다. 글자가 하나의 단어를 이루며 단어의 뜻은 문장에서 놓이는 위치와 결합되는 말에 따라 달라진다.

1. 한자는 매 글자가 모양[形]과 소리[音]와 뜻[義]의 3요소 즉 자형, 자음, 자의 등 서체의 다양한 변화를 가져왔다. 자형(字形)에 대하여 연구하는 학문을 '문자학(文字學)'이라고 한다.

(例) 金文, 小篆, 隸書, 楷書, 行書, 草書, 俗字, 略字, 簡化字

2. 한자의 자음 또한 시대의 추이에 따라 한 글자의 발음 변화는 다른 글자와 결합되었을 때 음운의 변화를 다루는 학문을 '성운학(聲韻學)'이라고 한다.

(例) 樂[악/락/요]

3. 한자의 의미가 처음 단 한 가지가 시대의 변화에 확대되어 어떤 의미로 사용되었는지 연구하는 분야다. 자의(字意) 상의 연구를 전담하는 분야를 바로 '훈고학(訓詁學)'이라고 한다.

① 주술의 구조

1-1 : 명사 + 형용사·동사

夜深 (밤이 깊음)   月明 (달이 밝음)

日出 (해가 나옴)   春來 (봄이 옴)

② 수식의 구조

1-1 : 형용사·명사

幼兒 (어린 아이)   長年 (오랜 해)

淸風 (맑은 바람)   高山 (높은 산)

③ 병렬의 구조

1-1 : 동류병렬   家屋 / 歌謠 / 皇帝 / 希望

1-2 : 상반병렬   可否 / 强弱 / 開閉 / 興亡

④ 보술의 구조

1-1 : 술어·목적어   讀書 (책을 읽음)   失職 (직장을 잃음)

1-2 : 술어·보어   入學 (학교에 들어감) 登山 (산에 오름)

5. 한자 3요소 응용 학습 예시 [家(가)]

모양	뜻	소리
家	집	가
字形(자형)	字意(자의)	字音(자음)
↕	↕	↕
부수 학습 완성	구조 학습 완성	형성 문자 학습 완성
(이미지 시각학습)	(이미지 연상학습)	(이미지 청각학습)

차례

머리말   5

꼭 알아야 할 실용 한자의 학습 안내   7

실용 한자 총론   9

1 政治(外交·軍事) 정치(외교·군사)

1. 階級 계급   18
2. 國家 국가   20
3. 軍部 군부   22
4. 保守 보수   24
5. 輿論 여론   26
6. 外交 외교   28
7. 統一 통일   30
8. 派兵 파병   32
9. 革命 혁명   34

2 經濟(行政·貿易) 경제(행정·무역)

1. 經濟 경제   38
2. 官僚 관료   40
3. 企業 기업   42
4. 貿易 무역   44
5. 利潤 이윤   46
6. 租稅 조세   48
7. 株式 주식   50
8. 換率 환율   52
9. 行政 행정   54

3 經營(金融·會計) 경영(금융·회계)

1. 價格 가격   58
2. 監査 감사   60
3. 景氣 경기   62
4. 計定 계정   64
5. 金融 금융   66
6. 費用 비용   68
7. 資産 자산   70
8. 通貨 통화   72
9. 會社 회사   74

4 法律(刑事·民事) 법률(형사·민사)

1. 民事 민사   78
2. 犯罪 범죄   80
3. 法律 법률   82
4. 辯護 변호   84
5. 詐欺 사기   86
6. 免責 면책   88
7. 訴訟 소송   90
8. 裁判 재판   92
9. 刑罰 형벌   94

5 社會(教育·家族) 사회(교육·가족)

1. 教育 교육   98
2. 夫婦 부부   100
3. 分配 분배   102
4. 旅客 여객   104
5. 月給 월급   106
6. 移住 이주   108
7. 葬禮 장례   110
8. 親戚 친척   112
9. 婚姻 혼인   114

7 文化(人文·藝術) 문화(인문·예술)

1. 古典 고전   138
2. 廣告 광고   140
3. 近代 근대   142
4. 券番 권번   144
5. 文化 문화   146
6. 放送 방송   148
7. 小說 소설   150
8. 映畵 영화   152
9. 藝能 예능   154

6 科學(技術·理工) 과학(기술·이공)

1. 科學 과학   118
2. 技術 기술   120
3. 基礎 기초   122
4. 冒險 모험   124
5. 上場 상장   126
6. 實驗 실험   128
7. 硏究 연구   130
8. 理工 이공   132
9. 尖端 첨단   134

8 健康(醫療·體育) 건강(의료·체육)

1. 健康 건강   158
2. 奉仕 봉사   160
3. 選手 선수   162
4. 野球 야구   164
5. 運動 운동   166
6. 醫師 의사   168
7. 長壽 장수   170
8. 疾病 질병   172
9. 體力 체력   174

9 環境(汚染·웰빙) 환경(오염·웰빙)

1. 開發 개발   178
2. 石油 석유   180
3. 汚染 오염   182
4. 人類 인류   184
5. 自然 자연   186
6. 制限 제한   188
7. 幸福 행복   190
8. 環境 환경   192
9. 黃砂 황사   194

한자능력검정 3급 문제 유형 분석

[유형1] 한자어의 독음   200
[유형2] 한자의 훈과 음   205
[유형3] 한자 쓰기   208
[유형4] 뜻이 반대 또는 상대되는 한자(어)   212
[유형5] 뜻이 비슷한 한자(어)   215
[유형6] 장단음 구분하기   217
[유형7] 반의어 유형   218
[유형8] 한자성어   220
[유형9] 동음이의자/어   224
[유형10] 부수(部首) 알기   228
[유형11] 한자어의 뜻 이해하기   230
[유형12] 약자 및 간체자 쓰기   233
[유형13] 한문 번역하기   235

부록   237

政治(外交 · 軍事)

1. 階級(계급) 2. 國家(국가) 3. 軍部(군부)

4. 保守(보수) 5. 輿論(여론) 6. 外交(외교)

7. 統一(통일) 8. 派兵(파병) 9. 革命(혁명)

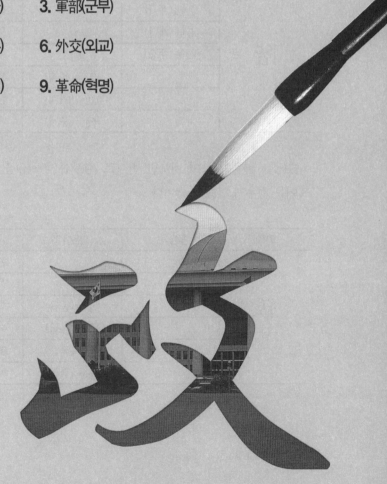

| 階級(계급) | ▶ 階(섬돌 계) | 阜(阝) | 총획 12 |
| 간체자 阶级 | ▶ 級(등급 급) | 糸 | 총획 10 |

階級(계급)은 社會(사회)나 일정한 組織(조직) 내에서의 地位(지위), 官職(관직) 따위의 段階(단계)를 말한다. 社會的(사회적)으로는 一定(일정)한 社會(사회)에서 身分(신분), 財産(재산), 職業(직업) 따위가 비슷한 사람들로 形成(형성)되는 集團(집단)이며 그렇게 나뉜 社會的(사회적) 地位(지위)이기도 하다.

階(섬돌 계)는 모양이 비슷한 한자로 皆(다 개)·陸(뭍 륙), 유의어는 段(층계 단)으로 함께 쓰이는 경우가 階段(계단)이다.

표제어	활용어 1	활용어 2	응용 용례
	階級(계급)		직장 생활의 階級 간의 갈등
	階段(계단)		운동 삼아 階段을 이용합시다
階 (계)	階層(계층)		사회적 階層의 문화
		音階(음계)	음치도 音階를 안다
		位階(위계)	한국 사회의 位階 질서
		層階(층계)	계층을 뒤집어 層階

級(등급 급)은 모양이 비슷한 한자로 約(맺을 약)·給(줄 급), 유의어는 等(무리 등)으로 함께 쓰이는 경우가 等級(등급)이다.

표제어	활용어 1	활용어 2	응용 용례
	級數(급수)		한자 級數
	級訓(급훈)		'하면 된다' 級訓
級 (급)		等級(등급)	최상의 신용 等級
		留級(유급)	이번에도 留級인가
		職級(직급)	職級에 맞게 행동
		進級(진급)	역시 進級은 좋아

▣ 필수 한자어

幹部(간부)	監事(감사)
係長(계장)	係員(계원)
契約 職(계약직)	顧問(고문)
工場長(공장장)	課長(과장)
擔當(담당)	擔當任員(담당임원)
代理(대리)	代表理事(대표이사)
班長(반장)	法人長(법인장)
補佐役(보좌역)	本部長(본부장)
部長(부장)	非正規職(비정규직)
事業部長(사업부장)	社外理事(사외이사)
社員(사원)	社長(사장)
常務(상무)	常務補(상무보)
修習社員(수습사원)	室長(실장)
任員(임원)	專務(전무)
組長(조장)	主任(주임)
次長(차장)	會長(회장)

魔階段(계단) : 사람이 오르내리기 위하여 건물이나 비탈에 만든 층층대인 계단에 악귀가 깃들었다는 뜻의 영화 제목으로 '섬돌 階(계)'의 한 예가 된다.

▣ 추가 한자어

團長(단장)	常勤監査委員(상근감사위원)	
相談役(상담역)	先任(선임)	
所長(소장)	首席(수석)	
研究所長(연구소장)	研究委員(연구위원)	
諮問役(자문역)	長期派遣者(장기파견자)	專門任員(전문임원)
專任(전임)	駐在員(주재원)	支社長(지사장)
支店長(지점장)	職長(직장)	囑託(촉탁)

先輩(선배) : 같은 분야에서 지위나 나이·學藝(학예) 따위가 자기보다 많거나 앞선 사람이라는 뜻의 영화 제목으로 사회생활에서 직급호칭보다도 널리 쓰인다.

| 國家(국가) | ▶ 國(나라 국) | 口 | 총획 11 | 약자 国 |
| 간체자 国家 | ▶ 家(집 가) | 宀 | 총획 10 | |

國家(국가)는 一定(일정)한 領土(영토)와 거기에 사는 사람들로 構成(구성)되고, 主權(주권)에 의한 하나의 統治(통치) 組織(조직)을 가지고 있는 社會(사회) 集團(집단)을 말한다. 國民(국민)·領土(영토)·主權(주권)의 3 要素(요소)를 必要(필요)로 한다.

國(나라 국)은 모양이 비슷한 한자로 圖(그림 도)·圓(둥글 원), 유의어는 邦(나라 방)이다.

표제어	활용어 1	활용어 2	응용 용례
國 (국)	國境(국경)		우리 독도는 일본과의 國境이다
	國旗(국기)		태극기는 우리나라 國旗
	國政(국정)		國政 시책 전달
		祖國(조국)	진정한 祖國
		愛國(애국)	우리 모두 愛國
		護國(호국)	護國 정신

家(집 가)는 모양이 비슷한 한자로 蒙(어두울 몽)·宗(마루 종), 유의어는 戶(집 호)·屋(집 옥)으로 함께 쓰이는 경우가 家屋(가옥)이다.

표제어	활용어 1	활용어 2	응용 용례
家 (가)	家長(가장)		힘들고 지친 家長
	家系(가계)		뿌리 있는 家系
	家庭(가정)		家庭은 편안해야 된다.
		宗家(종가)	宗家집 맏며느리
		妻家(처가)	항상 妻家의 살림
		媤家(시가)	가끔 媤家의 살림

英語	韓國語	中國式	日本式
Afghanistan	아프가니스탄	阿富汗	
America	아메리카	美利堅	亞米利加
Argentina	아르헨티나	阿根延	亞爾然丁
Australia	오스트레일리아	濠太利亞	濠太剌利
Austria	오스트리아	地利 /地利亞	墺地利
Belgium	벨기에	比利時	白耳義
Brazil	브라질	巴西	伯剌西爾
Canada	캐나다	坎拿大 加拿大	加奈陀
Chile	칠레	智利	智利
Cuba	쿠바	古巴	玖瑪
Czech	체코	捷克	
Denmark	덴마크	丹麥	丁抹
Egypt	이집트	埃及	埃及
England	잉글랜드	英格蘭	英蘭
Finland	핀란드	芬蘭	芬蘭
France	프랑스	法蘭西	佛蘭西
Germany	독일	德意志	獨逸/獨乙
Greece	그리스	希臘	希臘
Hungary	헝가리	匈牙利	洪牙利
India	인도	印度	印度
Indonesia	인도네시아	印度尼西亞	
Iran	이란	伊朗	
Iraq	이라크	伊拉克	
Ireland	아일랜드	愛爾蘭	愛蘭
Israel	이스라엘	以色列	

警察故事(경찰고사) : '폴리스스토리'의 한자 표현으로 '경찰이야기'의 뜻이지만 '故事(고사)'는 유래가 있는 옛날의 일을 표현한 어구를 말한다.

高麗蔘(고려삼) : 우리나라의 산삼과 인삼이라는 뜻으로 현재 Korea의 본래 한자 표기가 바로 高麗(고려)이다.

軍部(군부)	▶ 軍(군사 군)	車	총획 9
간체자 军部	▶ 部(떼 부)	邑(阝)	총획 11

軍部(군부)는 軍事(군사)에 관한 일을 總括(총괄)하여 맡아보는 군의 首腦部(수뇌부)를 말한다. 또는 그것을 中心(중심)으로 한 勢力(세력)이기도 하다.

軍(군사 군)은 모양이 비슷한 한자로 運(옮길 운), 揮(휘두를 휘), 유의어는 兵(병사 병)으로 함께 쓰이는 경우가 軍兵(군병)이다.

표제어	활용어1	활용어2	응용 용례
軍 (군)	軍隊(군대)		힘든 軍隊생활
	軍服(군복)		푸른빛의 軍服
	軍艦(군함)		바다위의 軍艦 두 척
		反軍(반군)	체첸 反軍
		將軍(장군)	이순신 將軍
		進軍(진군)	進軍의 북소리

部(떼 부)는 모양이 비슷한 한자로 郞(사내 랑), 반의어는 單(홑 단), 獨(홀로 독), 유의어는 隊(무리 대)로 함께 쓰이는 경우가 部隊(부대)이다.

표제어	활용어1	활용어2	응용 용례
部 (부)	部類(부류)		같은 部類 출신이다
	部落(부락)		알고 보니 전통 部落이다
	部族(부족)		매우 호전적인 部族
		幹部(간부)	회사의 幹部
		腹部(복부)	권투 경기에서 腹部 공격
		細部(세부)	이제 細部 사항

▣ 필수 한자어

閣下(각하)　　間諜(간첩)　　檢閱(검열)

警戒(경계)　　戒嚴(계엄)　　鼓舞(고무)

攻擊(공격)　　空軍(공군)　　空輸部隊(공수부대)

橋頭堡(교두보)　攪亂(교란)　　交戰(교전)

軍團(군단)　　軍務員(군무원)　軍務怠慢(군무태만)

機密(기밀)　　奇襲(기습)　　大隊(대대)

大領(대령)　　大尉(대위)　　大將(대장)

命令(명령)　　武器(무기)　　兵長(병장)

師團(사단)　　司令官(사령관)　四周警戒(사주경계)

上官(상관)　　上兵(상병)　　上士(상사)

煽動(선동)　　小隊(소대)　　少領(소령)

騷擾(소요)　　少尉(소위)　　小將(소장)

幻影特功(환영특공) : 눈앞에 없는 것이 있는 것처럼 적을 특별하게 기습 공격한다는 뜻으로 그밖에 特攻隊(특공대), 特攻武術(특공무술), 特務隊(특무대) 등의 예를 찾아 볼 수 있다.

▣ 추가 한자어

軍事統治(군사통치)　軍用物(군용물)　　軍人(군인)

軍籍(군적)　　　　軍刑法(군형법)　　急襲(급습)

對峙(대치)　　　　逃走(도주)　　　　動亂(동란)

虜敵(로적)　　　　無斷離脫(무단이탈)　武裝(무장)

叛亂/反亂(반란)　　發砲(발포)　　　　防禦(방어)

補給(보급)　　　　保安(보안)　　　　補充役(보충역)

服務(복무)　　　　服從(복종)　　　　部隊(부대)

副士官(부사관)　　庇護(비호)　　　　士官(사관)

司令部(사령부)　　死守(사수)　　　　殺傷(살상)

三中隊(삼중대)　　生徒(생도)　　　　宣戰布告(선전포고)

召集解除(소집해제)　損壞(손괴)

軍用列車(군용열차) : 군용 물품이나 군인들을 수송하기 위하여 운행하는 열차라는 뜻으로 우리나라에서도 군용열차가 運營(운영)되고 있다.

| 保守(보수) | ▶ 保(지킬 보) | 亻(人) | 총획 9 |
| | ▶ 守(지킬 수) | 宀 | 총획 6 |

保守(보수)는 保全(보전)하여 지킨다는 뜻으로 새로운 것이나 變化(변화)를 反對(반대)하고 傳統的(전통적)인 것을 擁護(옹호)하며 維持(유지)하려 하는 行爲(행위)를 뜻한다.

保(지킬 보)는 모양이 비슷한 한자로 條(가지 조). 유의어는 衛(지킬 위)로 함께 쓰이는 경우가 保衛(보위)이다.

표제어	활용어 1	활용어 2	응용 용례
保 (보)	保健(보건)		保健시설 부족
	保安(보안)		수사상 保安이 필요
	保險(보험)		4대 保險에 가입하다
	保護(보호)		민족 유산의 保護
		安保(안보)	安保 태세 확립
		留保(유보)	임금인상 留保

守(지킬 수)는 모양이 비슷한 한자로 宇(집 우), 유의어는 看(볼 간)으로 함께 쓰이는 경우가 看守(간수)이다.

표제어	활용어 1	활용어 2	응용 용례
守 (수)	守備(수비)		철통같은 守備
	守勢(수세)		守勢에 몰리다
	守衛(수위)		친절한 守衛 아저씨
	守則(수칙)		안전 守則을 지키다
		固守(고수)	강경노선 固守
		嚴守(엄수)	차선 嚴守

▣ 필수 한자어

降神巫(강신무)	冠婚喪祭(관혼상제)	舊正(구정)
祈雨祭(기우제)	落款(낙관)	洞祭(동제)
輓歌(만가)	民畵(민화)	發靷(발인)
祀堂祭(사당제)	査頓紙(사돈지)	産木(산목)
山神圖(산신도)	喪禮(상례)	姓名學(성명학)
省墓(성묘)	世襲巫(세습무)	歲時風俗(세시풍속)
俗談(속담)	壽衣(수의)	時祭(시제)
神主(신주)	飮福(음복)	陰宅風水(음택풍수)
立春(입춘)	弔喪(조상)	祖上崇拜(조상숭배)
紙繩工藝(지승공예)	陳設(진설)	茶禮(차례)
親迎(친영)	打封徵(타봉징)	宅號(택호)
通過儀禮(통과의례)	幣帛(폐백)	風水地理說(풍수지리설)

▣ 추가 한자어

家禮(가례)	家廟(가묘)	家譜(가보)
納骨堂(납골당)	農神祭(농신제)	龍神祭(용신제)
社堂牌(사당패)	小祥(소상)	燒紙(소지)
廬墓(여묘)	溫突(온돌)	龍王祭(용왕제)
奠雁禮(전안례)	帝釋(제석)	醮禮(초례)
草墳(초분)	逐鬼(축귀)	春帖子(춘첩자)
豊漁祭(풍어제)	寒食(한식)	

古美術品(고미술품) : 고대의 미술품으로 書畵(서화), 조각, 금속 제품, 도자기 따위의 작품을 통틀어 이르는 말이다.

仁寺工藝(인사공예) : 서울 인사동에 있는 기능과 裝飾(장식)의 양면을 조화시켜 직물, 염직, 칠기, 도자기 따위의 일상생활에 필요한 물건을 만드는 상점 이름이다.

| 輿論(여론) | ▶ 輿(수레 여) | 車 | 총획 17 |
| 간체자 舆论 | ▶ 論(논할 론) | 言 | 총획 15 |

輿論(여론)은 어떠한 個人(개인)의 行動(행동)이나 社會現象(사회현상)에 관한 여러 사람의 共通(공통)된 評論(평론)을 말한다. 대표적인 활자 여론 매체인 신문은 日刊新聞(일간신문), 週刊誌(주간지), 季刊誌(계간지), 月刊誌(월간지), 無價誌(무가지), 地域情報新聞(지역정보신문) 등이 있다.

輿(수레 여)는 모양이 비슷한 한자로 興(일 홍), 與(더불 여), 유의어로는 車(수레 거)가 있다.

표제어	활용어 1	활용어 2	응용 용례
輿 (여)	輿論(여론)		輿論을 수렴하다
	輿望(여망)		국민의 輿望에 부응하다
	輿情(여정)		세상의 輿情
		藍輿(남여)	뚜껑이 없는 작은 가마 藍輿
		喪輿(상여)	喪輿를 매다
		乘輿(승여)	임금이 타던 수레 乘輿

論(논할 론)은 모양이 비슷한 한자로 倫(인륜 륜), 輪(바퀴 륜), 유의어는 議(의논할 의), 評(평할 평)으로 함께 쓰이는 경우가 論議(논의), 論評(논평)이다.

표제어	활용어 1	활용어 2	응용 용례
論 (론)	論據(논거)		명백한 論據를 제시하다
	論難(논란)		論難을 벌이다
	論說(논설)		짧은 論說을 싣다
		講論(강론)	추기경의 講論에 집중하다
		理論(이론)	理論을 전개하다
		討論(토론)	찬반 討論이 뜨겁다

江原日報(강원일보)　　京畿日報(경기일보)　　慶南新聞(경남신문)

慶北日報(경북일보)　　慶尙日報(경상일보)　　京仁日報(경인일보)

京鄕新聞(경향신문)　　光州日報(광주일보)　　國民日報(국민일보)

國際新聞(국제신문)　　來日新聞(내일신문)　　大邱每日(대구매일)

大邱日報(대구일보)　　大田日報(대전일보)　　大韓每日(대한매일)

東亞日報(동아일보)　　每日經濟(매일경제)　　每日新聞(매일신문)

貿易日報(무역일보)　　文化日報(문화일보)　　釜山日報(부산일보)

서울經濟(서울경제)　　世界日報(세계일보)　　嶺南日報(영남일보)

仁川日報(인천일보)　　全南日報(전남일보)　　全羅日報(전라일보)

全北日報(전북일보)　　電子新聞(전자신문)　　濟民日報(제주일보)

朝鮮日報(조선일보)　　中部每日(중부매일)　　中部日報(중부일보)

中央日報(중앙일보)　　忠淸日報(충청일보)　　韓國經濟(한국경제)

韓國日報(한국일보)　　漢拏日報(한라일보)　　한겨레신문(한겨레新聞)

週刊(주간) : 한 주일에 한 번씩 간행하거나 또는 그런 간행물이라는 뜻으로 보통 雜誌(잡지)를 일컫는다.

大韓日報(대한일보) : 우리나라의 매일 매일 보도하는 日刊新聞(일간신문)이라는 뜻이다.

| 外交(외교) | ▶ 外(바깥 외) | 夕 | 총획 5 |
| | ▶ 交(사귈 교) | 亠 | 총획 6 |

外交(외교)는 일을 하기 위하여 밖의 사람과 交際(교제)한다는 말이다. 넓은 意味(의미)로 제 나라의 對外政策(대외정책)을 實現(실현)하고, 나라 사이에 생기는 일을 處理(처리)하기 위하여 다른 나라와 하는 交際(교제)를 말한다.

표제어	활용어 1	활용어 2	응용 용례
外 (외)	外觀(외관)		外觀이 아름답다
	外面(외면)		外面보다 내면이 중요하다
	外向(외향)		外向적 성격
		例外(예외)	例外없는 법은 없다
		意外(의외)	意外의 대답
		除外(제외)	10명을 除外한 나머지

外(바깥 외)의 반의어는 內(안 내)로 함께 쓰이는 경우가 內外(내외)이다. 內外(내외)는 남녀, 또는 夫婦(부부)의 뜻으로도 쓰인다.

交(사귈 교)는 모양이 비슷한 한자로 校(학교 교), 郊(들 교), 유의어는 接(이을, 사귈 접)으로 함께 쓰이는 경우가 交接(교접)이다.

표제어	활용어 1	활용어 2	응용 용례
交 (교)	交流(교류)		남북 交流 확대
	交涉(교섭)		단체 交涉권
	交易(교역)		국제 交易 활성화
		社交(사교)	社交 모임에 나가다
		絕交(절교)	일방적인 絕交 선언
		親交(친교)	親交를 맺다

▣ 필수 한자어

經濟協力(경제협력)   歐洲通商(구주통상)   國際法規(국제법규)

國際聯合(국제연합)   國際協約(국제협약)   軍縮原子力(군축원자력)

多者通商(다자통상)   大使館(대사관)   代表部(대표부)

文化外交(문화외교)   書記官(서기관)   世界貿易機構(세계무역기구)

審議官(심의관)   旅券(여권)   領事(영사)

領事官(영사관)   外交史料(외교사료)   儀典擔當(의전담당)

在外國民移住(재외국민이주)   在外國民領事國(재외국민영사국)

在外同胞財團(재외동포재단)   政策總括(정책총괄)   條約(조약)

駐韓公館擔當(주한공관담당)   參事官(참사관)

總領事館(총영사관)   韓國國際交流財團(한국국제교류재단)

▣ 추가 한자어

開發協力(개발협력)   經濟機構(경제기구)   東南亞通商(동남아통상)

東北亞通商(동북아통상)   北美通商(북미통상)   西南亞大洋洲(서남아대양주)

亞中東(아중동)   安保政策(안보정책)   自由貿易協定(자유무역협정)

中南美(중남미)   地域通商(지역통상)   通商企劃弘報(통상기획홍보)

通商法律支援(통상법률지원)   通商投資振興(통상투자진흥)

韓國國際協力團(한국국제협력단)

破東北工程(파 동북공정) 興大韓民國(흥 대한민국) : 중국 역사학계의 中華主義(중화주의) 중심인 "동북프로젝트"를 깨뜨리고 우리나라를 일으키자는 뜻으로 韓中(한중)의 외교적 갈등을 보여준다.

善隣門(선린문) : 이웃하고 있는 나라와 사이좋게 지내자는 의미의 門(문)으로 양국간의 선린 우호 관계를 바라는 뜻이다.

| 統一(통일) | ▶ 統(거느릴 통) | 糸 | 총획 12 |
| 간체자 统一 | ▶ 一(한 일) | 一 | 총획 1 |

統一(통일)은 나누어진 것들을 합쳐서 하나로 만든다는 말이다. 또는 서로 다른 것들을 똑같게 한다는 말이다. 思想(사상)·行動(행동)·組織(조직) 따위의 部分(부분)들을 하나의 有機的(유기적) 體系(체계)로 세움을 意味(의미)하기도 한다.

표제어	활용어 1	활용어 2	응용 용례
統 (통)	統計(통계)		統計자료를 참고하다
	統制(통제)		교통 統制를 하다
	統合(통합)		두 기구를 統合하다
		系統(계통)	소화기 系統의 질환
		正統(정통)	중국의 正統요리를 맛보다
		總統(총통)	대만 總統의 방한

統(거느릴 통)은 모양이 비슷한 한자로 銃(총 총), 유의어는 率(거느릴 솔/비율 율)로 함께 쓰이는 경우가 統率(통솔)이다.

一(한 일)은 같은 뜻이지만 모양이 다른 한자로 壹(한 일)이 있다.

표제어	활용어 1	활용어 2	응용 용례
一 (일)	一念(일념)		성공하고자하는 一念 하나로
	一躍(일약)		一躍 스타가 되다
	一環(일환)		국토 개발의 一環이다
		均一(균일)	均一 판매를 하다
		單一(단일)	單一 후보로 출마하다
		擇一(택일)	세 가지 중에 擇一하다

▣ 南韓(남한)의 行政區域(행정구역) 17 區域(구역)

1 特別市 (특별시)	서울特別市(서울특별시)
1 自治市 (자치시)	世宗特別自治市(세종특별자치시)

6 廣域市 (광역시)

釜山廣域市(부산광역시)	大邱廣域市(대구광역시)	仁川廣域市(인천광역시)
光州廣域市(광주광역시)	大田廣域市(대전광역시)	蔚山廣域市(울산광역시)

9 道(도)

京畿道(경기도)	江原道(강원도)	忠淸北道(충청북도)
忠淸南道(충청남도)	全羅北道(전라북도)	全羅南道(전라남도)
慶尙北道(경상북도)	慶尙南道(경상남도)	濟州特別自治道(제주특별자치도)

▣ 北韓(북한)의 行政區域(행정구역) 12 區域(구역)

2 直轄市 (직할시)

平壤直轄市(평양직할시)	羅先直轄市(라선직할시)

1 特別行政區 (특별행정구)　新義州特別行政區(신의주특별행정구)

1 觀光地區 (관광지구)	金剛山觀光地區(금강산관광지구)
1 工業地區 (공업지구)	開城工業地區(개성공업지구)

9 道(도)

平安南道(평안남도)	平安北道(평안북도)	慈江道(자강도)
兩江道(량강도)	黃海南道(황해남도)	黃海北道(황해북도)
江原道(강원도)	咸鏡北道(함경북도)	咸鏡南道(함경남도)

統一飯店(통일반점) : 나누어진 것들을 합쳐서 하나의 조직·체계 아래로 모이게 한다는 意味(의미)의 중국 음식을 파는 대중적인 음식점의 이름이다.

사랑의 原子彈(원자탄) : '사랑'이 分裂(분열)할 때 생기는 에너지를 이용한 '원자폭탄'이라는 영화 제목으로 우리나라의 통일도 이와 같이 이루어졌으면 하는 바람이다.

8. 派兵 파병

派兵(파병)	▶ 派(갈래 파)	氵(水)	총획 9
	▶ 兵(병사 병)	八	총획 7

派兵(파병)은 軍隊(군대)를 派遣(파견)한다는 뜻으로 반의어로는 撤兵(철병)이다. '派(파)'는 물이 갈라져 흘러간다는 데서 '물갈래'의 뜻이다. 여기서 파생된 어휘가 派閥(파벌)·派生(파생)·學派(학파)·左派(좌파)·右派(우파)·流波(유파) 등으로 예를 들 수 있다.

표제어	활용어 1	활용어 2	응용 용례
派 (파)	派遣(파견)		런던으로 派遣되었다
	派閥(파벌)		어디가나 派閥 다툼
	派生(파생)		회사의 派生 상품
		教派(교파)	종교에서 教派는 중요하다
		黨派(당파)	조선시대 黨派 싸움
		特派(특파)	분쟁 지역으로 特派되다

派(갈래 파)는 모양이 비슷한 한자로 彼(저 피), 脈(줄기 맥), 유의어는 浪(물결 랑), 濤(큰물결 도) 등을 들 수 있다.

兵(병사 병)은 모양이 비슷한 한자로 丘(언덕 구), 유의어는 軍(군사 군)으로 함께 쓰이는 경우가 軍兵(군병)이다.

표제어	활용어 1	활용어 2	응용 용례
兵 (병)	兵法(병법)		손자 兵法
	兵役(병역)		兵役을 필하다
	兵營(병영)		兵營 생활에 적응하다
		上兵(상병)	병장은 上兵보다 높다
		伏兵(복병)	뜻밖의 伏兵을 만나다
		傭兵(용병)	傭兵을 모집하다

▣ 필수 한자어

是正(시정)	暗號(암호)	聯隊(연대)
豫備役(예비역)	陸軍(육군)	二等兵(이등병)
一等兵(일등병)	將校(장교)	敵軍(적군)
戰爭(전쟁)	戰鬪(전투)	準士官(준사관)
准將(준장)	中隊(중대)	中領(중령)
中士(중사)	中尉(중위)	中將(중장)
指揮官(지휘관)	進擊(진격)	陣頭指揮(진두지휘)
哨兵(초병)	哨所(초소)	破壞(파괴)
編隊(편대)	捕虜(포로)	爆擊(폭격)
爆彈(폭탄)	必勝(필승)	下士(하사)
艦隊(함대)	航空機(항공기)	海軍(해군)
海兵隊(해병대)	現役(현역)	訓練(훈련)

▣ 추가 한자어

守所離脫(수소이탈)	襲擊(습격)	我軍(아군)
閱兵(열병)	要塞(요새)	友軍(우군)
義務(의무)	利敵(이적)	電擊(전격)
全面戰(전면전)	戰時(전시)	轉役(전역)
占領(점령)	鎭壓(진압)	陣營(진영)
諜者(첩자)	焦土化(초토화)	銃殺(총살)
銃聲(총성)	追跡(추적)	就役(취역)
彈藥(탄약)	奪取(탈취)	投下(투하)
艦船(함선)	艦艇(함정)	嚮導(향도)
候補生(후보생)		

戰艦(전함) 포템킨 : 영화의 **歷史**(역사)상 중요한 위치를 차지하는 영화 제목으로 '전함'은 파병되는 우리나라 젊은이들이 타고 가는 배이기도 하다.

天上天下(천상천하) : 하늘 위와 하늘 아래라는 뜻으로, 온 세상을 이르는 말이니 파병되는 세계의 여러 나라이기도 하다.

9. 革命 혁명

革命(혁명)	▶ 革(가죽 혁)	革	총획 9
	▶ 命(목숨 명)	口	총획 8

革命(혁명)은 憲法(헌법)의 範圍(범위)를 벗어나 國家(국가)의 基礎(기초), 社會制度(사회제도), 經濟(경제)제도, 組織(조직) 따위를 根本的(근본적)으로 고치는 일을 말한다. 以前(이전)의 慣習(관습)이나 제도, 方式(방식) 따위를 單番(단번)에 깨뜨리고 質的(질적)으로 새로운 것을 急激(급격)하게 세우는 일을 말한다.

革(가죽 혁)의 유의어는 皮(가죽 피)로 함께 쓰이는 경우가 皮革(피혁)이다.

표제어	활용어1	활용어2	응용 용례
革 (혁)	革帶(혁대)		革帶를 졸라매다
	革命(혁명)		革命을 일으키다
	革新(혁신)		놀라운 기술 革新
		改革(개혁)	사법제도 改革
		變革(변혁)	變革의 시대
		沿革(연혁)	학교의 沿革이 오래되다

命(목숨 명)은 모양이 비슷한 한자로 令(하여금 령), 유의어는 壽(목숨 수)로 함께 쓰이는 경우가 壽命(수명)이다.

표제어	활용어1	활용어2	응용 용례
命 (명)	命令(명령)		사장님의 命令
	命脈(명맥)		命脈을 유지하다
	命名(명명)		이것을 무엇이라 命名하지?
		救命(구명)	救命 운동을 펼치다
		使命(사명)	역사적 使命
		任命(임명)	각 부서에 任命되다

古朝鮮(고조선)　　　東濊(동예)　　　　沃沮(옥저)

馬韓(마한)　　　　　辰國(진국)　　　　辰韓(진한)

弁韓(변한)　　　　　夫餘(부여)　　　　高句麗(고구려)

百濟(백제)　　　　　新羅(신라)　　　　伽倻(가야)

震國(진국)　　　　　渤海(발해)　　　　統一新羅(통일신라)

後百濟(후백제)　　　後高句麗(후고구려)　　摩震(마진)

泰封(태봉)　　　　　高麗(고려)　　　　朝鮮(조선)

大韓帝國(대한제국)　　大韓民國(대한민국)　　　民主共和國(민주공화국)

弟1共和國(제1공화국)　李承晚(이승만) 大統領(대통령)

弟2共和國(제2공화국)　尹潽善(윤보선) 大統領(대통령)

弟3共和國(제3공화국)　朴正熙(박정희) 大統領(대통령)　維新體制(유신체제)

弟4共和國(제4공화국)　崔圭夏(최규하) 大統領(대통령)

弟5共和國(제5공화국)　全斗煥(전두환) 大統領(대통령)

弟6共和國(제6공화국)　盧泰愚(노태우) 大統領(대통령)

金泳三(김영삼) 大統領(대통령)　　文民政府(문민정부)

金大中(김대중) 大統領(대통령)　　國民政府(국민정부)

盧武鉉(노무현) 大統領(대통령)　　參與政府(참여정부)

李明博(이명박) 大統領(대통령)　　實用政府(실용정부)

朴槿惠(박근혜) 大統領(대통령)　　朴槿惠政府(박근혜정부)

文在寅(문재인) 大統領(대통령)　　文在寅政府(문재인정부)

東學(동학) : 19세기 수운 최제우가 세상과 백성을 구제하려는 뜻으로 창시한 우리나라의 민족 종교로 1894년 甲午農民革命(갑오농민혁명)의 중심이었다.

黎明(여명) : 희미하게 날이 밝아 오는 빛, 또는 그런 무렵을 뜻으로 혁명의 개혁도 그러한 念願(염원)을 가지고 있다.

※ 다음 漢字語(한자어) 독음을 쓰시오.(1~9)

(1) 階層(　　　)　　(2) 國政(　　　)

(3) 軍隊(　　　)　　(4) 保險(　　　)

(5) 興望(　　　)　　(6) 外面(　　　)

(7) 通計(　　　)　　(8) 波及(　　　)

(9) 改革(　　　)

※ 다음 밑줄 친 단어에 알맞은 漢字語(한자어)를 쓰시오.(10~18)

(10) 당신은 최고의 신용 등급(　　　)입니다.

(11) 가정(　　　)은 편안해야 된다.

(12) 새로운 정권(　　　)이 들어섰다.

(13) 안전 수칙(　　　)을 지키다.

(14) 명백한 논거(　　　)를 제시하다.

(15) 남북 교류(　　　) 확대.

(16) 성공하고자하는 일념(　　　) 하나로.

(17) 뜻밖에 복병(　　　)을 만나다.

(18) 구명(　　　)운동을 펼치다.

※ (19) 다음 중 한자의 뜻이 서로 같은 것끼리 연결된 것은?

① 統 - 率　　② 擇 - 一

③ 外 - 面　　④ 命 - 脈

※ (20) "남의 도움을 받지 아니하고 힘에 벅찬 일을 잘해 나가는 것을 비유적으로 이르는 말"을 뜻하는 四字成語(사자성어)를 고르시오.

① 塞翁之馬　　② 孤軍奮鬪

③ 切齒腐心　　④ 他山之石

(16) 一念 (17) 伏兵 (18) 救命 (19) ① 統 - 率 (20) ② 孤軍奮鬪
(9) 개혁 (10) 等級 (11) 家庭 (12) 政權 (13) 守則 (14) 論據 (15) 交流
(1) 계층 (2) 국정 (3) 군대 (4) 보험 (5) 여망 (6) 외면 (7) 통계 (8) 파급

經濟(行政 · 貿易)

1. 經濟(경제)　　2. 官僚(관료)　　3. 企業(기업)

4. 貿易(무역)　　5. 利潤(이윤)　　6. 租稅(조세)

7. 株式(주식)　　8. 換率(환율)　　9. 行政(행정)

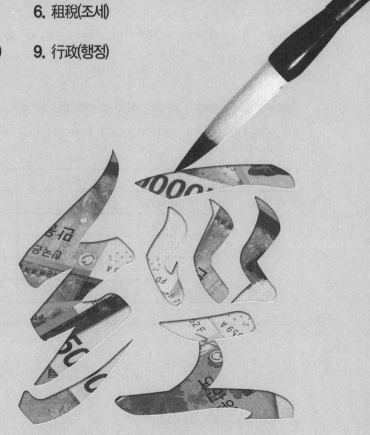

1. 經濟 경제

經濟(경제)	▶ 經(지날 경)	糸	총획 13	약자 经
간체자 经济	▶ 濟(건널 제)	氵(水)	총획 17	약자 済

經濟(경제)는 人間(인간)의 生活(생활)에 必要(필요)한 財貨(재화)나 用役(용역)을 生産(생산)·分配(분배)·消費(소비)하는 모든 活動(활동)을 말한다. 또는 그것을 통하여 이루어지는 社會的(사회적) 關係(관계)를 말한다.

표제어	활용어 1	활용어 2	응용 용례
經 (경)	經歷(경력)		經歷을 쌓다
	經費(경비)		經費를 절감하다
	經營(경영)		經營의 합리화를 추구하다
	經驗(경험)		經驗이 풍부하다
		財經(재경)	財經 위원회
		易經(역경)	삼경은 시경, 서경, 易經

經(지날 경)은 모양이 비슷한 한자로 輕(가벼울 경), 유의어는 過(지날 과)로 함께 쓰이는 경우가 經過(경과)이다.

濟(건널 제)는 모양이 비슷한 한자로 齊(가지런할 제), 유의어는 涉(건널 섭)으로 함께 쓰이는 경우가 濟涉(제섭)이다. 濟涉(제섭)이란 물을 건넌다는 뜻이다.

표제어	활용어 1	활용어 2	응용 용례
濟 (제)	濟民(제민)		경세 濟民
	濟世(제세)		濟世의 인물을 기다리다
	濟州(제주)		濟州道 앞바다
		決濟(결제)	어음을 決濟하다
		救濟(구제)	난민 救濟 정책
		辨濟(변제)	사고에 대한 辨濟

▣ 필수 한자어

價格效果(가격효과)	可變費用(가변비용)	可處分所得(가처분소득)
巨視經濟(거시경제)	經常利益(경상이익)	公正去來法(공정거래법)
管理貿易(관리무역)	關稅障壁(관세장벽)	交換社債(교환사채)
求償貿易(구상무역)	構造調整(구조조정)	機會費用(기회비용)
勞動三權(노동삼권)	多國籍企業(다국적기업)	貸借對照表(대차대조표)
貿易收支(무역수지)	微視經濟(미시경제)	附加價置(부가가치)
比較優位(비교우위)	先物景氣(선물경기)	所得分配(소득분배)
損益分岐點(손익분기점)	市場價格(시장가격)	信用去來(신용거래)

▣ 추가 한자어

假支給金(가지급금)	固定資産(고정자산)
內部去來(내부거래)	多段階販賣(다단계판매)
團體交涉(단체교섭)	貸損充當金(대손충당금)
法定管理(법정관리)	保稅區域(보세구역)
粉飾決算(분식결산)	上場法人(상장법인)
相互支給保證(상호지급보증)	源泉課稅(원천과세)
自己資本比率(자기자본비율)	轉換社債(전환사채)
海外轉換社債(해외전환사채)	

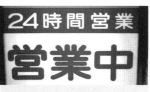

營業中(영업중) : 하루 종일 營利(영리)를 목적으로 하는 행위를 한다는 뜻으로 '營'의 약자 표기가 '営'이다.

割引(할인) : 일정한 값에서 얼마를 빼준다는 뜻으로 경제 사정이 不況(불황)일수록 대대적인 할인 행사로 재고 부담을 덜고자 한다.

官僚(관료)	▶ 官(벼슬 관)	宀	총획 8
	▶ 僚(동료 료)	亻(人)	총획 14

官僚(관료)는 國家(국가)의 行政(행정)을 맡는 관리(官吏)를 말한다. 單純(단순)한 행정 事務(사무)의 執行者(집행자)가 아닌, 政治的(정치적) 決定(결정)에까지 影向(영향)을 미치는 組織(조직)을 構成(구성)하고 있는 관리 및 관리 출신자의 뜻으로 흔히 사용된다.

官(벼슬 관)은 모양이 비슷한 한자로 宮(집 궁), 管(대롱 관), 유의어는 職(벼슬 직)으로 함께 쓰이는 경우가 官職(관직)이다.

표제어	활용어1	활용어2	응용 용례
官 (관)	官長(관장)		官長의 허락을 받다
	官認(관인)		官認 한문학원
	官廳(관청)		지방 官廳 업무
		教官(교관)	教官의 지시에 따르다
		武官(무관)	武官의 지위를 갖다
		士官(사관)	士官생도의 임무

僚(동료 료)는 모양이 비슷한 한자로 療(병고칠 료), 유의어는 同(한가지 동)으로 함께 쓰이는 경우가 同僚(동료)이다.

표제어	활용어1	활용어2	응용 용례
僚 (료)	僚堂(요당)		소속된 관아의 당상관 僚堂
	僚船(요선)		같은 임무를 띤 배 僚船
	僚友(요우)		같은 계급의 벗 僚友
		閣僚(각료)	새 정부의 閣僚 명단
		同僚(동료)	직장 同僚 사이이다
		幕僚(막료)	幕僚 회의

文在寅 政府組織(18部 5處 17廳)

大統領   − 大統領警護處(대통령경호처)
國務總理   − 法制處(법제처)
                                    國家報勳處(국가보훈처)
                                    食品醫藥品安全處(식품의약품안전처)
                                    人事革新處(인사혁신처)
企劃財政部(기획재정부)   − 國稅廳(국세청)

派出所(파출소) : 경찰서의 관할 지역 안에 있는 洞(동)마다 경찰관을 파견하여 경찰 업무를 일차적으로 처리하도록 만든 곳이라는 뜻이지만, 지금은 치안센터로 변경 운영되고 있다.

                                    關稅廳(관세청)
                                    調達廳(조달청)
                                    通計廳(통계청)
教育部(교육부)
科學技術情報通信部(과학기술정보통신부)
外交部(외교부)
統一部(통일부)
法務部(법무부)   − 檢察廳(검찰청)
國防部(국방부)   − 兵務廳(병무청)
                                    防衛事業廳(방위사업청)
行政安全部(행정안전부)   − 警察廳(경찰청)
                                    消防廳(소방청)
文化體育觀光部(문화체육관광부) − 文化財廳(문화재청)
農林畜産食品部(농림축산식품부) − 農村振興廳(농촌진흥청)

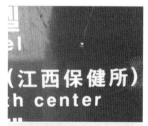

                                    山林廳(산림청)
産業通商資源部(산업통상자원부) − 特許廳(특허청)
保健福祉部(보건복지부)

江西保健所(강서보건소) : 서울 강서구에 있는 질병의 예방, 진료, 공중 보건을 향상시키기 위하여 설치된 公共(공공) 의료기관이라는 뜻이다.

環境部(환경부)   − 氣象廳(기상청)
雇傭勞動部(고용노동부)
女性家族部(여성가족부)
國土交通部(국토교통부)   − 새萬金開發廳(새만금개발청)
                                    行政中心複合都市建設廳(행정중심복합도시건설청)
海洋水産部(해양수산부)   − 海洋警察廳(해양경찰청)
中小벤처企業部(중소벤처기업부)

企業(기업)	▶ 企(꾀할 기)	人	총획 6
간체자 企业	▶ 業(업 업)	木	총획 13

企業(기업)은 營利(영리)를 얻기 위하여 財貨(재화)나 用役(용역)을 生産(생산)하고 販賣(판매)하는 組織體(조직체)를 말한다. 出資(출자) 形態(형태)에 따라 私企業(사기업), 公企業(공기업), 公私合同企業(공사 합동기업)으로 나눈다.

企(꾀할 기)는 모양이 비슷한 한자로 金(쇠 금), 止(그칠 지), 유의어는 圖(꾀할 도)로 企圖(기도)와 함께 쓰인다.

표제어	활용어 1	활용어 2	응용 용례
企 (기)	企待(기대)		企待를 저버리다 = 期待
	企圖(기도)		암살을 企圖하다
	企望(기망)		통일을 企望하다 = 期望
	企調(기조)		企劃調停(기획조정) = 企調
	企劃(기획)		企劃 상품 출시
		中企(중기)	中小企業(중소기업) = 中企

業(업 업)은 모양이 비슷한 한자로 對(대할 대), 유의어는 務(힘쓸 무)로 함께 쓰이는 경우가 業務(업무)이다.

표제어	활용어 1	활용어 2	응용 용례
業 (업)	業界(업계)		섬유 業界에서 일하다
	業務(업무)		과중한 業務에 시달리다
		開業(개업)	開業을 축하하다
		同業(동업)	친구와 同業하다
		産業(산업)	産業 발전에 이바지하다
		就業(취업)	就業을 알선하다

甲乙紡織(갑을방직)   京南企業(경남기업)   慶農(경농)

高麗製鋼(고려제강)   極東建設(극동건설)   金星(금성)

錦湖(금호)   起亞自動車(기아자동차)   南光建設(남광건설)

綠十字(녹십자)   農心(농심)   大象(대상)

大信(대신)   大亞建設(대아건설)   大宇(대우)

大韓電線(대한전선)   大韓通運(대한통운)   大韓航空(대한항공)

東國製鋼(동국제강)   東部(동부)   東西食品(동서식품)

東亞製藥(동아제약)   東洋(동양)   東源(동원)

同和藥品(동화약품)   斗山(두산)   萬都(만도)

汎洋商船(범양상선)   碧山(벽산)   思潮産業(사조산업)

三立(삼립)   三寶(삼보)   三扶(삼부)

三星(삼성)   三養(삼양)   三益(삼익)

三千里(삼천리)   三湖(삼호)

現代建設(현대건설) : 지금 시대의 건물, 설비, 시설 따위를 새로 만들어 세운다는 뜻의 기업 名稱(명칭)이다.

株式會社(주식회사) : 주식의 발행을 통하여 여러 사람으로부터 資本(자본)을 조달받는 회사를 말하며, 자본과 경영이 분리되는 회사의 대표적인 형태이다.

貿易(무역)	▶ 貿(무역할 무)	貝	총획 12
간체자 贸易	▶ 易(바꿀 역)	日	총획 8

貿易(무역)은 地方(지방)과 지방 사이에 서로 物件(물건)을 팔고 사거나 交換(교환)하는 일을 말한다. 또는 나라와 나라 사이에 서로 物品(물품)을 輸出入(수출입)하고 賣買(매매)하는 일을 뜻하기도 한다.

貿(무역할 무)는 모양이 비슷한 한자로 賃(품삯 임), 賀(하례할 하), 유의어는 易(바꿀 역)으로 貿易(무역)과 함께 쓰인다.

표제어	활용어1	활용어2	응용 용례
貿 (무)	貿穀(무곡)		이익을 위해 곡식을 사는 貿穀
	貿公(무공)		'대한무역진흥공사' = 貿公
	貿米(무미)		장사를 하려고 쌀을 사는 貿米
	貿易(무역)		貿易(무역) 회사에 입사하다
		私貿(사무)	궁궐물품을 상인에게 사는 私貿
		移貿(이무)	비싼 환곡을 파는 移貿

易(바꿀 역)은 모양이 비슷한 한자로 場(마당 장), 유의어는 替(바꿀 체), 換(바꿀 환) 등을 들 수 있다.

표제어	활용어1	활용어2	응용 용례
易 (역)	易經(역경)		易經은 삼경 중에 하나
	易書(역서)		易書를 많이 읽다
	易學(역학)		易學을 공부하다
		改易(개역)	있던 것을 고쳐 바꾸는 改易
		交易(교역)	국제 交易이 중요하다
		周易(주역)	易經 = 周易(주역)

柯尼卡(가니카)	코니카
柯達(가달)	코닥
家樂福(가락복)	까르푸
肯德基(긍덕기)	켄터키 KFC
樂天利(낙천리)	롯데리아
奈基(내기)	나이키
當肯(당근)	던킨 도너츠
諾基亞(낙기아)	노키아
來科思(래과사)	라이코스
摩托羅拉(마탁나랍)	모토로라
麥當勞(맥당로)	맥도널드
米勒(미륵)	밀러
微軟(미연)	마이크로 소프트
索尼(색니)	소니
星期五餐廳(성기오찬청)	TGI Fridays
宋下(송하)	파나소닉
雅虎(아호)	야후
愛普生(애보생)	엡손
易利信(역리신)	에릭슨
易買得(이매득)	이마트
種氷淇淋店(종빙키마점)	베스킨 라빈스
七喜(칠희)	세븐 업
派派斯(파파사)	파파이스
漢堡王(한보왕)	버커킹
喜力(희력)	하이네켄

肯德基(긍덕기) : 다국적 기업인 "컨터키 치킨"의 음을 좋은 말로 취한 중국 가차 문자로 옳이 여길 肯(긍), 덕 德(덕), 터 基(기) 등의 중국어 발음은 "컨더치"이다.

麥當勞(맥당로) : 다국적 기업인 '맥도날드'의 음을 따서 의미 없이 따온 중국 假借(가차) 문자로 보리 麥(맥), 당할 當(당), 일할 勞(로) 등의 중국어 발음은 "마이땅루"이다.

5. 利潤 이윤

利潤(이윤)	▶ 利(이할 리)	刂(刀)	총획 7
간체자 利润	▶ 潤(불을 윤)	氵(水)	총획 15

利潤(이윤)은 돈벌이를 하는 동안에 남는 돈을 말한다. 企業(기업)의 總受益(총수익)에서 품삯·땅값·길미·減價償却費(감가상각비)를 빼고 남는 純利益(순이익)을 말한다.

利(이할 리)는 모양이 비슷한 한자로 和(화할 화), 科(과목 과), 유의어는 益(더할 익)으로 함께 쓰이는 경우가 利益(이익)이다.

표제어	활용어 1	활용어 2	응용 용례
利 (리)	利己(이기)		利己적인 사람
	利得(이득)		부당한 利得을 취하다
	利用(이용)		이용 가치가 높다
		權利(권리)	權利를 침해하다
		勝利(승리)	경기에서 勝利하다
		銳利(예리)	銳利한 칼날

潤(불을 윤)은 모양이 비슷한 한자로 閏(윤달 윤)을 들 수 있다.

표제어	활용어 1	활용어 2	응용 용례
潤 (윤)	潤氣(윤기)		피부에 潤氣가 흐르다
	潤色(윤색)		潤色이 흐르다
	潤澤(윤택)		潤澤한 살림
	潤滑(윤활)		潤滑유를 넣다
		富潤(부윤)	재물이 풍부하고 윤택한 富潤
		浸潤(침윤)	수분이 스며 젖어드는 浸潤

歐普歐寶(구보구보)	오펠
克萊斯勒(극래사륵)	크라이슬러
雷諾(뇌락)	르노
尼桑(니상)	닛산
大衆(대중)	폴크스바겐
鈴木(영본)	스즈키
凌志(능지)	렉서스
馬自達(마자달)	마쯔다
法拉利(법랍리)	페라리
別克(별극)	뷰익
寶馬(보마)	BMW
保時捷(보시첩)	포르셰
福特(복특)	포드
本田(본전)	혼다
奔馳(분치)	벤츠
三菱(삼릉)	미쓰비시
紳寶(신보)	샤브
奧迪(오적)	아우디
沃而沃(옥이옥)	볼보
通用汽車公司(통용기차공사)	GM
豊田(풍전)	도요타
現代(현대)	현대

柯達快速彩色(가달쾌속채색) : '코닥'의 중국 가차 문자로 柯達(가달)은 발음이 "커다"라고 하며, '쾌속채색'은 아주 빠르게 컬러사진을 만든다는 뜻이다.

百威啤酒(백위비주) : '버드와이저' 맥주의 중국 가차 문자로 百威(백위)은 발음이 "바이웨이"라고 하며, 啤酒(비주)는 麥酒(맥주)를 가리키는 중국 한자이다.

租稅(조세)	▶ 租(조세 조)	禾	총획 10
	▶ 稅(세금 세)	禾	총획 12

　租稅(조세)는 國家(국가) 또는 地方(지방) 公共團體(공공단체)가 必要(필요)한 經費(경비)로 使用(사용)하기 위하여 國民(국민)이나 住民(주민)으로부터 强制(강제)로 거두어들이는 金錢(금전)을 말한다. 國稅(국세)와 地方稅(지방세)가 있다.

표제어	활용어 1	활용어 2	응용 용례
租 (조)	租稅(조세)		租稅를 거두어들이다
	租包(조포)		벼를 담는 데 쓰는 포대 租包
		公租(공조)	공공목적을 위해 세금 公租
		課租(과조)	조세를 부과하는 課租
		免租(면조)	조세의 부담을 면제하는 免租
		年租(연조)	일년 동안 내는 조세 年租

　租(조세 조)는 모양이 비슷한 한자로 祖(할아비 조), 組(짤 조), 유의어는 賦(구실, 부세 부)로 함께 쓰이는 경우가 租賦(조부)이다.

　稅(세금 세)는 모양이 비슷한 한자로 悅(기쁠 열), 銳(날카로울 예), 유의어는 賦(구실, 부세 부)로 함께 쓰이는 경우가 賦稅(부세)이다.

표제어	활용어 1	활용어 2	응용 용례
稅 (세)	稅金(세금)		稅金을 부과하다
	稅務(세무)		稅務 비리에 연루되다
	稅法(세법)		稅法을 공부하다
		減稅(감세)	減稅 정책이 성공하다
		關稅(관세)	關稅를 인하하다
		免稅(면세)	免稅점에서 물건을 사다

1. 國稅(국세)

1) 內國稅(내국세)

直接稅(직접세)

所得稅(소득세)	法人稅(법인세)	相續稅(상속세)
贈與稅(증여세)	證券去來稅(증권거래세)	再評價稅(재평가세)
土地超過利得稅(토지초과이득세)		不當利得稅(부당이득세)

間接稅(간접세)

附加價値稅(부가가치세)	特別消費稅(특별소비세)	酒稅(주세)
電話稅(전화세)	印紙稅(인지세)	

2) 關稅(관세)　臨時輸入附加稅(임시수입부가세)

3) 目的稅(목적세)　敎育稅(교육세)

稅務會計事務所(세무회계사무소) : 세법의 규정에 따라, 課稅(과세) 소득의 계산 파악을 목적으로 하는 회계를 업무로 삼아 일하는 장소를 말한다.

2. 地方稅(지방세)

1) 一般稅(일반세)

取得稅(취득세)	登錄稅(등록세)
免許稅(면허세)	住民稅(주민세)
財産稅(재산세)	自動車稅(자동차세)
農地稅(농지세)	屠畜稅(도축세)
馬券稅(마권세)	담배消費稅(담배소비세)
綜合土地稅(종합토지세)	

長壽煙(장수연) : 오래도록 산다는 의미의 담배 포갑지로 일제시대 조선총독부 전매국에서 발행한 담배이다. 우리나라 조세에서 담배 消費稅(소비세)는 지방자치 단체의 재원 확충으로 지방세로 1989년에 신설되었다.

2) 目的稅(목적세)

都市計劃稅(도시계획세)	共同施設稅(공동시설세)
事業所稅(사업소세)	地域開發稅(지역개발세)

株式(주식)	▶ 株(그루 주)	木	총획 10
	▶ 式(법 식)	戈	총획 6

株式(주식)은 株式會社(주식회사)의 資本(자본)을 構成(구성)하는 單位(단위)를 말한다. 주식회사란 주식의 發行(발행)을 통하여 여러 사람으로부터 자본을 調達(조달)받는 회사를 말한다. 동의어는 株券(주권)이다.

株(그루 주)는 모양이 비슷한 한자로 柱(기둥 주), 珠(구슬 주), 유의어는 根(뿌리 근)을 들 수 있다.

표제어	활용어 1	활용어 2	응용 용례
株 (주)	株價(주가)		株價가 상승하다
	株券(주권)		株券을 배부하다
	株式(주식)		株式에 투자하다
	株主(주주)		이 분이 실질적인 株主이다
		舊株(구주)	기존 발행한 주식 舊株
		增株(증주)	자본 증식을 위한 주식 增株

式(법 식)은 모양이 비슷한 한자로 武(호반 무), 或(혹 혹), 유의어는 法(법 법)으로 함께 쓰이는 경우가 法式(법식)이다.

표제어	활용어 1	활용어 2	응용 용례
式 (식)	式辭(식사)		원장님의 式辭가 끝난 후
	式順(식순)		式順에 따라 거행하다
	式場(식장)		하객들이 式場을 가득 메우다
		格式(격식)	格式을 차리다
		方式(방식)	자기 方式을 고집하다
		樣式(양식)	다양한 樣式의 건축물

▣ 필수 한자어

去來(거래)   舊株(구주)   券面額(권면액)

記名株式(기명주식)   金庫株(금고주)   無記名株式(무기명주식)

無額面株式(무액면주식) 未發行株式(미발행주식) 新株(신주)

額面未達(액면미달)   額面株式(액면주식)   額面總額(액면총액)

有價證券(유가증권)   利益配當(이익배당)   利益燒却(이익소각)

柱式配當(주식배당)   株式會社(주식회사)   株主(주주)

株主權(주주권)   株主名簿(주주명부)   株主總會(주주총회)

證券(증권)   持分(지분)   出資額(출자액)

▣ 추가 한자어

分割(분할)   商法(상법)   償還株式(상환주식)

授權株式(수권주식)   理事會(이사회)   自己株式(자기주식)

資本金(자본금)   資本額(자본액)   定款(정관)

株券(주권)   株金額(주금액)   持分單一主意(지분단일주의)

持分複數主意(지분복수주의) 質權(질권)   合名會社(합명회사)

合資會社(합자회사)

昌和興業(창화흥업) : 繁昌(번창)하면서 調和(조화)하는 인간의 생활을 경제적으로 풍요롭게 하기 위하여 재화나 서비스를 창출하는 생산적 기업이라는 뜻이다.

和成重機(화성중기) : 조선 세종 때에 그 선대의 공덕을 칭송하여 지은 노래인 發祥(발상)은 당대의 상서로운 일들을 내용인데 和成(화성)은 그 마지막 악장이고 重機(중기)는 중기계의 뜻이다.

| 換率(환율) | ▶ 換(바꿀 환) | 扌(手) | 총획 12 |
| 간체자 换率 | ▶ 率(비율 율/거느릴 솔) | 玄 | 총획 11 |

換率(환율)은 한 나라의 貨幣(화폐)와 딴 나라의 貨幣(화폐)와의 交換(교환) 比率(비율)을 말한다. 또는 外國(외국) 환어음의 값을 말한다. 다른 말로 換時勢(환시세)라고 한다.

표제어	활용어1	활용어2	응용 용례
換 (환)	換氣(환기)		換氣가 잘되는 방
	換拂(환불)		수표를 換拂하다
	換算(환산)		미터법으로의 換算
	換錢(환전)		換錢 업무를 담당하다
		交換(교환)	물물 交換
		轉換(전환)	기분 轉換을 하다

換(바꿀 환)은 모양이 비슷한 한자로 煥(불꽃 환), 渙(흩어질 환), 유의어는 兌(바꿀 태)로 함께 쓰이는 경우가 兌換(태환)이다.

率(비율 율/거느릴 솔)은 모양이 비슷한 한자로 索(찾을 색)을 들 수 있다.

표제어	활용어1	활용어2	응용 용례
率 (율)	率先(솔선)		率先수범하는 자세
	率直(솔직)		率直함이 중요하다
		能率(능률)	能率이 떨어지다
		確率(확률)	確率을 너무 믿지는 말라
		輕率(경솔)	輕率한 행동
		引率(인솔)	引率교사가 필요하다

▣ 필수 한자어

減俸(감봉)   譴責(견책)   缺勤(결근)

兼職(겸직)   待機發令(대기발령)   免修習(면수습)

問責警告(문책경고)   拔擢(발탁)   福利厚生(복리후생)

復職(복직)   部署配置(부서배치)   昇進(승진)

始末書(시말서)   年俸協商(연봉협상)   有給休暇(유급휴가)

停職(정직)   組織改編(조직개편)   注意(주의)

遲刻(지각)   懲戒(징계)   解雇(해고)

海外派遣(해외파견)   號俸調整(호봉조정)   呼稱變更(호칭변경)

休暇(휴가)   會社合倂(회사합병)   會議(회의)

▣ 추가 한자어

兼職解除(겸직해제)   警告(경고)   顧問委囑(고문위촉)

契約變更延長(계약변경연장) 給與區分變更(급여구분변경) 記錄解除(기록해제)

補職解除(보직해제)   研修休職(연수휴직)   業務委囑(업무위촉)

育兒休職(육아휴직)   財宅勤務(재택근무)   職務待期(직무대기)

職務代行(직무대행)   職制變更(직제변경)   職責變更(직책변경)

懲戒赦免(징계사면)   懲戒解職(징계해직)

金彩(금채) : 채색하는 데에 쓰는 금가루나 泥金(이금)을 말하는 데 세계 각국은 金本位制度(금본위제도)를 채택하고 있다. 이는 금의 일정량의 가치를 기준으로 단위 화폐의 가치를 재는 화폐 제도이다.

寶物展示室(보물전시실) : 썩 드물고 귀한 가치가 있는 보배로운 물건을 차려 놓고 보이는 방을 뜻하는데 '寶'의 약자는 '宝'로 쓰인다.

行政(행정)	▶ 行(다닐 행)	行	총획 6
	▶ 政(정사 정)	攵(攴)	총획 8

行政(행정)은 政治(정치)나 事務(사무)를 행함을 뜻한다. 國家(국가) 統治(통치) 作用(작용) 가운데 立法(입법) 작용과 司法(사법) 작용을 除外(제외)한 국가 작용이다. 法(법) 아래에서 법의 規制(규제)를 받으면서 국가 目的(목적) 또는 公益(공익)을 實現(실현)하기 위하여 행히는 能動的(능동적)이고 積極的(적극적)인 국가 작용이다.

行(다닐 행)은 모양이 비슷한 한자로 往(갈 왕)을 들 수 있다.

표제어	활용어 1	활용어 2	응용 용례
行 (행)	行事(행사)		行事를 개최하다
	行勢(행세)		양반 行勢를 하다
	行進(행진)		그 팀은 10연승 行進 중이다
		擧行(거행)	졸업식 擧行에 앞서
		發行(발행)	잡지의 發行 부수를 늘리다
		流行(유행)	流行을 따라잡다

政(정사 정)은 모양이 비슷한 한자로 放(놓을 방), 效(본받을 효) 등을 들 수 있다.

표제어	활용어 1	활용어 2	응용 용례
政 (정)	政界(정계)		政界에 입문하다
	政略(정략)		政略에 말려들다
	政府(정부)		政府 각 부처
		家政(가정)	家政부를 두다
		亂政(난정)	亂政에 나라가 위태롭다
		黨政(당정)	黨政 협의회

▣ 필수 한자어

鑑査院(감사원)　　　　　強制徵收(강제징수)　　　公告(공고)

公文書(공문서)　　　　　公示(공시)　　　　　　公聽會(공청회)

國務會議(국무회의)　　　規制(규제)　　　　　　內部告發人(내부고발인)

對民行政(대민행정)　　　申請(신청)　　　　　　自治團體(자치단체)

自治行政(자치행정)　　　財政自立(재정자립)　　政策(정책)

條例(조례)　　　　　　　租稅法律主義(조세법률주의)

準豫算(준예산)　　　　　中央行政(중앙행정)　　地方分權(지방분권)

職業公務員(직업공무원)　追敍(추서)　　　　　　行政訴訟(행정소송)

行政法(행정법)　　　　　行政訴訟(행정소송)

行政審判主義(행정심판주의)　行政委員會(행정위원회)

▣ 추가 한자어

官僚腐敗(관료부패)　　　　勤務成績評定(근무성적평정)

納稅申告制度(납세신고제도)　豫算執行(예산집행)

人事行政(인사행정)　　　　任命(임명)

處分(처분)　　　　　　　　請願權(청원권)

追加更正豫算(추가경정예산)　行政改革(행정개혁)

行政官廳(행정관청)　　　　行政區域(행정구역)

行政權(행정권)　　　　　　行政規則(행정규칙)

行政理念(행정이념)　　　　行政裁判所(행정재판소)

行政調査(행정조사)　　　　行政指導(행정지도)

行政處分(행정처분)　　　　行政廳(행정청)

行政廳問(행정청문)　　　　行政行爲(행정행위)

行政刑罰(행정형벌)　　　　許可(허가)

案內(안내) : 어떤 내용을 소개하여 알려 주거나 그런 일을 말하는데 행정 業務(업무)의 안내는 친절하게 이루어져야 한다.

百安(백안) : 백 가지의 편안함이라는 뜻으로 국가의 행정은 온 국민에게 편하고 걱정 없이 좋아지는 政策(정책)을 시행해야 한다.

※ 다음 漢字語(한자어) 독음을 쓰시오.(1~9)

(1) 經驗(   )   (2) 官廳(   )

(3) 企劃(   )   (4) 交易(   )

(5) 權利(   )   (6) 稅務(   )

(7) 株價(   )   (8) 換拂(   )

(9) 流行(   )

※ 다음 밑줄 친 단어에 알맞은 漢字語(한자어)를 쓰시오.(10~18)

(10) 어음을 결제(   )하다.

(11) 새 정부의 각료(   ) 명단이 발표되었다.

(12) 그 곳은 취업(   )을 알선한다.

(13) 무역(   )회사에 입사하다.

(14) 누구나 윤택(   )한 삶을 원한다.

(15) 조세(   )를 거두어들이다.

(16) 하객들이 식장(   )을 가득 메우다.

(17) 솔직(   )함이 중요하다.

(18) 외부의 정략(   )에 말려들다.

※ (19) 다음 중 한자의 뜻이 서로 같은 것끼리 연결된 것은?

① 周 – 易   ② 開 – 業

③ 官 – 職   ④ 利 – 己

※ (20) "나라를 잘 다스려 세상을 구제함"을 뜻하는 四字成語(사자성어)를 고르시오.

① 構造調整   ② 傾國之色

③ 經國濟世   ④ 治國天下

(1) 경험 (2) 관청 (3) 기획 (4) 교역 (5) 권리 (6) 세무 (7) 주가 (8) 환불
(9) 유행 (10) 決濟 (11) 閣僚 (12) 就業 (13) 貿易 (14) 潤澤 (15) 租稅
(16) 式場 (17) 率直 (18) 政略 (19) ③ 官 – 職 (20) ③ 經國濟世

經營(金融ㆍ會計)

1. 價格(가격) 　2. 監査(감사) 　3. 景氣(경기)

4. 計定(계정) 　5. 金融(금융) 　6. 費用(비용)

7. 資産(자산) 　8. 通貨(통화) 　9. 會社(회사)

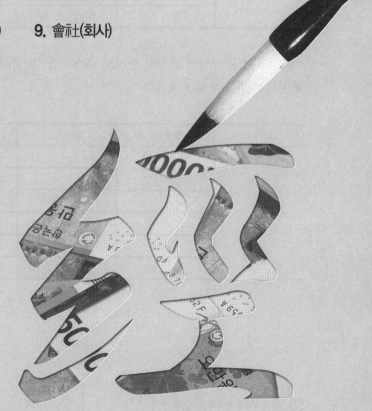

價格(가격)	▶ 價(값 가)	亻(人)	총획 15	약자 価
간체자 价格	▶ 格(격식 격)	木	총획 10	

價格(가격)은 物件(물건)이 지니고 있는 價値(가치)를 돈으로 나타낸 것을 말한다. 또는 貨幣(화폐) 單位(단위)의 이름으로 나타내는 商品(상품)의 가치를 말한다.

價(값 가)는 모양이 비슷한 한자로 賣(팔 매), 買(살 매), 유의어는 値(값 치)로 함께 쓰이는 경우가 價値(가치)이다.

표제어	활용어1	활용어2	응용 용례
價 (가)	價額(가액)		공급 價額이 얼마입니까?
	價値(가치)		價値가 떨어지다
		高價(고가)	이것은 高價의 물품이다
		物價(물가)	物價가 오르내리다
		評價(평가)	담임선생님의 評價
		呼價(호가)	이 물건은 천만 원을 呼價한다

格(격식 격)은 모양이 비슷한 한자로 洛(물이름 락), 落(떨어질 락), 유의어는 式(법 식)으로 함께 쓰이는 경우가 格式(격식)이다.

표제어	활용어1	활용어2	응용 용례
格 (격)	格上(격상)		지위가 格上되다
	格言(격언)		格言은 교훈적이다
		規格(규격)	規格 봉투에 넣어주세요
		性格(성격)	낙천적 性格
		體格(체격)	건장한 體格
		合格(합격)	合格 통지서를 받다

▣ 필수 한자어

價格景氣(가격경기)　　　　價格競爭(가격경쟁)

價格連動制(가격연동제)　　價格機構(가격기구)

價格費用曲線(가격비용곡선)　價格變動準備金(가격변동준비금)

價格調停(가격조정)　　　　價格政策(가격정책)

價格支持(가격지지)　　　　價格指數(가격지수)

價格差別法(가격차별법)　　價格差別(가격차별)

價格彈力度(가격탄력도)　　價格差益(가격차익)

價格統制(가격통제)　　　　價格彈力性(가격탄력성)

價格表示制(가격표시제)　　價格幅制限(가격폭제한)

▣ 추가 한자어

價格決定日(가격결정일)　　價格管理(가격관리)

價格先導(가격선도)　　　　價格線(가격선)

價格消費曲線(가격소비곡선)　價格設定者(가격설정자)

價格順應者(가격순응자)　　價格收用行態(가격수용행태)

價格優先原則(가격우선원칙)　價格逆指定注文(가격역지정주문)

價格戰略(가격전략)　　　　價格自由化(가격자유화)

價格協定(가격협정)　　　　價格下向硬直性(가격하향경직성)

價格效果(가격효과)　　　　價格協定카르텔(가격협정카르텔)

高價委託(고가위탁) : 비싼 가격과 남에게 사물이나 사람의 책임을 맡긴다는 뜻으로 典當鋪(전당포) 광고로 '價'의 약자가 바로 '価'로 쓰인다.

貸店鋪(대점포) : 가게를 세놓는다는 뜻으로 '舖'는 '鋪'와 같은 글자이고, 店鋪賃貸(점포임대)와 같은 말이기도 하다.

2. 監査 감사

監査(감사)	▶ 監(볼 감)	皿	총획 14	약자 監
간체자 监查	▶ 査(조사할 사)	木	총획 9	

監査(감사)는 監督(감독)하고 檢査(검사)함을 말한다. 監査院(감사원)은 大統領(대통령) 直屬(직속)의 憲法機關(헌법기관)의 하나로 國家(국가)의 歲入(세입)과 歲出(세출)의 決算(결산) 및 公務員(공무원)의 職務(직무)에 관한 監察(감찰)을 주 임무로 한다.

표제어	활용어1	활용어2	응용 용례
監 (감)	監禁(감금)		이런 행위는 불법 監禁이다
	監督(감독)		監督이 소홀하다
	監視(감시)		監視를 피해서 도망가다
	監察(감찰)		오늘 監察이 있을 것이다
		校監(교감)	校監 선생님
		收監(수감)	혹독한 收監 생활

監(볼 감)은 모양이 비슷한 한자로 籃(바구니 람), 覽(볼 람), 유의어는 觀(볼 관)으로 함께 쓰이는 경우가 監觀(감관)이다.

査(조사할 사)의 유의어는 探(찾을 탐)으로 함께 쓰이는 경우가 探査(탐사)이다.

표제어	활용어1	활용어2	응용 용례
査 (사)	査證(사증)		査證을 보여 주십시오
	査察(사찰)		북한의 핵 査察
		踏査(답사)	현장 踏査를 떠나다
		搜査(수사)	搜査를 맡은 형사
		審査(심사)	논문 審査를 받다
		調査(조사)	당국이 調査에 나섰다

▣ 필수 한자어

監査局(감사국)   監査院長(감사원장)

監査委員(감사위원)   監察(감찰)

監察委員會(감찰위원회)   大統領直屬(대통령직속)

社會福祉監査(사회복지감사)   産業環境監査(산업환경감사)

議決機關(의결기관)   違法(위법)

財政金融監査(재정금융감사)   自治行政局(자치행정국)

特別調査局(특별조사국)   職務監察(직무감찰)

行政監査(행정감사)   合議制(합의제)

會計監査(회계감사)   憲法機關(헌법기관)

▣ 추가 한자어

改善(개선)   建設物流監査(건설물류감사)

檢査(검사)   決算(결산)

告發(고발)   國家戰略事業評價團(국가전략사업평가단)

歲入(세입)   歲出(세출)

是正(시정)   審計院(심계원)

韓國鑑定院(한국감정원) : 국민재산의 경제적 가치를 정확히 평가하여 경제발전에 기여하기 위해 설립한 정부출자 기관으로 鑑定(감정)은 사물의 특성이나 참과 거짓, 좋고 나쁨을 분별하여 판정한다는 의미이다.

地籍(지적) : 토지에 관한 여러 가지 사항을 등록하여 놓은 기록을 말하는데, 토지의 위치·형질·소유 관계·넓이·地目(지목)·地番(지번)·경계 따위가 기록되어 있다.

景氣(경기)	▶ 景(볕 경)	日	총획 12	
간체자 景气	▶ 氣(기운 기)	气	총획 10	약자 気

景氣(경기)는 企業(기업)을 中心(중심)으로 한 여러 가지 經濟(경제) 事情(사정)의 狀態(상태)를 말한다. 즉, 賣買(매매)나 去來(거래)에 나타나는 好況(호황)·不況(불황) 따위의 경제 活動(활동) 상태를 말한다.

표제어	활용어 1	활용어 2	응용 용례
景 (경)	景觀(경관)		景觀이 빼어나다
	景致(경치)		아름다운 景致
		背景(배경)	역사적 背景
		夜景(야경)	夜景이 아름답다
		全景(전경)	全景을 살펴보다
		造景(조경)	造景 사업이 진행 중이다

景(볕 경)은 모양이 비슷한 한자로 京(서울 경), 유의어는 光(빛 광)으로 함께 쓰이는 경우가 光景(광경)이다.

氣(기운 기)는 모양이 비슷한 한자로 汽(물끓는김 기)를 들 수 있다.

표제어	활용어 1	활용어 2	응용 용례
氣 (기)	氣勢(기세)		당당한 氣勢
	氣溫(기온)		氣溫이 내려가다
	氣運(기운)		氣運 차리고 일하자
	氣質(기질)		낙천적인 氣質
		空氣(공기)	신선한 空氣
		潤氣(윤기)	潤氣가 흐르는 머리

景氣(경기) : 매매나 거래 따위에 나타난 경제 활동의 상황.

景氣過熱(경기과열) : 수요와 공급과의 균형이 무너져 경제활동이 비정상적인 상태.

景氣對策(경기대책) : 금융상의 정책 공황을 사전에 방지하고 불경기를 회복하려는 것.

景氣動向指數(경기동향지수) : 경기변동의 진폭이나 속도는 측정하지 않고 변화방향만을 파악.

景氣變動(경기변동) : 자본주의 경제에서 생산이나 소비와 같은 경제활동이 호경기·공황·불경
　　기 등으로 번갈아가며 발생하는 현상.

景氣變動指數(경기변동지수) : 경기 변동을 지수 형식으로 나타낸 것.

景氣循環(경기순환) : 경제활동수준이 규칙성을 가지고 주기적으로 상승과 하락하는 현상.

景氣豫告指標(경기예고지표) : 약 3개월 후의 경기 변동을 미리 예측하는 지표.

景氣豫測(경기예측) : 경기의 과거와 현재의 추이를 파악함으로써 장래의 변동을 예측하는 일.

景氣的失業(경기적 실업) : 불경기 때 상품에 총수요가 총 공급보다 부족하여 발생하는 실업.

景氣政策(경기정책) : 경기순환의 파동을 인식하여 국민경제에 미치는 불안정적 영향 완화 정책.

景氣綜合指數(경기종합지수) : 효과적 경기정책의 수립을 위해 경제기획원이 매월 작성하는 경
　　기지표.

景氣指數(경기지수) : 경기 흐름의 파악을 위해 경기에 민감한 일부 경제지표를 선정한 지수.

景氣指標(경기지표) : 경기 동향을 판단하기 위하여 이용하는 수량적인 지표.

景氣統計(경기통계) : 물가변동, 투자, 생산, 소비, 외국 무역, 노동시장 따위의 시장경제변동을
　　종합적으로 파악하여 산출한 통계.

開始(개시) : 행동이나 일 따위를 시작한다는 의미
로 경기 상황에 따라 사업의 擴大(확대)나 縮小(축
소)가 결정된다.

手動·自販機(수동·자판기) : 다른 동력을 이용하지 않고 손
의 힘만으로 움직이도록 되어 있는 것이 '수동'의 의미이고
'자판기'는 自動販賣機(자동판매기)의 준말로 사람의 손을 빌
리지 아니하고 상품을 자동적으로 파는 장치를 말한다.

| 計定(계정) | ▶ 計(셀 계) | 言 | 총획 9 |
| 간체자 计定 | ▶ 定(정할 정) | 宀 | 총획 8 |

計定(계정)은 簿記(부기)의 원장(原帳)에서 같은 種類(종류)나 同一(동일) 名稱(명칭)의 資産(자산), 負債(부채), 資本(자본), 收益(수익), 費用(비용), 損失(손실)에 대하여 그 增減(증감)을 計算(계산)·記錄(기록)하기 위하여 設定(설정)한 單位(단위)를 말한다.

표제어	활용어 1	활용어 2	응용 용례
計 (계)	計略(계략)		計略을 꾸미다
	計算(계산)		計算기를 이용하시오
	計策(계책)		計策에 말려들다
		家計(가계)	家計부를 작성하다
		集計(집계)	최종 集計 결과
		統計(통계)	統計자료를 참고하시오

計(셀 계)는 모양이 비슷한 한자로 訓(가르칠 훈), 유의어는 算(셈 산)으로 함께 쓰이는 경우가 計算(계산)이다.

定(정할 정)은 모양이 비슷한 한자로 宅(집 택)을 들 수 있다.

표제어	활용어 1	활용어 2	응용 용례
定 (정)	定價(정가)		定價 대로 팔다
	定規(정규)		定規직원 모집
	定式(정식)		定式 종목으로 채택됨
		假定(가정)	假定법을 모르시오
		改定(개정)	改定된 요금
		決定(결정)	決定에 따르다

▣ 필수 한자어

減價償却費計定(감가상각비계정)

計定科目(계정과목)

賣上金計定(매상금계정)

負債計定(부채계정)

備品計定(비품계정)

收益(수익)

收取어음計定(수취어음계정)

預金計定(예금계정)

외상賣出金計定(외상매출금계정)

任意積立金計定(임의적립금계정)

資本金計定(자본금계정)

資産計定(자산계정)

支佛利子計定(지불이자계정)

土地計定(토지계정)

建物計定(건물계정)

給與計定(급여계정)

賣上原價計定(매상원가계정)

費用計定(비용계정)

商品計定(상품계정)

收益計定(수익계정)

收取利子計定(수취이자계정)

외상買入金計定(외상매입금계정)

利益準備金計定(이익준비금계정)

資本計定(자본계정)

資本準備金計定(자본준비금계정)

支拂어음計定(지불어음계정)

借入金計定(차입금계정)

現金計定(현금계정)

▣ 추가 한자어

去來要素(거래요소)

控除額(공제액)

貸付金(대부금)

複式簿記(복식부기)

費用(비용)

資本等式(자본등식)

左邊(좌변)

計算(계산)

記錄(기록)

貸借對照表(대차대조표)

簿記(부기)

右邊(우변)

資産(자산)

借入金(차입금)

計定記入(계정기입)

基礎移越金(기초이월금)

辨濟(변제)

負債(부채)

資本(자본)

帳簿(장부)

 ■ **數量**(수량) : 數爻(수효)와 分量(분량)을 아울러 이르는 말로 계정 항목에서 표시되는 수치이다.

山錢水錢(산전수전) : 山戰水戰(산전수전)의 성어를 同音異議語(동음이의어)로 모방하여 "산에서도 돈, 물에서도 돈"이라는 의미이다. 즉, 세상의 온갖 돈을 탐한다는 것을 이르는 말이다.

5. 金融 금융

金融(금융)	▶ 金(쇠 금/성 김)	金	총획 8
	▶ 融(화할 융)	虫	총획 16

金融(금융)은 金錢(금전)을 融通(융통)하는 일을 말한다. 특히 利子(이자)를 붙여서 資金(자금)을 貸借(대차)하는 일과 그 收給(수급) 關係(관계)를 말한다.

金(쇠 금/성 김)은 모양이 비슷한 한자로 全(온전 전), 유의어는 鐵(쇠 철)로 함께 쓰이는 경우가 金鐵(금철)이다.

표제어	활용어 1	활용어 2	응용 용례
	金庫(금고)		상호신용金庫
	金品(금품)		金品을 요구하다
金 (금)		基金(기금)	基金을 조성하다
		稅金(세금)	稅金을 부과하다
		賃金(임금)	賃金이 인상되다
		積金(적금)	積金을 타다

融(화할 융)의 유의어는 鎔(녹일 용)으로 함께 쓰이는 경우가 鎔融(용융)이다.

표제어	활용어 1	활용어 2	응용 용례
	融液(융액)		녹아 액체 融液
	融資(융자)		融資를 받다
融 (융)	融通(융통)		산업 자금의 融通
	融合(융합)		핵融合 실험
		圓融(원융)	원만하게 융통함 圓融
		混融(혼융)	섞이어 융화됨 混融

■ 通貨 金融機關(통화 금융기관)

韓國銀行(한국은행) = 中央銀行(중앙은행) = 發券銀行(발권은행)

一般銀行(일반은행) - 市中銀行(시중은행)

地方銀行(지방은행)

外國銀行(외국은행) 國內支店(국내지점)

特殊銀行(특수은행) - 中小企業銀行(중소기업은행)

農·水·畜協 信用事業部分(농·수·축협 신용사업부분)

■ 非通貨 金融機關(비통화 금융기관)

開發機關(개발기관) - 韓國産業銀行(한국산업은행)

韓國輸出入銀行(한국수출입은행)

貯蓄機關(저축기관) - 相互信用金庫(상호신용금고)

信用協同組合(신용협동조합)

相互金融(상호금융)

遞信預金(체신예금)

銀行信託計定(은행신탁계정)

保險機關(보험기관) - 生命保險會社(생명보험회사)

遞信保險(체신보험)

農協國民生命控除(농협국민생명공제)

外國生命保險國內支社(외국생명보험국내지사)

外國生命保險國內現地法人(외국생명보험국내현지법인)

外國合作生命保險會社(외국합작생명보험회사)

投資會社(투자회사) - 證券金融會社(증권금융회사)

綜合金融會社(종합금융회사)

投資金融會社(투자금융회사)

投資信託會社(투자신탁회사)

朝興銀行(조흥은행) : '아침에 일어 난다는 뜻'을 가진 商號(상호)의 금융기관으로 주로 예금을 받아 그 돈을 자금으로 하여 대출, 어음 거래, 증권의 인수 따위를 업무로 한다.

交通銀行(교통은행) : 중국 금융기 관 중에 하나로 '交通'을 communi- cations로 번역하여 쓰는데, 우리말 로는 '의사소통'라고 해야 되니 '의 사소통은행' 또는 '소통은행'으로 이해할 듯하다.

費用(비용)	▶ 費(쓸 비)	貝	총획 12
간체자 费用	▶ 用(쓸 용)	用	총획 5

費用(비용)은 어떤 일을 하는 데 드는 돈을 말한다. 經濟的(경제적)으로 企業(기업)에서, 生産(생산)을 위하여 消費(소비)하는 原料費(원료비), 機械(기계)·設備費(설비비), 빌린 資本(자본)의 利子(이자) 따위를 통틀어 이르는 말이다.

費(쓸 비)는 모양이 비슷한 한자로 賃(품삯 임), 資(재물 자), 유의어는 用(쓸 용)으로 함께 쓰이는 경우가 費用(비용)이다.

표제어	활용어 1	활용어 2	응용 용례
費 (비)	費目(비목)		비용 명세 費目
		經費(경비)	經費를 절감하다
		浪費(낭비)	시간 浪費 하지마라
		消費(소비)	消費자의 권리
		旅費(여비)	旅費가 모자라다
		會費(회비)	會費를 걷다

用(쓸 용)은 모양이 비슷한 한자로 丹(붉을 단), 舟(배 주) 등을 들 수 있다.

표제어	활용어 1	활용어 2	응용 용례
用 (용)	用件(용건)		用件은 간단히
	用語(용어)		시사 用語
		兼用(겸용)	유무선 兼用 전화기
		起用(기용)	신인선수를 起用하다
		服用(복용)	약물 服用
		活用(활용)	이 물건을 活用하시오

直接費用(직접비용) : 原材料費(원재료비)

　　　　　　　　　　燃料費(연료비)

　　　　　　　　　　賃金(임금)

　　　　　　　　　　直接生産(직접생산)

間接費用(간접비용) : 減價償却費(감가상각비)

　　　　　　　　　　廣告宣傳費(광고선전비)

　　　　　　　　　　事務職勤勞者給料(사무직근로자급료)

　　　　　　　　　　間接生産(간접생산)

固定費用(고정비용) = 經常費(경상비)

可變費用(가변비용)

平均費用(평균비용)

限界費用(한계비용)

私的費用(사적비용)

社會的費用(사회적비용)

全州館(전주관) : 전라북도 '전주'를 상호 명으로 쓰는 음식점으로 費用(비용) 처리 항목 중의 食代(식대)가 많이 차지한다.

大酒店(대주점) : '큰 술집'이라는 뜻으로 중국에서는 '호텔(hotel)'이라는 말인데 '모텔(motel)'은 汽車旅館(기차여관)이라고 부르고, 출장의 宿泊費(숙박비)도 엄연한 비용이다.

資産(자산) 간체자 资产	▶ 資(재물 자) ▶ 産(낳을 산)	貝 生	총획 13 총획 11

資産(자산)은 個人(개인)이나 法人(법인)이 所有(소유)하고 있는 經濟的(경제적) 價値(가치)가 있는 有形(유형)·無形(무형)의 財産(재산)을 말한다. 流動(유동) 자산과 固定(고정) 자산으로 大別(대별)된다.

표제어	활용어 1	활용어 2	응용 용례
資 (자)	資格(자격)		資格에 제한이 없다
	資金(자금)		주택 資金을 마련하다
	資本(자본)		資本을 마련하다
	資源(자원)		資源이 풍부하다
		融資(융자)	融資 신청
		投資(투자)	효율적 投資 전략

資(재물 자)는 모양이 비슷한 한자로 賃(품삯 임), 質(바탕 질), 유의어는 財(재물 재)로 함께 쓰이는 경우가 資財(자재)이다.

産(낳을 산)의 유의어는 生(날 생)으로 함께 쓰이는 경우가 生産(생산)이다.

표제어	활용어 1	활용어 2	응용 용례
産 (산)	産卵(산란)		양어장의 産卵 시기
	産物(산물)		노력의 産物
	産業(산업)		産業의 발전
		減産(감산)	이번에는 減産이 불가피하다
		財産(재산)	財産을 몰수하다
		遺産(유산)	막대한 遺産을 물려받다

▣ 流動資産(유동자산)

當座資産(당좌자산) : 現金(현금)

受取(수취)어음

在庫資産(재고자산) : 商品(상품)

製品(제품)

原材料(원재료)

▣ 固定資産(고정자산)

有形固定資産(유형고정자산) : 減價資産(감가자산) ‐ 機械(기계)

備品(비품)

建物(건물)

非減價資産(비감가자산) ‐ 土地(토지)

無形固定資産(무형고정자산) : 營業權(영업권)

特許權(특허권)

賃借權(임차권)

投資(투자) : 投資有價證券(투자유가증권)

長期前拂費用(장기전불비용)

▣ 移延資産(이연자산)

創業費(창업비)
開發費(개발비)
試驗研究費(시험연구비)

夢(몽) : 잠자는 동안에 깨어 있을 때와 마찬가지로 여러 가지 사물을 보고 듣는 정신 현상을 말하는데 자산 蓄積(축적)도 결국 인간의 허황된 一場春夢(일장춘몽)일 수 있다.

金園(금원) : 황금으로 가득 찬 庭園(정원)이라는 뜻으로 인간의 자산 중에 황금보다 더 중요한 것들이 일상에서도 찾아볼 수 있지 않을까?

通貨(통화)	▶ 通(통할 통)	辶(辵)	총획 11
간체자 通货	▶ 貨(재물 화)	貝	총획 11

通貨(통화)는 流通(유통) 手段(수단)이나 支拂(지불) 수단으로서 機能(기능)하는 貨幣(화폐)를 말한다. 本位(본위) 화폐, 銀行券(은행권), 補助(보조) 화폐, 政府(정부) 지폐, 預金(예금) 통화 따위가 있다.

通(통할 통)의 유의어는 達(통달할 달)로 함께 쓰이는 경우가 通達(통달)이다.

표제어	활용어1	활용어2	응용 용례
通 (통)	通過(통과)		터널을 通過하다
	通路(통로)		通路로 빠져나가다
	通用(통용)		이 화폐가 通用되다
	通行(통행)		좌측 通行
		開通(개통)	전화가 開通되다
		普通(보통)	普通 솜씨가 아니다

貨(재물 화)는 모양이 비슷한 한자로 資(재물 자), 賃(품삯 임) 유의어는 財(재물 재)로 함께 쓰이는 경우가 財貨(재화)이다.

표제어	활용어1	활용어2	응용 용례
貨 (화)	通貨物(화물)		貨物을 싣다
	通貨幣(화폐)		貨幣는 상품교환의 척도
		金貨(금화)	金貨 오백 냥
		寶貨(보화)	금은 寶貨가 가득하다
		雜貨(잡화)	雜貨를 진열하다
		鑄貨(주화)	100원 짜리 鑄貨

▣ 필수 한자어

強制通用力(강제통용력)　　決濟手段(결제수단)

計座(계좌)　　　　　　　金融自動化(금융자동화)

金錢信託(금전신탁)　　　當座預金(당좌예금)

貸附信託(대부신탁)　　　補助通貨(보조통화)

普通預金(보통예금)　　　不完全法貨(불완전법화)

手標發行(수표발행)　　　市中銀行(시중은행)

讓渡性預金(양도성예금)　預金通貨(예금통화)

完全法貨(완전법화)　　　外國通貨(외국통화)

要求拂預金(요구불예금)　銀行券(은행권)

鑄貨(주화)　　　　　　　準備預金(준비예금)

支拂手段(지불수단)　　　紙幣(지폐)

現金通貨(현금통화)　　　換拂(환불)

古錢社(고전사) : 고대부터 근대까지 사용된 화폐·메달 등을 거래하는 회사라는 뜻으로 통화의 개념에서 옛날 돈은 당시 화폐 가치로 평가한다.

▣ 추가 한자어

價値貯藏手段(가치저장수단)　價値尺度(가치척도)

公共比率金利(공공비율금리)　公共料金(공공요금)

交換(교환)　　　　　　　　　貸出(대출)

法貨(법화)　　　　　　　　　信託原本(신탁원본)

預入(예입)　　　　　　　　　自動對替(자동대체)

定期性預金(정기성예금)　　　鑄造貨幣(주조화폐)

準通貨(준통화)　　　　　　　支給手段(지급수단)

通貨價値(통화가치)　　　　　通貨構造(통화구조)

韓國銀行券(한국은행권)

金寶石(금보석) : 황금과 아주 단단하고 빛깔과 광택이 아름다우며 희귀한 광물을 말하며, 비금속 광물로 흔히 장신구로 쓰며 다이아몬드·玉髓(옥수)·翡翠(비취)·에메랄드·사파이어·루비·단백석 따위가 있다.

9. 會社 회사

會社(회사)	▶ 會(모일 회)	日	총획 13	약자 会
간체자 会社	▶ 社(모일 사)	示	총획 8	

會社(회사)는 商行爲(상행위) 또는 그 밖의 營利(영리) 行爲(행위)를 目的(목적)으로 하는 社團法人(사단법인). 株式(주식) 회사, 有限(유한) 회사, 合資(합자) 회사, 合名(합명) 회사의 4 가지가 있다.

會(모일 회)는 모양이 비슷한 한자로 曾(일찍 증), 유의어는 集(모일 집)으로 함께 쓰이는 경우가 集會(집회)이다.

표제어	활용어1	활용어2	응용 용례
會 (회)	會見(회견)		會見이 열리다
	會談(회담)		남북간 會談을 개최하다
	會議(회의)		會議를 소집하다
		機會(기회)	결정적인 機會를 잡다
		社會(사회)	社會에 적응하다
		宴會(연회)	宴會석 완비

社(모일 사)는 모양이 비슷한 한자로 祈(빌 기)와 祀(제사 사), 유의어는 會(모일 회)로 함께 쓰이는 경우가 社會(사회)이다.

표제어	활용어1	활용어2	응용 용례
社 (사)	社交(사교)		진정한 社交를 원합니다
	社屋(사옥)		당당한 社屋의 전경
	社員(사원)		성실한 社員의 전형
		創社(창사)	대대적인 創社 행사
		退社(퇴사)	신중하게 退社가 되기를
		入社(입사)	원하던 入社

三煥(삼환)

新東邦(신동방)

信元(신원)

亞南(아남)

永進藥品(영진약품)

宇美建設(우미건설)

利建窓戶(이건창호)

仁川製鐵(인천제철)

日新紡織(일신방직)

眞路(진로)

太平洋(태평양)

豊山(풍산)

漢拏建設(한라건설)

獬豸製菓食品(해태제과식품)

湖南石油化學(호남석유화학)

鮮鯨(선경)

新世界(신세계)

雙龍(쌍용)

愛敬(애경)

永豊(영풍)

柳韓洋行(유한양행)

梨樹化學(이수화학)

日東製藥(일동제약)

第一製糖(제일제당)

泰光(태광)

平和自動車(평화자동차)

韓國火藥(한국화약)

韓一合纖(한일합섬)

現代(현대)

和承(화승)

世邦(세방)

鐘根堂(종근당)

泰昌(태창)

豊農(풍농)

韓獨藥品(한독약품)

韓進海運(한진해운)

曉星(효성)

東鮮建業(동선건업) : 굳이 뜻을 풀이하자면 東邦(동방)의 朝鮮(조선)을 상호로 쓰는 건설 업태라는 뜻으로 볼 수 있다.

星志(성지) : 굳이 뜻을 풀이하자면 별의 뜻이라는 의미로 회사 명칭에 '星'을 쓰는 경우가 많다. 예를 들면 金星(금성)·曉星(효성)·明星(명성) 등을 들 수 있다.

연습 문제

※ 다음 漢字語(한자어) 독음을 쓰시오.(1~9)

(1) 價値(　　　)　　　(2) 監督(　　　)

(3) 景致(　　　)　　　(4) 計算(　　　)

(5) 金庫(　　　)　　　(6) 經費(　　　)

(7) 融資(　　　)　　　(8) 通過(　　　)

(9) 機會(　　　)

※ 다음 밑줄 친 단어에 알맞은 漢字語(한자어)를 쓰시오.(10~18)

(10) 규격(　　　)봉투에 넣어 주십시오.

(11) 당국이 조사(　　　)에 나섰다.

(12) 낙천적인 기질(　　　)을 좋아한다.

(13) 개정(　　　)된 요금으로 받는다.

(14) 산업 자금의 융통(　　　)을 원활하게 이루어져야 한다.

(15) 유무선 겸용(　　　) 전화기를 샀다.

(16) 이번에는 감산(　　　)이 불가피 하다.

(17) 화폐(　　　)는 상품 교환의 척도이다.

(18) 대대적인 창사(　　　) 행사가 예정되어 있다.

※ (19) 다음 중 한자의 뜻이 서로 같은 것끼리 연결된 것은?

① 强 － 弱　　② 産 － 物

③ 社 － 屋　　④ 資 － 財

※ (20) "실제 사물의 이치를 연구하여 지식을 완전하게 함"을 뜻하는 四字成語(사자성어)를 고르시오.

① 研究委員　　② 同價紅裳

③ 格物致知　　④ 隔世之感

(1) 가치 (2) 감독 (3) 경치 (4) 계산 (5) 금고 (6) 경비 (7) 융자 (8) 통과
(9) 기회 (10) 規格 (11) 調査 (12) 氣質 (13) 改正 (14) 融通 (15) 兼用
(16) 減産 (17) 貨幣 (18) 創社 (19) ④ 資 － 財 (20) ③ 格物致知

法律(刑事 · 民事)

1. 民事(민사) 2. 犯罪(범죄) 3. 法律(법률)

4. 辯護(변호) 5. 詐欺(사기) 6. 免責(면책)

7. 訴訟(소송) 8. 裁判(재판) 9. 刑罰(형벌)

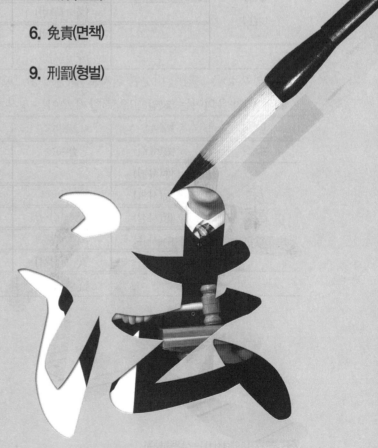

1. 民事 민사

民事(민사)	▶ 民(백성 민)	氏	총획 5
	▶ 事(일 사)	⏐	총획 8

民事(민사)는 一般(일반) 國民(국민)에 관한 일을 말한다. 私法上(사법상)의 法律關係(법률관계)에 關聯(관련)되는 事項(사항)이다. 民事責任(민사책임)은 不法行爲(불법행위)에 대한 民法上(민법상)의 損害賠償(손해배상) 책임을 말한다.

民(백성 민)은 모양이 비슷한 한자로 斤(도끼 근), 氏(성씨 씨) 등을 들 수 있다.

표제어	활용어 1	활용어 2	응용 용례
民 (민)	民間(민간)		民間 기업
	民生(민생)		民生이 피폐해지다
	民衆(민중)		民衆의 힘
		國民(국민)	우리나라 國民
		僑民(교민)	이곳에는 僑民들이 많다
		庶民(서민)	평범한 庶民

事(일 사)의 유의어는 業(업 업)으로 함께 쓰이는 경우가 事業(사업)이다.

표제어	활용어 1	활용어 2	응용 용례
事 (사)	事件(사건)		事件이 발생하다
	事故(사고)		교통 事故를 당하다
	事實(사실)		事實대로 말하다
	事由(사유)		그럴만한 事由가 있을 것이다
		人事(인사)	人事를 나누다
		從事(종사)	농업에 從事하다

▣ 필수 한자어

簡易公判節次(간이공판절차)   檢事(검사)

檢證(검증)   告發(고발)

告訴(고소)   公開主義(공개주의)

公訴(공소)   公訴棄却裁判(공소기각재판)

公訴時效(공소시효)   公訴時效停止(공소시효정지)

公訴取消(공소취소)   公訴狀一本主義(공소장일본주의)

公判節次(공판절차)   公判節次停止(공판절차정지)

公判調書(공판조서)   國選辯護人(국선변호인)

起訴猶豫(기소유예)   起訴中止(기소중지)

起訴便宜主義(기소편의주의)   緊急逮捕(긴급체포)

單獨制(단독제)   當事者主義(당사자주의)

免訴判決(면소판결)   民事訴訟(민사소송)

▣ 추가 한자어

間接證據(간접증거)   鑑定(감정)   强制搜查(강제수사)

强制處分(강제처분)   擧證責任(거증책임)   管轄(관할)

拘束(구속)   拘引(구인)   糾問主義(규문주의)

起訴獨占主義(기소독점주의)   起訟(기송)   忌避(기피)

賠償命令(배상명령)   法院(법원)   法曹人(법조인)

辯論主義(변론주의)

家有囍事(가유희사) : 집안에 기쁜 일이 있다는 뜻으로 평화로운 집안일수록 民事法(민사법)에 호소하는 일들이 적어질 듯하다.

秘密(비밀) : 숨기어 남에게 드러내거나 알리지 말아야 할 일이라는 뜻으로 대부분의 民事訴訟(민사소송)은 굳이 남에 알릴 필요가 없다.

2. 犯罪 범죄

| 犯罪(범죄) | ▶ 犯(범할 범) | 犭(犬) | 총획 5 |
| | ▶ 罪(허물 죄) | 罒(网) | 총획 13 |

犯罪(범죄)는 罪(죄)를 진다는 뜻이며, 또는 지은 罪(죄)를 말한다. 法律上(법률상) 一定(일정)한 刑罰(형벌)을 가하게 되는 違法行爲(위법행위)를 말한다.

犯(범할 범)은 모양이 비슷한 한자로 氾(넘칠 범), 유의어는 侵(침노할 침)으로 함께 쓰이는 경우가 侵犯(침범)이다.

표제어	활용어 1	활용어 2	응용 용례
犯 (범)	犯法(범법)		犯法 행위를 단속하다
	犯人(범인)		犯人을 검거하다
	犯行(범행)		犯行에 가담하다
		共犯(공범)	그를 共犯으로 지목하다
		眞犯(진범)	眞犯을 체포하다
		侵犯(침범)	불법 侵犯

罪(허물 죄)와 모양이 비슷한 한자로 罰(죄 벌), 유의어는 過(허물 과)로 함께 쓰이는 경우가 罪過(죄과)이다.

표제어	활용어 1	활용어 2	응용 용례
罪 (죄)	罪過(죄과)		罪過를 인정하다
	罪目(죄목)		罪目이 무엇인가
	罪囚(죄수)		罪囚를 감금하다
	罪質(죄질)		罪質이 나쁘다
		無罪(무죄)	無罪를 증명하다
		謝罪(사죄)	謝罪의 뜻을 표하다

1 內亂의 罪(내란의 죄)

2 外換의 罪(외환의 죄)

3 國旗에 關한 罪(국기에 관한 죄)

4 國交에 關한 罪(국교에 관한 죄)

5 公安을 害하는 罪(공안을 해하는 죄)

6 爆發物에 關한 罪(폭발물에 관한 죄)

7 公務員의 職務에 關한 罪(공무원의 직무에 관한 죄)

8 公務妨害에 關한 罪(공무방해에 관한 죄)

9 逃走와 犯人隱匿의 罪(도주와 범인은닉의 죄)

10 僞證과 證據湮滅의 罪(위증과 증거인멸의 죄)

11 誣告의 罪(무고의 죄)

12 信仰에 關한 罪(신앙에 관한 죄)

13 放火와 失火의 罪(방화와 실화의 죄)

14 溢水와 水利에 關한 罪(일수와 수리에 관한 죄)

15 交通妨害의 罪(교통방해의 죄)

16 飲用水에 關한 罪(음용수에 관한 죄)

17 阿片에 關한 罪(아편에 관한 죄)

18 通貨에 關한 罪(통화에 관한 죄)

19 有價證券, 郵票와 印紙에 關한 罪(유가증권, 우표와 인지에 관한 죄)

20 文書에 關한 罪(문서에 관한 죄)

21 印章에 關한 罪(인장에 관한 죄)

凶暴(흉포) : 흉하고 사납다는 뜻으로 犯罪者(범죄자)를 지칭할 때 많이 쓰이는데 '兇暴(흉포)'도 같이 쓰인다. 유의할 점은 '흉포'라고 할 때는 '暴'의 음이 '폭'이 아니라 '포'라는 점이다.

不汗黨(불한당) : 떼를 지어 돌아다니며 재물을 마구 빼앗는 사람들의 무리하는 뜻으로 예전의 火賊(화적)을 말한다.

法律(법률)	▶ 法(법 법)	氵(水)	총획 8
	▶ 律(법칙 률)	彳	총획 9

法律(법률)은 國會(국회)의 議決(의결)을 거쳐 大統領(대통령)이 書名(서명)하고 公布(공포)함으로써 成立(성립)하는 國法(국법)을 말한다. 憲法(헌법)의 다음 단계에 놓이며, 이 헌법에 違反(위반)되면 法院(법원)은 그 법률의 適用(적용)을 拒否(거부)한다.

法(법 법)은 모양이 비슷한 한자로 注(부을 주), 洋(큰바다 양), 유의어는 式(법 식)으로 함께 쓰이는 경우가 法式(법식)이다.

표제어	활용어1	활용어2	응용 용례
法 (법)	法規(법규)		교통 法規를 지키다
	法院(법원)		法院에 출두하다
	法典(법전)		法典을 읽다
	法則(법칙)		法則에 어긋나지 마라
		適法(적법)	適法한 행위
		遵法(준법)	遵法정신을 기르자

律(법칙 률)은 모양이 비슷한 한자로 津(나루 진), 유의어는 規(법 규)로 함께 쓰이는 경우가 規律(규율)이다.

표제어	활용어1	활용어2	응용 용례
律 (률)	律格(율격)		律格에 맞는 한시
	律動(율동)		律動에 맞춰 노래를 부르다
	律令(율령)		律令 반포
		戒律(계율)	戒律에 따르다
		自律(자율)	自律학습 시간
		調律(조율)	두 사람간의 갈등을 調律하다

22 性風俗에 關한 罪(성풍속에 관한 죄)

24 殺人의 罪(살인의 죄)

25 傷害와 暴行의 罪(상해와 폭행의 죄)

26 過失致死上의 罪(과실치사상의 죄)

27 落胎의 罪(낙태의 죄)

28 遺棄와 虐待의 罪(유기와 학대의 죄)

29 逮捕와 監禁의 罪(체포와 감금의 죄)

30 脅迫의 罪(협박의 죄)

31 掠取와 誘引의 罪(약취와 유인의 죄)

32 強姦과 醜行의 罪(강간과 추행의 죄)

33 名譽에 關한 罪(명예에 관한 죄)

34 信用, 業務와 競賣에 關한 罪(신용, 업무와 경매에 관한 죄)

35 秘密侵害의 罪(비밀침해의 죄)

36 住居侵入의 罪(주거침입의 죄)

37 權利行事를 妨害하는 罪(권리행사를 방해하는 죄)

38 竊盜와 强盜의 罪(절도와 강도의 죄)

39 詐欺와 恐喝의 罪(사기와 공갈의 죄)

40 橫領과 背任의 罪(횡령과 배임의 죄)

41 贓物에 關한 罪(장물에 관한 죄)

42 損壞의 罪(손괴의 죄)

御法度(어법도) : 법도를 다스리다는 뜻의 영화 제목으로 법률도 결국 인간이 만든 規律(규율)이니 사회적 약속이기도 하다.

執行者(집행자) : 법률, 명령, 재판, 처분 따위의 내용을 실행하는 사람을 뜻하는 영화 제목으로 執行人(집행인)이라고 한다.

| 辯護(변호) | ▶ 辯(말씀 변) | 辛 | 총획 21 |
| 간체자 辩护 | ▶ 護(보호할 호) | 言 | 총획 21 |

辯護(변호)는 남을 위하여 辯明(변명)하고 감싸서 돕는다는 말이다. 一般的(일반적)으로는 法庭(법정)에서 檢事(검사)의 攻擊(공격)으로부터 被告人(피고인)의 利益(이익)을 지켜주고 擁護(옹호)하는 일을 말한다.

辯(말씀 변)은 모양이 비슷한 한자로 辨(분별할 변), 유의어는 言(말씀 언)으로 함께 쓰이는 경우가 言辯(언변)이다.

표제어	활용어 1	활용어 2	응용 용례
辯 (변)	辯論(변론)		뛰어난 辯論이다
		詭辯(궤변)	詭辯을 늘어놓다
		强辯(강변)	그 强辯의 열기
		達辯(달변)	그는 達辯가이다
		答辯(답변)	答辯을 기다리다
		雄辯(웅변)	雄辯 대회를 열다

護(도울 호)는 모양이 비슷한 한자로 獲(얻을 획), 穫(거둘 확), 유의어는 保(지킬 보)로 함께 쓰이는 경우가 保護(보호)이다.

표제어	활용어 1	활용어 2	응용 용례
護 (호)	護身(호신)		護身술을 배우다
	護衛(호위)		護衛를 받으며 접근하다
		看護(간호)	看護사의 도움이 컸다
		警護(경호)	警護원의 용기
		救護(구호)	난민 救護 대책
		愛護(애호)	민족문화 愛護

強行法(강행법) : 당사자의 의사여하에 불문하고 적용되는 법.

經過法(경과법) : 법이 변경된 경우에 신법, 또는 구법의 적용을 받는가에 명문의 규정.

繼受法(계수법) : 다른 사회로부터 전입한 법.

固有法(고유법) : 어느 사회에 있어서 다른 사회의 법의 영향을 받지 아니하고 발달한 법.

公法(공법)   : (헌법, 행정법, 형법, 소송법, 국제법) => 강행법

法源(법원)   : 법에 나타나 있는 형식

補充法(보충법) : 임의법 중 당사자의 의사표시가 전혀 없는 경우에 이를 보충하는 규정.

不文法(불문법) : 성문법이 아닌 법.

私法(사법)   : 개인 상호 간의 관계를 정하는 법.(민법, 상법, 국제사법) => 임의법

社會法(사회법) : 공법과 사법이 혼합된 법의 분야.(노동법, 경제통제법)

成文法(성문법) : 문서로 써서 나타내고 일정한 형식 및 절차에 따라 공포되는 법.

實定法(실정법) : 현재 시행되고 있는 법 또는 과거에 현실적으로 시행되었던 법.

實體法(실체법) : 사항의 실체를 규정한 법.(민법, 상법, 형법)

一般法(일반법) : 특별법에 비하여 넓은 범위의 사람, 장소 또는 사항에 적용되는 법.(보통법)

任意法(임의법) : 당사자가 법의 규정과 다른 의사를 가지고 있는 경우에는 적용되지 않는 법.

自然法(자연법) : 모든 시대, 모든 장소에 적용되는 영구불변의 법.

節次法(절차법) : 실체법을 실현하는 절차를 규정한 법.(소송법)

組織法(조직법) : 조직을 정하는 법.

特別法(특별법) : 일반법보다 좁은 범위의 사람, 장소 또는 사항에 적용되는 법.

解釋法(해석법) : 당사자의 의사표시는 있지만 그 취지가 분명치 않은 경우에 이를 해석하는 규정

行爲法(행위법) : 사회생활에 있어서의 행위의 준칙을 정하는 법.

龍兄虎弟(용형호제) : 용이 형이고 범이 아우라는 조어의 영화 제목으로 呼兄呼弟(호형호제)·難兄難弟(난형난제)의 성어 방식을 따왔다고 볼 수 있다.

千里眼(천리안) : 천 리 밖의 것을 볼 수 있는 眼力(안력)이라는 뜻으로, 사물을 꿰뚫어 볼 수 있는 뛰어난 관찰력을 비유적으로 이르는 말이다. 현란한 辯護士(변호사)의 변론도 判事(판사)의 천리안에는 못 미치지 않을까?

詐欺(사기)	▶ 詐(속일 사)	言	총획 12
간체자 诈欺	▶ 欺(속일 기)	欠	총획 12

詐欺(사기)는 나쁜 꾀로 다른 사람을 속이는 것을 말한다. 또는 다른 사람을 속여 錯誤(착오)에 빠지게 하는 違法行爲(위법행위)를 말한다. 意思表示(의사표시)를 받아들이는 쪽에서 常識的(상식적)으로 豫測(예측)할 수 있는 境遇(경우)에는 사기가 成立(성립)되지 않는다.

詐(속일 사)는 모양이 비슷한 한자로 昨(어제 작), 詞(말씀 사), 유의어는 欺(속일 기)로 함께 쓰이는 경우가 詐欺(사기)이다.

표제어	활용어1	활용어2	응용 용례
詐 (사)	詐欺(사기)		詐欺 행각을 벌이다
	詐術(사술)		남을 속이는 수단 詐術
	詐稱(사칭)		경찰 신분으로 詐稱하다
	詐取(사취)		거짓으로 속여 빼앗는 詐取
		奸詐(간사)	임금에게 아양과 奸詐를 떨다
		巧詐(교사)	교묘하게 남을 속이는 巧詐

欺(속일 기)는 모양이 비슷한 한자로 期(기약할 기), 斯(이 사) 등을 들 수 있다.

표제어	활용어1	활용어2	응용 용례
欺 (기)	欺弄(기롱)		실없는 말로 놀리는 欺弄
	欺瞞(기만)		이는 欺瞞 행위이다
	欺罔(기망)		欺瞞 = 欺罔
	欺心(기심)		자기의 양심을 속이는 欺心
		誣欺(무기)	거짓으로 꾸며 속이는 誣欺
		自欺(자기)	자기가 자기에게 속이는 自欺

憲法理論(헌법이론)

=〉環境權(환경권) : 모든 국민이 쾌적한 환경에서 생활할 권리.

違憲判決(위헌판결) : 법원이 헌법 제107조 제1항.2항에 의하여 법률, 명령, 규칙의 위헌, 합의를 심사하고 그것을 위헌으로 판단하고 내린 판결.

憲法(헌법)

=〉國民權利義務(국민권리의무)

天賦人權說(천부인권설) : '모든 국민은 행복을 추구할 권리를 가진다.'

自然權(자연권) : 실정법상의 권리에 대한 자연법에 의하여 생래적 부여된 권리.

抵抗權(저항권) : 기본적 인권을 침해하는 국가권력에 저항할 수 있는 국민권리.

榮典(영전) : 국가에 대한 공로를 치하하기 위하여 인정된 특수한 법적 지위.

自由權(자유권) : 헌법(국회)의 의결을 거친 법률 이외에 국가권력에 의해 자유를 침해받지 아니하는 권리.

平等權(평등권) : 모든 사람은 법 앞에 평등하다는 권리.

拘束適否審査制度(구속적부심사제도) : 피구금자 또는 관계인의 청구가 있을 때에 법관은 즉시 본인과 변호인이 출석한 공개법정에서 구금의 이유를 밝히도록 하고, 구금의 이유가 부당하거나 적법하지 아니할 때에는 법관이 직권으로 피구금자를 석방하게 하는 제도.

人格權(인격권) : 권리자와 분리할 수 없는 이익(신체, 자유, 명예)을 목적으로 하는 사권(私權).

公務員罷免請求權(공무원파면청구권) : 공직자를 임기 전에 국민의 발의에 의해 파면시키는 권리.

幻影(환영) : 눈앞에 없는 것이 있는 것처럼 보이는 것을 뜻하는 말로 이러한 能力(능력)을 가진 이가 사기꾼일 것이다.

中華賭俠(중화도협) : 중국의 도박하는 사람을 호방하고 의협심이 있는 사람으로 표현한 영화 제목을 말하는데 도박은 사실 요행수를 바라고 불가능하거나 위험한 일에 손을 대는 것으로 사기의 典型(전형)이다.

6. 免責 면책

免責(면책)	▶ 免(면할 면)	儿	총획 7
간체자 免责	▶ 責(꾸짖을 책)	貝	총획 11

免責(면책)은 法律的(법률적)으로 破産法(파산법)에서, 破産者(파산자)에 대하여 破産裁判(파산재판)에서 辨濟(변제)하지 못한 殘餘(잔여) 債務(채무)의 責任(책임)을 免除(면제)하는 일을 말한다.

免(면할 면)은 모양이 비슷한 한자로 兔(=兎)(토끼 토)를 들 수 있다.

표제어	활용어1	활용어2	응용 용례
免 (면)	免稅(면세)		이 물건은 免稅 대상이다
	免疫(면역)		免疫이 생겨 아프지 않다
	免除(면제)		세금을 免除해주다
	免許(면허)		운전 免許증
		減免(감면)	조세 減免을 받다
		放免(방면)	불기소로 放免되다

責(꾸짖을 책)은 모양이 비슷한 한자로 債(빚 채), 貴(귀할 귀), 유의어는 譴(꾸짖을 견)으로 함께 쓰이는 경우가 譴責(견책)이다.

표제어	활용어1	활용어2	응용 용례
責 (책)	責望(책망)		선생님에게 責望을 받다
	責務(책무)		막중한 責務가 주어지다
	責任(책임)		責任을 완수하다
		苛責(가책)	양심의 苛責을 느끼다
		問責(문책)	상사에게 問責을 당하다
		罪責(죄책)	罪責감에 힘들어하다

民法理論(민법이론)

=〉 一物一權主義(일물일권주의) : 1개 물건의 물권은 1개만 성립한다는 원칙.

過實責任(과실책임) : 고의 또는 과실로 인한 손해에 대해 지는 배상책임.

無過失責任(무과실책임) : 손해를 발생시킨 사람에게 법률상 배상책임.

國會(국회)

=〉 議會(의회) : 국선위원을 구성원으로 입법이나 국가작용에 결정적으로 참여하는 기능의 합의체.

立法權(입법권) : 법을 제정하는 국가권능을 말하고, 형식적 의미의 국회가 가지는 법률제정권.

法源(법원)

=〉 司法權(사법권) : 사법작용을 행하는 통치권의 권능을 말한다.

行政審判(행정심판) : 행정상의 법률관계에 분쟁 경우에 심리 판정하는 절차.

違憲法律審査(위헌법률심사) : 법률이 헌법에 위반되는지의 여부를 심사하는 것.

監置命令(감치명령) : 법원은 직권으로 법정내외에서 재판장의 명령에 위배하는 행위나, 폭언, 소란 등의 행위로 법원의 심리를 방해, 재판의 위신을 훼손한 자를 구속시키는 제재조치.

政府(정부)

=〉 大統領令(대통령령) : 법률에서 범위를 정하여 위임받은 사항과 법률을 집행하기 위해 필요한 사항에 대통령이 발할 수 있는 명령.

統帥權(통수권) : 군의 최고사령관으로서 군을 지휘, 통솔하는 권한, 군령권.

緊扱措置·處分命令(긴급조치·처분명령) : 내우, 외한, 천재, 지변 또 중대한 재정, 경제상 위기에 있어서 국가의 안전보장 또는 공공의 안녕질서를 유지하고, 위험에 관계되는 중대한 교전상태에 있어서 국가를 보위하기 위해 긴급한 조치가 필요한 경우, 국회의 집회를 기다릴 여유가 없을 때에 최소한 재정, 경제상의 처분과 법률의 효력을 가지는 명령.

奇蹟(기적) : 상식으로는 생각할 수 없는 기이한 일이라는 뜻으로 함께 쓰이는 한자어가 奇跡(기적)·奇迹(기적)이다.

| 訴訟(소송) | ▶ 訴(호소할 소) | 言 | 총획 12 |
| 간체자 诉讼 | ▶ 訟(송사할 송) | 言 | 총획 11 |

訴訟(소송)은 裁判(재판)에 의하여 原告(원고)와 被告(피고) 사이의 權利(권리)나 義務(의무) 따위의 法律(법률) 關係(관계)를 確定(확정)하여 줄 것을 法院(법원)에 要求(요구)하는 것을 말한다. 또는 그런 節次(절차). 民事(민사) 소송, 刑事(형사) 소송, 行政(행정) 소송, 選擧(선거) 소송 따위가 있다.

訴(호소할 소)는 모양이 비슷한 한자로 訂(바로잡을 정)을 들 수 있다.

표제어	활용어1	활용어2	응용 용례
訴 (소)	訴願(소원)		우리의 訴願은 통일
	訴訟(소송)		訴訟이 잇따르다
		告訴(고소)	불법행위를 告訴하다
		公訴(공소)	公訴를 제기하다
		勝訴(승소)	재판에서 勝訴하다
		敗訴(패소)	재판에서 敗訴하다

訟(송사할 송)은 모양이 비슷한 한자로 許(허락할 허), 評(평할 평)을 들 수 있다.

표제어	활용어1	활용어2	응용 용례
訟 (송)	訟事(송사)		판결을 구하는 訟事
	訟務(송무)		소송에 관한 사무 訟務
	訟辯(송변)		변호사의 訟辯
		禮訟(예송)	예절에 관한 논란 禮訟
		應訟(응송)	소송에 응하는 應訟
		爭訟(쟁송)	서로 다투어 송사하는 爭訟

▣ 필수 한자어

辯護人(변호인)　　　保釋(보석)　　　　上告(상고)

上訴(상소)　　　　　訴訟費用(소송비용)　訴訟條件(소송조건)

訴訟行爲(소송행위)　搜査(수사)　　　　　搜索(수색)

受任判事(수임판사)　審級管轄(심급관할)　押收(압수)

略式節次(약식절차)　任意搜査(임의수사)　自白(자백)

再審(재심)　　　　　裁判(재판)　　　　　裁判執行(재판집행)

適否審査(적부심사)　除斥(제척)

卽決審判節次(즉결심판절차)　證人訊問(증인신문)　證據(증거)

職權主義(직권주의)　集中心理主義(집중심리주의)　執行猶豫(집행유예)

執行停止(집행정지)　被告人(피고인)

被疑者(피의자)　　　抗告(항고)

抗訴(항소)　　　　　行政訴訟(행정소송)

▣ 추가 한자어

不利益變更禁止原則(불이익변경금지원칙)　　非常上告(비상상고)

事物管轄(사물관할)　　　　　　　　　　　私選辯護人(사선변호인)

選擧訴訟(선거소송)　　　　　　　　　　　訴訟能力(소송능력)

違法蒐集證據排除法則(위법수집증거배제법칙)　接見交通權(접견교통권)

自白의補強法則(자백의 보강법칙)　　　　　彈劾主義(탄핵주의)

自由心證主義(자유심증주의)　　　　　　　準起訴節次(준기소절차)

彈劾證據(탄핵증거)　　　　　　　　　　　刑事訴訟法(형사소송법)

偶然(우연) : 아무런 因果(인과) 관계가 없이 뜻하지 아니하게 일어난 일을 말하는데, 소송 중에는 쌍방의 오해 때문에 우연히 벌어지는 것도 있다고 한다.

世界一周(세계일주) : "80일간 세계일주"라는 영화도 결국 '내기'라는 소송 때문에 벌어지는 내용이다.

| 裁判(재판) | ▶ 裁(옷마를 재) | 衣 | 총획 12 |
| | ▶ 判(판단할 판) | 刂(刀) | 총획 7 |

裁判(재판)은 具體的(구체적)인 訴訟事件(소송사건)을 解決(해결)하기 위하여 法院(법원) 또는 法官(법관)이 公權的(공권적) 判斷(판단)을 내리는 일이다. 또는 그 판단을 말한다.

裁(옷마를 재)는 모양이 비슷한 한자로 哉(어조사 재), 栽(심을 재)등을 들 수 있다.

표제어	활용어 1	활용어 2	응용 용례
裁 (재)	裁斷(재단)		裁斷사로 일하다
	裁量(재량)		사장님의 裁量에 맡기다
	裁定(재정)		裁定을 요청하다
		決裁(결재)	사장님 決裁를 받다
		制裁(제재)	법적 制裁를 가하다
		仲裁(중재)	그 분이 仲裁에 나섰다

判(판단할 판)은 모양이 비슷한 한자로 刑(형벌 형)을 들 수 있다.

표제어	활용어 1	활용어 2	응용 용례
判 (판)	判決(판결)		判決에 불복하다
	判斷(판단)		정확한 判斷을 내리다
	判定(판정)		합격 判定을 받다
		談判(담판)	談判을 짓다
		批判(비판)	신랄한 批判
		審判(심판)	국민의 審判을 기다리다

法解釋(법해석) ―　有權解釋(유권해석)　學理解釋(학리해석)
　　　　　　　　　　擴張解釋(확장해석)　縮小解釋(축소해석)
　　　　　　　　　　勿論解釋(물론해석)　類推解釋(유추해석)

法律關係(법률관계) ―　法律關係(법률관계)　權利(권리)
　　　　　　　　　　旣得權(기득권)　　　履行(이행)
　　　　　　　　　　民事責任(민사책임)　刑事責任(형사책임)

民法通則(민법통칙) ―　自然人(자연인)　　　信義則(신의칙)
　　　　　　　　　　不法行爲能力(불법행위능력)　責任能力(책임능력)
　　　　　　　　　　無能力者(무능력자)　限定治産者(한정치산자)
　　　　　　　　　　未成年者(미성년자)　禁治産者(금치산자)
　　　　　　　　　　法人(법인)　　　　社團法人(사단법인)
　　　　　　　　　　營利法人(영리법인)　非營利法人(비영리법인)
　　　　　　　　　　財團法人(재단법인)　權利能力없는社團(권리능력없는사단)

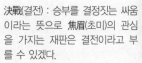

心動(심동) : 마음의 움직임이라
는 뜻으로 재판도 인간이 만든
制度(제도)이니 결국 누구 판사
의 마음을 얻느냐가 관건이다.

決戰(결전) : 승부를 결정짓는 싸움
이라는 뜻으로 焦眉(초미)의 관심
을 가지는 재판은 결전이라고 부
를 수 있겠다.

| 刑罰(형벌) | ▶ 刑(형벌 형) | 刂(刀) | 총획 6 |
| 간체자 刑罚 | ▶ 罰(죄 벌) | 罒(网) | 총획 14 |

刑罰(형벌)은 犯罪(범죄)에 대한 法律(법률)에 있어서의 效果(효과)로서 國家(국가) 따위가 犯罪者(범죄자)에게 制裁(제재)를 가한다는 뜻이다. 또는 그 제재를 말한다.

刑(형벌 형)은 모양이 비슷한 한자로 形(모양 형), 列(벌일 렬) 등을 들 수 있다.

표제어	활용어 1	활용어 2	응용 용례
	刑法(형법)		刑法을 공부하다
	刑場(형장)		사형수가 刑場으로 가다
刑		求刑(구형)	10년을 求刑 받다
(형)		極刑(극형)	極刑에 처하다
		實刑(실형)	實刑을 선고받다
		重刑(중형)	重刑에 처하다

罰)은 모양과 뜻이 비슷한 한자로 罪(허물 죄), 유의어로 함께 쓰이는 경우가 罪罰(죄벌)이다.

표제어	활용어 1	활용어 2	응용 용례
	罰金(벌금)		罰金을 부과하다
	罰點(벌점)		罰點이 초과되다
罰	罰則(벌칙)		罰則을 강화하다
(벌)		賞罰(상벌)	賞罰을 내리다
		嚴罰(엄벌)	嚴罰로 다스리다
		處罰(처벌)	處罰 규정 완화

生命刑(생명형)

死刑(사형) : 수형자의 목숨을 끊는 형벌로 우리나라의 현행법은 교수형이다.

自由刑(자유형)

懲役(징역) : 죄인을 교도소에 가두어 노동을 시키는 형벌이다.

禁錮(금고) : 교도소에 가두어 두기만 하고 노역은 시키지 않는다.

拘留(구류) : 죄인을 1일 이상 30일 미만의 기간 동안 교도소나 경
　　　찰서 유치장에 가두어 자유를 속박하는 일. 또는 그런 형벌.

名譽刑(명예형)

資格喪失(자격상실) : 사형, 무기 징역, 무기 금고의 판결을 받은
　　　사람에게 일정한 자격을 갖지 못하게 하는 일이다.

資格停止(자격정지) : 일정 기간 동안 일정한 자격의 전부 또는 일
　　　부가 정지된다.

財産刑(재산형)

罰金(벌금) : 범죄의 처벌로서 부과하는 돈. 금액은 범죄의 경중
　　　에 따라 다르며 벌금을 낼 능력이 없을 경우에는 노역으로
　　　대신한다.

科料(과료) : 가벼운 죄에 물리며, 벌금보다 가볍다.

沒收(몰수) : 형법에서 징역이나 금고 따위의 형벌에 부가하여 범죄 행위에 제공한 물건이
　　　나 범죄 행위의 결과로 얻은 물건 따위를 국가가 강제로 빼앗는 일이다.

監獄風雲(감옥풍운) : 죄인을 가두어 두는 곳의 좋은 때를 타고 활동하여 세상에 두각을 나타내는 사람을 이르는 말의 영화 제목으로 '풍운'은 '風雲兒(풍운아)'로 볼 수 있다.

不正駐車巡回監視中(부정주차순회감시중) : 지정 장소 외에 차량을 세워두지 못하게 돌면서 단속하기 위하여 주의 깊게 살핀다는 뜻으로 적발되면 罰金(벌금)을 낸다.

※ 다음 漢字語(한자어) 독음을 쓰시오.(1~9)

(1) 僑民(　　　)　　(2) 眞犯(　　　)

(3) 遵法(　　　)　　(4) 達辯(　　　)

(5) 詐稱(　　　)　　(6) 免除(　　　)

(7) 訴願(　　　)　　(8) 裁量(　　　)

(9) 重刑(　　　)

※ 다음 밑줄 친 단어에 알맞은 漢字語(한자어)를 쓰시오.(10~18)

(10) 그럴만한 <u>사유</u>(　　　)가 있을 것이다.

(11) <u>사죄</u>(　　　)의 뜻을 표하다.

(12) 두 사람간의 갈등을 <u>조율</u>(　　　)하다.

(13) <u>호신</u>(　　　)술을 배우다.

(14) 이 발표는 <u>기만</u>(　　　) 행위이다.

(15) 양심의 <u>가책</u>(　　　)을 느끼다.

(16) 소송에 관한 사무를 <u>송무</u>(　　　)라고 한다.

(17) 합격 <u>판정</u>(　　　)을 받다.

(18) 파격적인 <u>상벌</u>(　　　)을 내리다.

※ (19) 다음 중 한자의 뜻이 서로 같은 것끼리 연결된 것은?

① 野 – 球　　② 古 – 典

③ 刑 – 罰　　④ 自 – 然

※ (20) "국회의원이 국회에서 직무상 행한 발언과 표결에 대하여 국회 밖에서 책임을 지지 않는 특권"을 뜻하는 四字成語(사자성어)를 고르시오.

① 特權大使　② 免責特權

③ 免疫血淸　④ 外交特權

(16) 訟務 (17) 判定 (18) 賞罰 (19) ③ 刑 – 罰 (20) ② 免責特權
(9) 중형 (10) 事由 (11) 謝罪 (12) 調律 (13) 護身 (14) 欺瞞 (15) 呵責
(1) 교민 (2) 진범 (3) 준법 (4) 달변 (5) 사칭 (6) 면제 (7) 소원 (8) 재량

社會(教育 · 家族)

1. 教育(교육) 　2. 夫婦(부부) 　3. 分配(분배)

4. 旅客(여객) 　5. 月給(월급) 　6. 移住(이주)

7. 葬禮(장례) 　8. 親戚(친척) 　9. 婚姻(혼인)

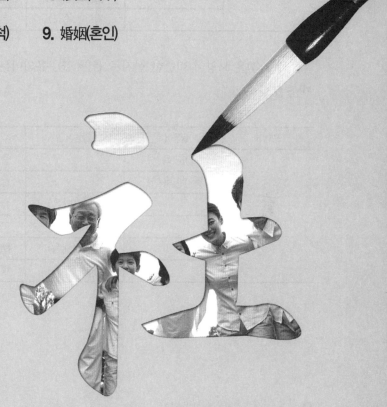

教育(교육)	▶ 教(가르칠 교)	攵(攴)	총획 11
	▶ 育(기를 육)	月(肉)	총획 8

敎育(교육)은 '가르치어 기르다'는 뜻으로 知識(지식)과 技術(기술) 따위를 가르치어 個人(개인)의 能力(능력)을 伸張(신장)시키고 바람직한 人間性(인간성)을 갖추도록 指導(지도)하는 行爲(행위)를 말한다.

敎(가르칠 교)의 유의어는 訓(가르칠 훈)으로 함께 쓰이는 경우가 敎訓(교훈)이다.

표제어	활용어1	활용어2	응용 용례
敎 (교)	敎具(교구)		敎具를 이용해서 학습하다
	敎壇(교단)		敎壇에 선지 30년이다
	敎師(교사)		초등 敎師를 충원하다
	敎養(교양)		敎養이 있는 분이시다
		說敎(설교)	목사의 說敎를 듣다
		宗敎(종교)	宗敎를 믿다

育(기를 육)은 모양이 비슷한 한자로 骨(뼈 골), 유의어는 養(기를 양)으로 함께 쓰이는 경우가 養育(양육)이다.

표제어	활용어1	활용어2	응용 용례
育 (육)	育成(육성)		중소기업 育成
	育兒(육아)		育兒 일기
		發育(발육)	發育이 왕성하다
		保育(보육)	고아 保育 시설
		體育(체육)	體育 시간이 시작되다
		訓育(훈육)	형에게 각별히 訓育을 받다

■ 〈初等敎科目(초등교과목)〉

科學(과학)   道德(도덕)   美術(미술)

社會(사회)   社會科附圖(사회과부도)   社會科探究(사회과탐구)

數學(수학)   實驗과 觀察(실험과 관찰)   英語(영어)

音樂(음악)   體育(체육)

■ 〈中等 敎科書(중등 교과서)〉

國史(국사)   道德(도덕)

生活國語(생활국어)   生活獨逸語(생활독일어)

生活日本語(생활일본어)   生活中國語(생활중국어)

中學國語(중학국어)

夏期講習會(하기강습회) : 여름철 일정 기간 동안 학문, 기예, 실무 따위를 배우고 익히도록 지도하는 모임이라는 뜻으로 '會'의 약자가 바로 '会'로 쓰인다.

■ 〈高等 敎科書(고등 교과서)〉

啓發活動(계발활동)   觀光英語(관광영어)

觀光日本語(관광일본어)   敎鍊(교련)

國史(국사)   國語(국어)

道德(도덕)   獨逸語聽解(독일어청해)

獨逸語會話(독일어회화)   文法(문법)

奉仕活動(봉사활동)   生活科學(생활과학)

市民倫理(시민윤리)   實務英語(실무영어)

英語聽解(영어청해)   英語會話(영어회화)

倫理思想(윤리사상)   日本語聽解(일본어청해)

日本語會話(일본어회화)   自治活動(자치활동)

適應活動(적응활동)   傳統倫理(전통윤리)

中國語聽解(중국어청해)   中國語會話(중국어회화)

行事活動(행사활동)

高校生 · 浪人生 · 大檢(고교생 · 낭인생 · 대검) : 일본의 학원 간판으로 고교생은 고등학생이고, 낭인생은 再修生(재수생), 대검은 대입검정이라는 뜻으로 쓰인다.

夫婦(부부)	▶ 夫(지아비 부)	大	총획 4
간체자 夫妇	▶ 婦(며느리 부)	女	총획 12

夫婦(부부)는 男便(남편)과 아내를 아울러 이르는 말이다. '夫婦(부부) 싸움은 칼로 물 베기'라는 말이 있는데 이는 '부부는 싸움을 해도 화합하기 쉽다'는 뜻이다.

표제어	활용어 1	활용어 2	응용 용례
夫 (부)	夫人(부인)		夫人은 안녕하시지요?
		工夫(공부)	입시 工夫를 하다
		鑛夫(광부)	鑛夫가 석탄을 캐다
		農夫(농부)	農夫에게는 땅이 생명이다
		漁夫(어부)	漁夫가 그물을 던지다
		丈夫(장부)	늠름하고 용맹한 丈夫

夫(지아비 부)는 모양이 비슷한 한자로 大(큰 대), 矢(화살 시), 失(잃을 실), 유의어는 君(임금; 남편 군)으로 함께 쓰이는 경우가 夫君(부군)이다.

婦(며느리 부)는 모양이 비슷한 한자로 掃(쓸 소), 歸(돌아갈 귀), 반의어는 姑(시어미 고)로 함께 쓰이는 경우가 姑婦(고부)이다.

표제어	활용어 1	활용어 2	응용 용례
婦 (부)	婦女(부녀)		婦女자를 희롱하다
		姑婦(고부)	姑婦간의 갈등
		寡婦(과부)	남편을 잃고 寡婦가 되다
		新婦(신부)	新婦 화장을 하다
		主婦(주부)	主婦를 대상으로 한 강습
		孝婦(효부)	孝婦를 표창하다

甲男乙女(갑남을녀) : 갑이라는 남자와 을이라는 여자

琴瑟相和(금슬상화) : 거문고와 비파 소리가 조화를 잘 이룸을 비유한 말.

琴瑟相和(금슬상화) : 부부 사이가 다정하고 화목함을 비유적으로 이르는 말.

琴瑟之樂(금슬지락) : 부부간의 사랑

百年偕樂(백년해락) : 부부가 되어 한평생을 같이 즐겁게 지냄.

百年偕老(백년해로) : 부부가 화락하게 일생을 늙음.

比翼連理(비익연리) : 비익조와 연리지라는 뜻으로 부부가 아주 화목함을 이르는 말.

比翼鳥(비익조) : 암컷과 수컷의 눈과 날개가 하나씩이어서 짝을 짓지 아니하면 날지 못한

    다는 전설상의 새로 남녀나 부부 사이의 두터운 정을 비유적으로 이르는 말.

善男善女(선남선녀) : 곱게 단장을 한 남자와 여자를 이르는 말.

兩主(양주) : 바깥주인과 안주인이라는 뜻으로 '부부'를 이르는 말.

鴛鴦衾枕(원앙금침) : 부부가 함께 덮는 이불과 베는 베개.

匹夫匹婦(필부필부) : 한 쌍의 지아비와 한 쌍의 지어미

偕老同穴(해로동혈) : 함께 늙어서 같이 묻힘.

和合(화합) : 부부가 화목하게 어울림.

夫婦(부부) = 內外(내외) = 夫妻(부처) = 二人(이인) = 伉配(항배)

因緣(인연) : 사람들 사이에 맺어지는 관계로 불교에서는 因(인)과 緣(연)을 아울러 결과를 만드는 직접적인 힘과 그를 돕는 외적이고 간접적인 힘이라고 한다. 모든 부부가 참 좋은 인연이었으면 한다.

戀人(연인) : 서로 사랑하는 관계에 있는 남녀로 이성으로서 그리며 사랑하는 사람이라는 뜻이다. 부부의 사이가 연인처럼 항상 그리워하며 사랑하는 配偶者(배우자)가 되었으면 한다.

3. 分配 분배

分配(분배)	▶ 分(나눌 분)	刀	총획 4
	▶ 配(나눌 배)	酉	총획 10

分配(분배)는 生産過程(생산과정)에 參與(참여)한 個個人(개개인)이 생산물을 社會的(사회적) 法則(법칙)에 따라서 나누는 일이다. 예를 들면, 地主(지주)는 地代(지대), 資本主(자본주)는 利潤(이윤), 勞動者(노동자)는 賃金(임금)의 形態(형태)로 나눈다.

표제어	활용어 1	활용어 2	응용 용례
分 (분)	分期(분기)		分期별 손익 계산
	分擔(분담)		역할을 分擔하다
	分量(분량)		원고지 2백 장 分量
	分爭(분쟁)		어업 分爭
		過分(과분)	나에게는 過分하다
		處分(처분)	處分을 내리다

分(나눌 분)은 모양이 비슷한 한자로 今(이제 금), 令(하여금 령), 유의어는 區(구분할 구)로 함께 쓰이는 경우가 區分(구분)이다.

配(나눌 배)는 모양이 비슷한 한자로 酌(따를 작), 유의어는 匹(짝 필)로 함께 쓰이는 경우가 配匹(배필)이다.

표제어	활용어 1	활용어 2	응용 용례
配 (배)	配給(배급)		식량 配給을 받다
	配達(배달)		신문 配達을 하다
	配慮(배려)		관심과 配慮를 아끼지 않다
	配送(배송)		무료로 配送하다
	配定(배정)		자리를 配定하다
		集配(집배)	集配원 아저씨

康衢煙月(강구연월) : 태평한 세상의 평화로운 풍경을 이르는 말.

擊壤老人(격양노인) : 태평한 생활을 즐거워하여 노인이 땅을 치며 노래함.

鼓腹擊壤(고복격양) : 배를 두드리며 흙덩이를 침. 곧 의식이 풍족한 상황

金玉之世(금옥지세) : 태평한 세월을 비유적으로 이르는 말.

武陵桃源(무릉도원) : 세상과 따로 떨어진 별천지를 비유적으로 이르는 말.

昇平世界(승평세계) : 태평한 세상.

時和年豊(시화연풍) : 나라가 태평하고 풍년이 듦. = 時和歲豊(시화세풍)

五風十雨(오풍십우) : 닷새에 한 번씩 바람이 불고 열흘 만에 한 번씩 비가 온다는 뜻으로
　　　날씨가 순조롭고 풍년이 들어 천하가 태평한 모양을 이르는 말.

堯舜時代(요순시대) : 요임금과 순임금이 덕으로 천하를 다스리던 태평한 시대.

地上天國(지상천국) : 천도교 따위에서, 하늘에서 찾을 것이 아니라 이 현실 사회에서 세워
　　　야 한다는, 영혼과 육체가 모두 완전한 이상 세계.

郅隆(질륭) : 태평한 시대. 또는 아주 성한 시대.

郅隆之治(질륭지치) : 잘 다스린 정치. 또는 잘 다스려진 세상.

天無淫雨(천무음우) : 하늘에서 궂은비가 내리지 아니한다는 뜻으로 태평한 시대를 비유.

太平烟月(태평연월) : 근심이나 걱정이 없는 편안한 세월.

太平聖代(태평성대) = 太平世界(태평세계) = 太平世上(태평세상) = 太平歲月(태평세월)

長杠(장강) : 물줄기가 긴 강처럼 모두가 몇몇이 별러 나누는 관계가 되었으면 한다. 또한 장강을 중국의 揚子江(양자강)을 일컫는 말이기도 하는데, 江(강)은 비교적 곧게 뻗은 물줄기를 말하고 河(하)는 굽이굽이 휜 물줄기로 黃河(황하)가 그 例(예)이다.

信友(신우) : 믿을 만하고 다정한 친구라는 뜻으로 무엇을 서로 분배하더라도 믿음을 가지는 管鮑之交(관포지교)처럼 사람을 사귀어야 한다.

旅客(여객)	▶ 旅(나그네 려)	方	총획 10
	▶ 客(손 객)	宀	총획 9

旅客(여객)은 汽車(기차), 飛行機(비행기), 배 따위로 旅行(여행)하는 사람을 말한다. 旅客運送(여객운송)은 法的(법적) 性格(성격)은 物品(물품) 운송과 같이 都給契約(도급계약)이기에 運賃(운임)의 支拂(지불)은 운송이 完成(완성)되었을 때 하는 것이 原則(원칙)이지만, 실제로는 先拂(선불)인 境遇(경우)가 많다.

표제어	활용어1	활용어2	응용 용례
旅 (려)	旅館(여관)		旅館에 묵다
	旅券(여권)		旅券을 발급받다
	旅路(여로)		기나긴 인생의 旅路
	旅費(여비)		旅費를 마련하다
	旅程(여정)		짧은 旅程을 마치다
		商旅(상려)	타향을 떠돌며 장사하는 商旅

旅(나그네 려)는 모양이 비슷한 한자로 族(겨레 족), 旋(돌 선), 유의어는 客(손 객)으로 함께 쓰이는 경우가 旅客(여객)이다.

客(손 객)은 모양이 비슷한 한자로 容(얼굴 용), 各(각각 각), 반의어는 主(주인 주), 유의어는 旅(나그네 려)이다.

표제어	활용어1	활용어2	응용 용례
客 (객)	客席(객석)		소란한 客席을 통제
	客氣(객기)		어설픈 客氣
	客室(객실)		먼저 客室 예약
		顧客(고객)	친절한 顧客 서비스
		觀客(관객)	구름같이 모인 觀客
		賀客(하객)	혼례식의 賀客

英語	韓國語	中國式	日本式
Italy	이탈리아	義大利 /意大利	伊太利
Kuwait	쿠웨이트	科威特	
Malaysia	말레이시아	馬來西亞	
Mexico	멕시코	墨西哥	墨西哥
Mongolia	몽고	蒙古	
Netherland	네덜란드	荷蘭	和蘭
New Zealand	뉴질랜드	新西蘭	新西蘭
Nigeria	나이지리아	尼日利亞	
Norway	노르웨이	挪威	諾威
Pakistan	파키스탄	巴基斯坦	
Paraguay	파라과이	巴拉圭	
Philippine	필리핀	斐律賓	比律賓
Poland	폴란드	波蘭	波蘭
Portugal	포르투갈	葡萄牙	葡萄牙
Rumania	루마니아	羅馬尼亞	羅馬尼
Russia	러시아	俄羅斯	露西亞 /魯西亞
Saudi Arabia	사우디아라비아	沙特阿拉伯	
Singapore	싱가포르	新嘉波	新嘉波
Spain	스페인	西班牙	西班牙
Sweden	스웨덴	瑞典	瑞典
Switzerland	스위스	瑞士	瑞西
Thailand	태국	泰	
Turkey	터키	土耳其	土耳古
Ukraine	우크라이나	烏克蘭	烏克蘭
United Arab Emirates	아랍에미리트	阿拉伯聯合酋長國	
Uruguay	우루과이	烏拉圭	
Viet Nam	베트남	越南	

薩克斯名曲(살극사명곡)
: 색소폰(saxophone)의 이름난 악곡이라는 뜻으로 색소폰의 한자어가 薩克斯이다.

觀光案內(관광안내) : 다른 지방이나 다른 나라에 가서 그곳의 風景(풍경), 風習(풍습), 文物(문물) 등을 구경하는 데 소개하여 알려 준다는 뜻으로 여행지에서 많이 볼 수 있다.

月給(월급)	▶ 月(달 월)	月	총획 4
간체자 月给	▶ 給(줄 급)	糸	총획 12

月給(월급)은 賃金(임금) 支拂形態(지불형태)의 하나인 時間(시간)의 一種(일종)으로 月(월)단위로 支給(지급)하는 方式(방식)이다. 정해진 勞動(노동) 시간을 超過(초과)하는 시간외 노동에 대해서는 割增(할증) 임금이 지불된다.

月(달 월)은 모양이 비슷한 한자로 日(날 일), 目(눈 목) 등을 들 수 있다.

표제어	활용어 1	활용어 2	응용 용례
月 (월)	月刊(월간)		月刊 잡지
	月末(월말)		月末 고사를 치르다
	月蝕(월식)		개기 月蝕을 관찰하다
		個月(개월)	일년 육 個月
		隔月(격월)	隔月로 모임을 갖다
		每月(매월)	每月 적용하다

給(줄 급)은 모양이 비슷한 한자로 約(맺을 약), 終(마칠 종), 반의어는 受(받을 수)로 함께 쓰이는 경우가 受給(수급)이다.

표제어	활용어 1	활용어 2	응용 용례
給 (급)	給料(급료)		給料를 인상하다
	給食(급식)		학교에서 給食을 실시하다
		供給(공급)	전기 供給을 중단하다
		發給(발급)	카드를 發給받다
		補給(보급)	물자를 補給하다
		需給(수급)	需給 불균형

▣ 필수 한자어

家族手當(가족수당) 甲勤稅(갑근세) 健康保險(건강보험)
雇傭保險(고용보험) 教育費(교육비) 交通費(교통비)
國民年金(국민연금) 勤勞所得(근로소득) 勤務手當(근무수당)
基本給(기본급) 貸付金利子(대부금이자) 補職手當(보직수당)
本俸(본봉) 扶養家族(부양가족) 非課稅(비과세)
賞與金(상여금) 賞與金遡及(상여금소급) 相助會費(상조회비)
償還金(상환금) 手當遡及(수당소급) 時間外勤務(시간외근무)
時間外手當(시간외수당) 時給(시급) 食費支給(식비지급)
實受領額(실수령액) 實支給額(실지급액) 住民稅(주민세)
職責手當(직책수당) 體力鍛鍊費(체력단련비) 特別賞與金(특별상여금)

▣ 추가 한자어

家計補助費(가계보조비) 健康保險精算(건강보험정산)
慶弔費(경조비) 課稅標準(과세표준)
給糧費(급량비) 給與遡及(급여소급)
技術手當(기술수당) 勞動組合費(노동조합비)
貸付金償還(대부금상환) 免許手當(면허수당)
無休手當(무휴수당) 食代(식대)
夜間交通費(야간교통비) 夜間手當(야간수당)
年金貸與(연금대여) 延長手當(연장수당)
長期勤續手當(장기근속수당) 財形貯蓄(재형저축)
精勤手當(정근수당) 住宅補助金(주택보조금)
現地休暇費(현지휴가비) 海外手當(해외수당)
會議費(회의비) 孝道休暇費(효도휴가비)

酒食處(주식처) : 술과 밥을 마시고 먹을 수 있는 곳이라는 뜻으로 정도의 차이가 있지만 월급의 사용되는 주된 장소이다. '處'의 약자가 바로 '処'이다.

一笑酒樓(일소주루) : 한 번 웃으면서 술을 마시는 집이라는 뜻으로 '樓(루)'의 약자가 바로 '楼'이다.

6. 移住 이주

移住(이주)	▶ 移(옮길 이)	禾	총획 11
	▶ 住(살 주)	人(亻)	총획 7

移住(이주)는 本來(본래) 살던 집에서 다른 집으로 居處(거처)를 옮기는 것을 말한다. 즉, 個人(개인)이나 種族(종족), 民族(민족) 따위의 集團(집단)이 本來(본래) 살던 地域(지역)을 떠나 다른 지역으로 移動(이동)하여 定着(정착)하는 것을 말한다.

표제어	활용어1	활용어2	응용 용례
移 (이)	移動(이동)		장소를 移動하다
	移民(이민)		외국으로 移民을 가다
	移越(이월)		移越 금액
	移籍(이적)		다른 팀으로 移籍하다
	移轉(이전)		주소를 移轉하다
	移職(이직)		다른 회사로 移職하다

移(옮길 이)는 모양이 비슷한 한자로 利(이할 리), 유의어는 徙(옮길 사)로 함께 쓰이는 경우가 移徙(이사)이다.

住(살 주)는 모양이 비슷한 한자로 往(갈 왕), 佳(아름다울 가), 유의어는 居(살 거)로 함께 쓰이는 경우가 居住(거주)이다.

표제어	활용어1	활용어2	응용 용례
住 (주)	住居(주거)		住居 문제의 해결
	住民(주민)		住民들의 반대가 거세다
	住所(주소)		住所를 옮기다
	住宅(주택)		住宅을 마련하다
		安住(안주)	농촌에서의 安住를 꿈꾸다
		入住(입주)	아파트에 入住하다

甲勤稅證明書(갑근세증명서)

雇傭契約書(고용계약서)

附加價値稅課稅標準證明(부가가치세과세표준증명)

不動産登記登記簿謄本(부동산등기부등본)

事業者登錄證寫本(사업자등록증사본)

身體檢査書(신체검사서)

旅券寫眞(여권사진)

履歷書(이력서)

財産稅納稅證明(재산세납세증명)

財政書類(재정서류)

住民登錄謄本(주민등록등본)

就業移民(취업이민)

許可證明書(허가증명서)

經歷證明書(경력증명서)

免許證(면허증)

所得金額證明(소득금액증명)

旅券(여권)

銀行通帳原本(은행통장원본)

資格證(자격증)

財政保證書(재정보증서)

在職證明書(재직증명서)

出入國事實證明書(출입국사실증명서)

退職證明書(퇴직증명서)

戶籍謄本(호적등본)

戀愛行星(연애행성) : 남녀가 서로 애틋하게 그리워하고 사랑하는 일정한 軌道(궤도)를 도는 별이라는 뜻으로 지금 당장 이주 신청하고 싶은 곳이다. '戀'의 약자가 바로 '恋'이다.

行路(행로) : 길을 간다는 뜻으로 '마음의 행로'에 따라 맘에 드는 곳을 찾아 移徙(이사)하는 것도 좋을 듯하다.

葬禮(장례)	▶ 葬(장사지낼 장)	++(艸)	총획 13	
간체자 葬礼	▶ 禮(예도 례)	示	총획 18	약자 礼

葬禮(장례)는 喪禮(상례)의 한 부분으로 屍身(시신)을 處理(처리)하는 過程(과정)이다. 상례가 喪中(상중)에 행하는 모든 儀禮(의례)라면 장례는 시신을 처리하는 일만을 指稱(지칭)한다. 그 처리방법은 埋葬(매장)·火葬(화장)·風葬(풍장)·水葬(수장) 등이 있다.

葬(장사지낼 장)은 모양이 비슷한 한자로 死(죽을 사)를 들 수 있다.

표제어	활용어 1	활용어 2	응용 용례
葬 (장)	葬送(장송)		葬送곡을 부르다
	葬地(장지)		葬地로 향하다
		埋葬(매장)	시체를 埋葬하다
		安葬(안장)	국립묘지에 安葬되다
		火葬(화장)	시체를 火葬하다
		合葬(합장)	부모님 두 분을 合葬하다

禮(예도 례)는 모양이 비슷한 한자로 豊(풍성할 풍), 體(몸 체)등을 들 수 있다.

표제어	활용어 1	활용어 2	응용 용례
禮 (례)	禮義(예의)		禮義가 바르다
	禮節(예절)		禮節을 지키다
		敬禮(경례)	상관에게 敬禮하다
		無禮(무례)	無禮를 용서하다
		謝禮(사례)	謝禮의 표시
		失禮(실례)	失禮지만

〈祭祀(제사)〉

降神(강신) : 향을 피우고 술을 모사에 붓는 일.

忌祭(기제) : 매년 죽은 날에 지내는 제사.

讀祝(독축) : 축문이나 제문을 읽음.

茅沙(모사) : 그릇에 담은 띠의 묶음과 모래.

奉安(봉안) : 신주나 화상을 모심.

奉還(봉환) : 웃어른께 도로 돌려 드림.

焚香(분향) : 향을 불에 피움. 소향.

揷匙(삽시) : 숟가락을 메에 꽂는 의식.

三獻(삼헌) : 술잔을 초헌·아헌·종헌 세 번 올림.

神位(신위) : 신령이 의지할 자리.

飮福(음복) : 제를 마치고 술이나 제물을 먹음.

祭需(제수) : 제사에 쓰일 음식이나 재료.

祭酒(제주) : 제사에 쓰는 술.

紙榜(지방) : 종이로 만든 신주.

退酒(퇴주) : 제사에 초헌과 아헌에서 물린 술.

添酌(첨작) : 종헌 드린 잔에 술을 채움.

闔門(합문) : 제사에 문을 닫거나 병풍으로 가림.

獻茶(헌다) : 신불께 차를 올림.

獻酌(헌작) : 제사 때 술잔을 올림.

號哭(호곡) : 목 놓아 슬피 우는 울음소리.

謹弔(근조) : 사람의 죽음에 대하여 삼가 슬픈 마음을 나타낸다는 뜻으로 喪家(상가)에 항상 달려있는 燈(등)이다.

歸天圖(귀천도) : 넋이 하늘로 돌아가는 그림으로 사람의 죽음을 이르는 말이다. 하늘로 돌아가지 못하는 넋이 鬼神(귀신)이 된다.

〈陳設(진설) : 제사 때에 상위에 음식을 벌여 차림.〉

左浦右醯(좌포우혜) : 제상을 차릴 때, 왼쪽에 포, 오른쪽에
　　식혜를 진설한다는 말.

漁東肉西(어동육서) : 제사 음식을 진설할 때, 어찬을 동쪽에, 육찬은 서쪽에 놓음.

西頭東尾(서두동미) : 생선 머리는 서쪽, 꼬리는 동쪽에 놓음.

紅東白西(홍동백서) : 제물을 차릴 때 붉은 과실은 동쪽, 흰 과실은 서쪽에 차리는 격식.

親戚(친척)	▶ 親(친할 친)	見	총획 16
간체자 亲戚	▶ 戚(친척 척)	戈	총획 11

親戚(친척)은 親族(친족)·姻戚(인척)·外戚(외척)의 총칭이다. 친족은 촌수가 가까운 一家(일가)이고, 인척은 婚姻(혼인)에 의하여 맺어진 친척이며, 외척은 어머니 쪽의 친척을 말한다. 친족이 民法上(민법상) 用語(용어)로 그 範圍(범위)가 限定(한정)된 반면, 친척은 社會的(사회적) 俗稱(속칭)으로 그 범위에 制限(제한)이 없어 친족보다 넓은 概念(개념)이다.

親(친할 친)은 모양이 비슷한 한자로 新(새 신), 視(볼 시), 유의어는 睦(화목할 목)으로 함께 쓰이는 경우가 親睦(친목)이다.

표제어	활용어1	활용어2	응용 용례
親 (친)	親舊(친구)		親舊를 사귀다
	親近(친근)		그는 언제나 親近하다
	親交(친교)		親交를 맺다
	親密(친밀)		親密한 사이
	親愛(친애)		親愛하는 국민 여러분!
		切親(절친)	切親한 사이

戚(친척 척)은 모양이 비슷한 한자로 威(위엄 위), 유의어는 族(겨레 족)으로 함께 쓰이는 경우가 族戚(족척)이다.

표제어	활용어1	활용어2	응용 용례
戚 (척)	戚黨(척당)		성이 다른 일가 戚黨
	戚叔(척숙)		척당 중 아저씨뻘 되는 戚叔
	戚臣(척신)		왕과 성이 다르나 일가 戚臣
		外戚(외척)	外戚 세도의 길을 막다
		姻戚(인척)	이번 혼사로 姻戚이 되었다
		親戚(친척)	親戚 어른께 세배하다

無寸(무촌)　：夫婦之間(부부지간)

1寸(촌)　　：父子之間(부자지간)

2寸(촌)　　：兄弟之間(형제지간)

3寸(촌)　　：父(부) 兄弟(형제)

　　　　　－〉伯父(백부), 仲父(중부), 叔父(숙부), 姑母(고모)

4寸(촌)　　：父(부) 兄弟(형제) 子女(자녀)

　　　　　－〉從兄弟間(종형제간), 內從四寸(내종사촌), 姑從四寸(고종사촌)

5寸(촌)　　：祖父(조부) 兄弟(형제)

　　　　　－〉從祖父(종조부), 從叔(종숙), 堂叔(당숙)

6寸(촌)　　：從叔(종숙) 子(자)

　　　　　－〉再從兄弟(재종형제)

8寸(촌)　　：曾祖父(증조부) 兄弟(형제)

　　　　　－〉從曾祖父(종증조부)

10寸(촌)　 ：大夫(대부)

夏爐冬扇(하로동선)：여름의 화로와 겨울의 부채라는 뜻으로, 格(격)이나 철에 맞지 아니함을 이르는 말이다. 어느 집안이나 친척 중에 이와 같은 이가 하나 둘씩은 있기 마련이다.

長男(장남)：둘 이상의 아들 가운데 맏이가 되는 아들이라는 뜻으로 名節(명절)에 대부분 친척들이 모이는 곳이기도 하다.

| 婚姻(혼인) | ▶ 婚(혼인할 혼) | 女 | 총획 11 |
| | ▶ 姻(혼인 인) | 女 | 총획 9 |

　　婚姻(혼인)은 社會(사회)가 認定(인정)하는 節次(절차)에 따라 男子(남자)와 女子(여자)가 結合 (결합)하여 夫婦(부부)가 되는 것이다. 이는 사회적으로 인정된 持續的(지속적)인 남녀의 性的 (성적) 결합이며, 일반적으로는 同居(동거)관계와 經濟的(경제적) 協力(협력)이 따르는 사회제 도이다.

　　婚(혼인할 혼)은 모양이 비슷한 한자로 昏(어두울 혼)이 있다.

표제어	활용어1	활용어2	응용 용례
婚 (혼)	婚期(혼기)		婚期를 놓치다
	婚事(혼사)		婚事가 성사되다
	婚需(혼수)		婚需를 장만하다
		結婚(결혼)	結婚 기념일
		求婚(구혼)	공개 求婚을 하다
		約婚(약혼)	約婚을 축하하다

　　姻(혼인 인)은 모양이 비슷한 한자로 咽(목구멍 인)이 있다.

표제어	활용어1	활용어2	응용 용례
姻 (인)	姻叔(인숙)		고모부 姻叔
	姻族(인족)		혼인에 의하여 맺어진 姻族
	姻戚(인척)		姻戚 = 姻族
	姻兄(인형)		매형 姻兄
		舊姻(구인)	오래전부터의 친척 舊姻
		婚姻(혼인)	婚姻을 서약하다

婚姻혼인 관련 漢字語 한자어

▣ 필수 한자어

結婚(결혼)   記念撮影(기념촬영)

蜜月(밀월)   四柱單子(사주단자)

相見禮(상견례)   媤父母(부모)

新郎(신랑)   新房(신방)

新婦(신부)   新婚(신혼)

新婚夫婦(신혼부부)   新婚旅行(신혼여행)

約婚(약혼)   禮緞(예단)

禮物(예물)   禮服(예복)

傳統婚禮(전통혼례)   主禮(주례)

主禮辭(주례사)   請牒狀(청첩장)

祝儀金(축의금)   幣帛(폐백)

披露宴(피로연)   賀客(하객)

函(함)   婚姻誓約書(혼인서약서)

婚姻申告(혼인신고)   婚主(혼주)

華燭(화촉)   花環(화환)

戀風戀歌(연풍연가): 사모하고 그리워하는 사랑의 바람이 사랑의 노래가 된다는 뜻으로 혼인도 모두 이처럼 행복해지기를 기원한다.

▣ 추가 한자어

宮合(궁합)   德談(덕담)

交拜(교배)   四拜(사배)

新接살림(신접살림)   野外撮影(야외촬영)

采緞(채단)   醮禮(초례)

親知(친지)   破婚(파혼)

婚書紙(혼서지)

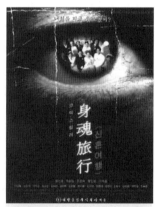

身魂旅行(신혼여행): 육체와 넋이 아울러 같이 간다는 말이라고 하는데 결혼식을 마치고 신혼부부가 함께 가는 여행인 新婚旅行(신혼여행)과 同音異議語(동음이의어)로 볼 수 있다.

※ **다음 漢字語(한자어) 독음을 쓰시오.(1~9)**

(1) 敎養(　　　)　　(2) 鑛夫(　　　)

(3) 處分(　　　)　　(4) 旅程(　　　)

(5) 隔月(　　　)　　(6) 移越(　　　)

(7) 埋葬(　　　)　　(8) 切親(　　　)

(9) 婚需(　　　)

※ **다음 밑줄 친 단어에 알맞은 漢字語(한자어)를 쓰시오.(10~18)**

(10) 중소기업 육성(　　　)이 최대 관건이다.

(11) 주부(　　　)를 대상으로 한 강습이 유행하다.

(12) 무료로 자료를 배송(　　　)하다.

(13) 기적 같은 연속 안타 행진(　　　)이다.

(14) 전기 공급(　　　)을 중단하다.

(15) 전원에서의 안주(　　　)를 꿈꾸다.

(16) 상관에게 경례(　　　)하다.

(17) 이번 혼사로 인척(　　　)이 되었다.

(18) 매형을 인형(　　　)이라고 부른다.

※ **(19) 다음 중 한자의 뜻이 서로 같은 것끼리 연결된 것은?**

① 夫 – 君　　② 集 – 配

③ 券 – 番　　④ 戶 – 別

※ **(20) "가르치는 일과 배우는 일이 서로 도와서 자기의 학업을 증진시킴"을 뜻하는 四字成語(사자성어)를 고르시오.**

① 學業邁進　② 育英事業

③ 孟母三遷　④ 敎學相長

(16) 姻戚 (17) 姻兄 (18) 姻兄 (19) ① 夫 – 君 (20) ④ 敎學相長
(9) 혼수 (10) 育成 (11) 主婦 (12) 配送 (13) 行進 (14) 供給 (15) 安住
(1) 교양 (2) 광부 (3) 처분 (4) 여정 (5) 격월 (6) 이월 (7) 매장 (8) 절친

科學(技術·理工)

1. 科學(과학)　　**2.** 技術(기술)　　**3.** 基礎(기초)

4. 冒險(모험)　　**5.** 上場(상장)　　**6.** 實驗(실험)

7. 研究(연구)　　**8.** 理工(이공)　　**9.** 尖端(첨단)

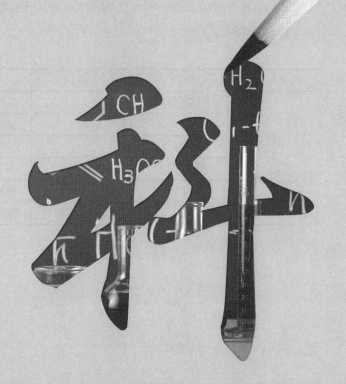

科學(과학)	▶ 科(과목 과)	禾	총획 9	
간체자 科学	▶ 學(배울 학)	子	총획 16	약자 学

科學(과학)은 普遍的(보편적)인 眞理(진리)나 法則(법칙)의 發見(발견)을 目的(목적)으로 한 體系的(체계적)인 知識(지식)이다. 넓은 뜻으로는 學(학)을 이르고, 좁은 뜻으로는 自然科學(자연과학)을 이른다.

科(과목 과)는 모양이 비슷한 한자로 料(헤아릴 료)가 있다.

표제어	활용어1	활용어2	응용 용례
科 (과)	科擧(과거)		科擧에 급제하다
	科落(과락)		이 시험에는 科落이 있다
		文科(문과)	文科 대학
		眼科(안과)	眼科에서 진료를 받다
		理科(이과)	理科 기피 현상
		齒科(치과)	齒科 의사와 결혼하다

學(배울 학)은 모양이 비슷한 한자로 覺(깨달을 각), 반의어는 敎(가르칠 교)로 함께 쓰이는 경우가 敎學(교학)이다.

표제어	활용어1	활용어2	응용 용례
學 (학)	學校(학교)		學校를 졸업하다
	學究(학구)		평생을 學究에 바치다
	學期(학기)		3학년 2學期
	學年(학년)		육 學年이 되다
	學習(학습)		學習 태도가 훌륭하다
		獨學(독학)	獨學으로 입학하다

▣ 필수 한자어

加速度(가속도)   加水分解(가수분해)   可視光線(가시광선)

慣性(관성)   屈折(굴절)   極超短波(극초단파)

氣象(기상)   氣壓(기압)   大氣(대기)

對流(대류)   導體(도체)   同位元素(동위원소)

萬有引力(만유인력)   無重力(무중력)   物質代謝(물질대사)

濾過性病原體(여과성병원체)   半導體(반도체)   放射能(방사능)

酸化(산화)   相對性理論(상대성이론)   細胞分裂(세포분열)

素粒子(소립자)   濕度(습도)   元素(원소)

原子力(원자력)   人工知能(인공지능)   磁氣力(자기력)

電離層(전리층)   電子(전자)   電磁波(전자파)

電解質(전해질)   照明度(조명도)   組織培養(조직배양)

重力(중력)   中性子(중성자)   集積回路(집적회로)

觸媒(촉매)   彈性(탄성)   表面張力(표면장력)

▣ 추가 한자어

減數分裂(감수분열)   輕水爐(경수로)   慣性誘導(관성유도)

光角(광각)   光年(광년)   亂氣流(난기류)

同素體(동소체)   放射性元素(방사성원소)   量子力學(양자역학)

合金鋼(합금강)   合成樹脂(합성수지)   核分裂(핵분열)

核酸(핵산)   核融合(핵융합)

流星語(유성어) : 지구의 대기권 안으로 들어와 빛을 내며 떨어지는 작은 물체의 언어라는 뜻을 가진 영화 제목인데 과학 용어로 '流星'은 流火(유화) · 隕星(운성) · 奔星(분성) · 星火(성화), 飛星(비성), 星雨(성우) 등으로 쓰인다.

超合金魂(초합금혼) : "1,000℃ 가까운 높은 온도에서도 강도와 내식성을 유지하는 합금의 넋(마음)"이라는 뜻을 가진 일본 만화 '마징가 Z'의 완구 선전 문안으로, 과학 용어는 '超合金'의 본래 '耐熱合金(내열합금)'을 다르게 부르는 말이다.

| 技術(기술) | ▶ 技(재주 기) | 才(手) | 총획 7 |
| 간체자 技术 | ▶ 術(재주 술) | 行 | 총획 11 |

技術(기술)은 科學(과학) 理論(이론)을 實際(실제)로 適用(적용)하여 自然(자연)의 事物(사물)을 人間(인간) 生活(생활)에 有用(유용)하도록 加工(가공)하는 手段(수단)을 말한다. 즉, 사물을 잘 다룰 수 있는 方法(방법)이나 能力(능력)을 뜻한다.

技(재주 기)는 모양이 비슷한 한자로 枝(가지 지), 유의어는 術(재주 술)로 함께 쓰이는 경우가 技術(기술)이다.

표제어	활용어 1	활용어 2	응용 용례
技 (기)	技巧(기교)		技巧를 부리다
	技能(기능)		技能을 연마하다
	技藝(기예)		技藝를 닦다
		競技(경기)	競技를 관전하다
		實技(실기)	이론과 實技를 겸비하다
		特技(특기)	特技 적성교육

術(재주 술)은 모양이 비슷한 한자로 述(펼 술), 유의어는 藝(재주 예)로 함께 쓰이는 경우가 藝術(예술)이다.

표제어	활용어 1	활용어 2	응용 용례
術 (술)	術數(술수)		간교한 術數에 넘어가다
	術策(술책)		음흉한 術策을 부리다
		商術(상술)	얄팍한 商術
		手術(수술)	맹장 手術
		醫術(의술)	醫術이 발달하다
		鍼術(침술)	鍼術을 이용하다

個人電腦(개인전뇌)	퍼스널 컴퓨터(Personal Computer)
鍵盤(건반)	키보드(keyboard)
硬件(경건)	하드웨어(Hardware)
硬盤(경반)	하드디스크(Hark Disk)
公告板(공고판)	게시판(BBS)
另存爲(영존위)	저장하기(Save As)
網民(망민)	네티즌(netizen)
網吧(망파)	PC방
網把(망파)	인터넷 카페(Internet Cafe)
網絡聊天(망락료천)	채팅
麥金托什(맥금탁십)	매킨토시(Macintosh)
免費軟件(면비연건)	프리웨어(Freeware)
密碼(밀마)	암호(Password)
服務器(복무기)	서버(Sever)
復位(복위)	재시동(Reset)
刪除(산제)	삭제(Delete)
鼠標(서표)	마우스(Mouse)
新聞討論組(신문토론조)	유스네트(Usenet)
與垃圾郵件(여랄급우건)	스팸메일(spam mail)
外圍設備(외위설비)	주변장치(Peripheral)
帳號(장호)	아이디(ID)
電腦(전뇌)	컴퓨터
點擊(점격)	클릭

縱橫四海(종횡사해) : 온 세상을 거침없이 마구 오가거나 이리저리 다닌다는 뜻의 영화 제목으로 기술의 발달로 이제는 空間選擇(공간선택)에서 자유롭게 살 수 있게 되었다.

新世紀廣場(신세기광장) : 새로운 백 년을 단위로 하는 기간에 많은 사람이 모일 수 있게 거리에 만들어 놓은, 넓은 빈 터라는 뜻으로 新技術(신기술) 개발이야말로 미래 삶의 질을 좌우한다.

基礎(기초)	▶ 基(터 기)	土	총획 11
간체자 基础	▶ 礎(주춧돌 초)	石	총획 18

基礎(기초)는 事物(사물)의 基本(기본)이 되는 土臺(토대)를 말한다. 또는 建物(건물), 다리 따위와 같은 構造物(구조물)의 무게를 받치기 위하여 만든 밑받침을 뜻한다.

基(터 기)는 모양이 비슷한 한자로 其(그 기), 墓(무덤 묘) 등을 들 수 있다.

표제어	활용어1	활용어2	응용 용례
基 (기)	基盤(기반)		基盤을 다지다
	基本(기본)		基本을 익히다
	基因(기인)		환경오염에 基因하다
	基準(기준)		평가 基準을 강화하다
	基地(기지)		基地를 세우다
		國基(국기)	國基를 튼튼히 다지다

礎(주춧돌 초)는 모양이 비슷한 한자로 楚(초나라 초)를 들 수 있다.

표제어	활용어1	활용어2	응용 용례
礎 (초)	礎盤(초반)		주춧돌 礎盤
	礎石(초석)		礎石이 되다
	礎材(초재)		기초가 되는 재료 礎材
		國礎(국초)	國礎 = 國基(국기)
		基礎(기초)	基礎 실력이 부족하다
		定礎(정초)	사물의 기초를 정하는 定礎

正字(정자) : 우리가 사용하는 한자를 아래의 것들과 구분해야 할 경우 '정자'라 부름.

略字(약자) : 略(략)은 줄인다는 뜻으로 본래의 한자가 복잡한 경우 쓰기 편하게 획수를 줄여 씀.

　예) 點(점)17획 -〉 点 9획,　國(국)11획 -〉 国 8획

俗字(속자) : 俗(속)은 '세속적이다'는 뜻으로 정자는 공적인 곳에 쓰고 속자는 일반적으로 사적인 곳에 쓴다는 차이가 있음.

　예) 黨(당) -〉 党,　蠶(잠) -〉 蚕,　冰(빙) -〉 氷

本字(본자) : 지금의 '정자'가 되기 바로 전의 篆書(전서)를 뜻함.

　예) 掃(비질할 소) -〉 埽,　雜(섞일 잡) -〉 襍,　群(무리 군) -〉 羣

古字(고자) : 말 그대로 옛글자로 일반적으로 소전 이전의 글자를 이르는 말로 씀.

　예) 從(따를 종) -〉 从　同(동) -〉 仝

同字(동자) : 모양만 다르지 뜻과 쓰임이 완전히 같은 글자를 말함.

　예) 槪(개) -〉 槩,　鑑(감) -〉 鑒,　略(략) -〉 畧

譌字(와자) : 訛字(와자), 誤字(오자)라고 하기도 하며 글자 뜻대로 틀린 글자를 말함.

　예) 斂(거둘 렴) -〉 歛(바랄 감)

繁體字(번체자) : 중국에서 간체자 문자혁명이 일어나기 이전의 글자를 말함. 우리가 쓰는 正字(정자)와 같음.

簡體字(간체자) : 지금 중국에서 쓰이는 글자를 말함.

　예) 爲(위) -〉 为,　樂(락) -〉 乐,　書(서) -〉 书,　漢(한) -〉 汉

定礎(정초) : 사물의 基礎(기초)를 잡아 정한다는 의미로 건설 분야에서 주춧돌을 설치하는 일이기도 하다.

新華書店(신화서점) : 새로운 中華(중화)의 책을 갖추어 놓고 파는 가게를 말하는데 규모의 차이가 있을 뿐 중국의 국영 서점으로 기초 지방단위까지도 개설되어 있다.

冒險(모험)	▶ 冒(무릅쓸 모)	冂	총획 9	
간체자 冒险	▶ 險(험할 험)	阝(阜)	총획 16	약자 険

冒險(모험)은 危險(위험)을 무릅쓰고 어떠한 일을 한다는 말이다. 또는 되고 안 됨을 돌보지 않고 덮어놓고 하여 본다는 뜻이다. 類義語(유의어)로는 挑戰(도전)이 있다.

冒(무릅쓸 모)는 모양이 비슷한 한자로 帽(모자 모)를 들 수 있다.

표제어	활용어 1	활용어 2	응용 용례
冒 (모)	冒耕(모경)		남의 땅에 농사를 지는 冒耕
	冒瀆(모독)		엄청난 冒瀆행위이다
	冒濫(모람)		버릇없이 행동하는 冒濫
	冒寒(모한)		추위를 무릅쓰는 冒寒
		感冒(감모)	感冒 = 感氣(감기)
		僞冒(위모)	거짓으로 남을 속이는 僞冒

險(험할 험)은 모양이 비슷한 한자로 檢(검사할 검), 儉(검소할 검), 유의어는 峻(험할 ; 가파를 준)으로 함께 쓰이는 경우가 險峻(험준)이다.

표제어	활용어 1	활용어 2	응용 용례
險 (험)	險難(험난)		險難한 인생
	險談(험담)		險談을 퍼붓다
	險惡(험악)		인상이 險惡하다
		保險(보험)	保險에 가입하다
		危險(위험)	危險에 빠지다
		探險(탐험)	밀림을 探險하다

竿頭之勢(간두지세) : 대막대기 끝에 선 형세라는 뜻으로 매우 위태로운 형세.

累卵之勢(누란지세) : 새알을 쌓아놓은 듯한 위태로운 형세.

累卵之危(누란지위) : 층층이 쌓아 놓은 알의 위태로움이라는 뜻.

命在頃刻(명재경각) : 거의 죽게 되어 곧 숨이 끊어질 지경에 이름.

百尺竿頭(백척간두) : 백 척 높이의 장대 위에 올라섰다는 뜻.

四面楚歌(사면초가) : 사면이 모두 적에게 포위되어 고립된 상태.

如履薄氷(여리박빙) : 살얼음을 밟는 것과 같다는 뜻.

危如累卵(위여누란) : 달걀을 쌓은 것같이 위태롭다는 뜻.

危險千萬(위험천만) : 위험하기 짝이 없음.

一觸卽發(일촉즉발) : 조금만 닿아도 곧 폭발할 것 같은 모양.

進退兩難(진퇴양난) : 이러지도 저러지도 못하는 어려운 처지.

進退維谷(진퇴유곡) : 이러지도 저러지도 못하고 꼼짝할 수 없는 궁지.

焦眉之急(초미지급) : 눈썹이 타면 끄지 않을 수 없다는 뜻으로 매우 다급한 일을 일컬음.

風前燈火(풍전등화) : 바람 앞에 놓인 등불.

危機狀況(위기상황) = 危如一髮(위여일발) = 危機一髮(위기일발)

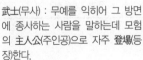

天下無雙(천하무쌍) : 세상에서 그에 비길 만한 것이 없다는 뜻으로 '雙'의 약자가 바로 '双'이다.

武士(무사) : 무예를 익히어 그 방면에 종사하는 사람을 말하는데 모험의 主人公(주인공)으로 자주 登場(등장)한다.

上場(상장)	▶ 上(위 상)	一	총획 3
간체자 上场	▶ 場(마당 장)	土	총획 12

上場(상장)은 株式(주식)이나 어떤 物件(물건)을 賣買(매매) 對象(대상)으로 하기 위하여 該當(해당) 去來所(거래소)에 一定(일정)한 資格(자격)이나 條件(조건)을 갖춘 거래 물건으로서 登錄(등록)하는 일이다.

上(위 상)은 모양이 비슷한 한자로 土(흙 토), 반의어는 下(아래 하)로 함께 쓰이는 경우가 上下(상하)이다.

표제어	활용어 1	활용어 2	응용 용례
上 (상)	上空(상공)		1000피트 上空
	上陸(상륙)		인천 上陸 작전
	上昇(상승)		물가 上昇
	上映(상영)		이 영화는 上映중이다
		引上(인상)	공공요금의 引上
		頂上(정상)	頂上을 정복하다

場(마당 장)은 모양이 비슷한 한자로 陽(볕 양), 揚(날릴 양) 등을 들 수 있다.

표제어	활용어 1	활용어 2	응용 용례
場 (장)	場面(장면)		추억의 명場面
	場所(장소)		場所를 변경하다
		工場(공장)	工場을 가동하다
		廣場(광장)	만남의 廣場
		開場(개장)	해수욕장 開場
		職場(직장)	職場을 옮기다

士長(사장) : 궁중에서, 내시를 감독하는 사람.

司長(사장) : 옛 벼슬로 궁내부에 속한 으뜸 자리.

四杖(사장) : 부(缶)를 치는 채.

四葬(사장) : 고대 네 가지 장례 방식.

四障(사장) : 불도 수행의 네 가지 장애.

四藏(사장) : 불교의 네 가지 성전.

寺長(사장) : 뜬쇠 또는 사당의 남편.

死藏(사장) : 필요한 곳에 활용하지 않고 썩혀 둠.

沙場(사장) : 모래사장(砂場).

私匠(사장) : 관부에 예속되지 않은 장인(匠人).

私莊(사장) : 개인이 사사로이 소유한 별장.

私藏(사장) : 개인이 사사로이 간직하거나 물건.

事障(사장) : 열반을 해치는 번뇌.

社長(사장) : 회사의 책임자.

社章(사장) : 결사(結社)할 때 서로 약속하여 정한 기념장.

社葬(사장) : 회사가 주재하여 지내는 장례.

查丈(사장) : 사돈집의 웃어른을 높여 이르는 말.

射場(사장) : 활터.

師丈(사장) : 스승이 되는 어른.

師匠(사장) : 남의 스승이 될 만한 사람.

師長(사장) : 스승과 나이 많은 어른.

師長(사장) : 항일 유격대에서 한 사단을 책임 직위.

紗帳(사장) : 얇고 가벼운 비단으로 만든 휘장.

赦狀(사장) : 형벌을 용서한다는 편지.　詞狀(사장) : 소장(訴狀).

詞章(사장) : 시가와 문장을 아울러 이르는 말(辭章).　　詞場(사장) : 문단(文壇).

寫場(사장) : 사진관.　謝狀(사장) : 사례하는 편지 또는 사과하는 편지.

謝章(사장) : 사표(謝表).　辭狀(사장) : 사표(辭表).

金座(금좌) : 황금으로 된 자리라는 뜻으로 企業(기업)이 상장하면 많은 사람들이 목돈을 쥐게 된다.

銀座驛(은자역, 긴자역) : 일본의 번화가인 '은의 자리'의 지하철 역 이름으로 '驛'의 약자가 바로 '駅'이다.

實驗(실험)	▶ 實(열매 실)	宀	총획 14	약자 実
간체자 实验	▶ 驗(시험할 험)	馬	총획 23	약자 験

實驗(실험)은 實際(실제)로 해 보는 것, 또는 그렇게 하는 일이다. 科學(과학)에서 理論(이론)이나 現象(현상)을 觀察(관찰)하고 測定(측정)한다는 뜻이며, 새로운 方法(방법)이나 形式(형식)을 使用(사용)해 본다는 意味(의미)도 있다.

實(열매 실)은 모양이 비슷한 한자로 貫(꿸 관), 반의어는 虛(빌 허)로 함께 쓰이는 경우가 虛實(허실)이다.

표제어	활용어 1	활용어 2	응용 용례
實 (실)	實感(실감)		實感이 가는 이야기이다
	實力(실력)		實力이 뛰어나다
	實務(실무)		남북 고위급 實務회담
	實施(실시)		금융 실명제 實施
		誠實(성실)	誠實한 일꾼
		現實(현실)	現實을 직시하다

驗(시험할 험)은 모양이 비슷한 한자로 險(험할 험), 유의어는 試(시험할 시)로 함께 쓰이는 경우가 試驗(시험)이다.

표제어	활용어 1	활용어 2	응용 용례
驗 (험)	驗算(험산)		확인 하기위해 계산하는 驗算
		經驗(경험)	풍부한 經驗을 쌓다
		先驗(선험)	先驗적 판단
		靈驗(영험)	靈驗이 신통하다
		體驗(체험)	體驗 수기
		效驗(효험)	效驗이 있다

▣ 필수 한자어

檢查鏡(검사경)   計測機(계측기)

氣壓計(기압계)   屈折計(굴절계)

均質機(균질기)   冷凍庫(냉동고)

濃度計(농도계)   糖度計(당도계)

凍結乾燥機(동결건조기)   滅菌(멸균)

粉碎機(분쇄기)   比重計(비중계)

洗滌機具(세척기구)   水銀分析機(수은분석기)

水質測程器(수질측정기)   純粹蒸溜裝置(순수증류장치)

濕度計(습도계)   實體顯微鏡(실체현미경)

實驗臺(실험대)   雙眼顯微鏡(쌍안현미경)

藥品保管槻(약품보관장)   濾過紙(여과지)

溫度計(온도계)   遠心機(원심기)

製氷機(제빙기)   天秤(천칭)

秒時計(초시계)   超低溫冷凍庫(초저온냉동고)

標準體(표준체)   顯微鏡(현미경)

英雄(영웅) : 지혜와 재능이 뛰어나고 용맹하여 보통 사람이 하기 어려운 일을 해내는 사람을 말하는데 人類(인류)를 위해 뛰어난 실험 결과로 영웅 대접을 받기도 한다.

▣ 추가 한자어

建築水分計(건축수분계)   壁側實驗臺(벽측실험대)

防水鹽分測程器(방수염분측정기)

生物學的酸素要求量測程器(생물학적산소요구량측정기)

纖維組織檢查鏡(섬유조직검사경)

液體窒素保管用器(액체질소보관용기)

液體窒素移送用器(액체질소이송용기)

遠心分離機(원심분리기)

重金屬測定試驗紙(중금속측정시험지)

眞空回轉蒸發濃縮機(진공회전증발농축기)

十二夜(십이야) : "12일 동안의 밤"이라는 뜻으로 실험실에서 밤새 목적한 바의 결과를 도출하기 해 밤을 지새우는 것은 茶飯事(다반사)이다.

硏究(연구)	▶ 硏(갈 연)	石	총획 11
	▶ 究(연구할 구)	穴	총획 7

硏究(연구)는 어떤 일이나 事物(사물)에 대하여 깊이 있게 조사하고 생각하여 眞理(진리)를 따져 보는 일을 말한다. 동의어는 탐구(探究), 고구(考究), 연고(硏考), 연공(硏攻), 연정(硏精), 연찬(硏鑽), 연학(硏學), 연심(硏尋), 연진(硏眞), 강구(講究), 조사(調査), 기저(機杼) 등이 있다.

硏(갈 연)은 모양이 비슷한 한자로 姸(고울 연), 유의어는 磨(갈 마)로 함께 쓰이는 경우가 硏磨(연마)이다.

표제어	활용어 1	활용어 2	응용 용례
硏 (연)	硏究(연구)		硏究 활동
	硏鍊(연련)		갈고 닦아 단련하는 硏鍊
	硏磨(연마)		기술을 硏磨하다
	硏削(연삭)		물체의 표면을 가는 硏削
	硏修(연수)		사법 硏修 기간
		鑽硏(찬연)	학문 따위를 연구하는 鑽硏

究(연구할 구)는 모양이 비슷한 한자로 空(빌 공), 突(갑자기 돌) 등을 들 수 있다.

표제어	활용어 1	활용어 2	응용 용례
究 (구)	究明(구명)		사건의 원인을 究明하다
		講究(강구)	대책을 講究하다
		窮究(궁구)	근본을 窮究하다
		深究(심구)	학문을 深究하다
		探究(탐구)	진리 探究
		學究(학구)	그는 學究파이다

弔死(조사) : 죽은 사람에 대하여 슬픈 뜻을 표함.

弔使(조사) : 조문(弔問)을 하러 가는 사자(使者).

弔詞(조사) : 조상(弔喪)의 뜻을 표하는 글이나 말.(弔辭)

早死(조사) : =요절(夭折).

助士(조사) : 운전사나 기관사를 돕는 직에 있는 사람.

助事(조사) : 장로교에서 목사를 도와 전도하는 교직.

助射(조사) : 맞힌 화살 수가 같을 때 한 번 더 쏨.

助詞(조사) : 말의 뜻을 도와주는 품사.

徂謝(조사) : 죽어 이 세상을 하직함.

祖師(조사) : 어떤 학파를 처음 세운 사람.

措寫(조사) : 다양한 어휘나 표현을 적절히 사용 묘사.

措辭(조사) : 문자를 선택하거나 배열하는 일.

曹司(조사) : 옛 벼슬 이름.

粗沙(조사) : 토양 입자의 지름 0.5~1mm.(粗砂)

粗絲(조사) : 직경이 1~3mm가 되도록 하여 만든 제품.

造士(조사) : 학문에 통달한 사람.

造寺(조사) : 절을 지음. 釣絲(조사) : =낚싯줄.

朝士(조사) : =조신(朝臣).

朝仕(조사) : 아침마다 으뜸 벼슬아치를 만나 봄.

朝事(조사) : 조정에서 하는 일.

朝事(조사) : 이른 아침에 지내는 제사.(朝祀)

朝使(조사) : 조정의 사신.

朝謝(조사) : 벼슬에 임명된 사람에게 주던 사령장.

朝辭(조사) : =사조(辭朝).

詔使(조사) : 예전에 중국에서 오던 사신.

照射(조사) : 광선이나 방사선 따위를 쬠.

調査(조사) : 사물의 내용을 자세히 살펴보거나 찾아봄.

燥邪(조사) : 병을 일으키는 건조한 사기(邪氣).

繰絲(조사) : 고치나 목화 따위에서 실을 뽑아냄.

白痴

白痴(백치) : 뇌에 장애나 질환이 있어 지능이 아주 낮고 정신이 박약한 것을 말하는데 의학 연구의 발달로 차츰 治療法(치료법)을 개발하는 과정이다.

時越愛 시월애

時越愛(시월애) : 시간을 초월한 사랑이라는 영화 제목처럼 언젠가는 과학 기술의 연구 수준이 시간을 超越(초월)할 수 있지 않을까?

照查(조사) : 대조하여 조사함.

藻思(조사) : 글을 잘 짓는 재주.

| 理工(이공) | ▶ 理(다스릴 리) | 王(玉) | 총획 11 |
| | ▶ 工(장인 공) | 工 | 총획 3 |

理工(이공)은 理學(이학)과 工學(공학)을 통틀어 이르는 말이다. 이학은 물리학, 화학, 천문학, 생물학, 지질학 따위의 自然科學(자연과학)을 통틀어 이르는 말이고, 공학은 工業(공업)의 이론, 기술, 생산 따위를 體系的(체계적)으로 研究(연구)하는 학문이다. 電子(전자), 電氣(전기), 機械(기계), 航空(항공), 土木(토목), 컴퓨터 따위의 여러 分野(분야)가 있다.

理(다스릴 리)는 모양이 비슷한 한자로 里(마을 리), 埋(묻을 매) 등을 들 수 있다.

표제어	활용어 1	활용어 2	응용 용례
理 (리)	理由(이유)		정당한 理由
	理論(이론)		理論을 전개하다
		經理(경리)	經理 부서에서 일하다
		料理(요리)	특별한 料理
		整理(정리)	서류 整理를 하다
		處理(처리)	處理 속도가 빠르다

工(장인 공)은 모양이 비슷한 한자로 土(흙 토), 士(선비 사) 등을 들 수 있다.

표제어	활용어 1	활용어 2	응용 용례
工 (공)	工具(공구)		工具를 정리하다
	工事(공사)		工事가 진행 중이다
	工程(공정)		90%의 工程률
		加工(가공)	加工 식품
		着工(착공)	개발사업 着工
		竣工(준공)	건물이 竣工되다

▣ 필수 한자어

建設工學(건설공학)	建築工學(건축공학)	建築學(건축학)
金屬工學(금속공학)	機械工學(기계공학)	氣象學(기상학)
大氣科學(대기과학)	都市工學(도시공학)	物理學(물리학)
半導體工學(반도체공학)	産業工學(산업공학)	生命科學(생명과학)
生物學(생물학)	數學(수학)	原子核工學(원자핵공학)
遺傳工學(유전공학)	應用科學(응용과학)	應用物理學(응용물리학)
應用化學(응용화학)	人體工學(인체공학)	自然科學(자연과학)
材料工學(재료공학)	電氣工學(전기공학)	電子工學(전자공학)
電子電氣工學(전자전기공학)		
情報通信工學(정보통신공학)	地球科學(지구과학)	
地質學(지질학)	天文學(천문학)	天體學(천체학)
土木工學(토목공학)	統計學(통계학)	通信工學(통신공학)
海洋學(해양학)	化學(화학)	化學工學(화학공학)
環境工學(환경공학)	環境造景學(환경조경학)	環境學(환경학)

▣ 추가 한자어

建築設計學(건축설계학)	機械航空工學(기계항공공학)
産業情報學(산업정보학)	生命遺傳統計學(생명유전통계학)
情報工學(정보공학)	情報技術工學(정보기술공학)
造船海洋工學(조선해양공학)	地球環境工學(지구환경공학)

UNDER CONSTRUCTION
地下鐵工事中
서울 지하철 907공구

地下鐵工事中(지하철공사중) : 땅속에 터널을 파고 부설한 철도를 만드는 중이라는 뜻으로 대도시에서 교통의 혼잡을 완화하고, 빠른 속도로 운행하기 위하여 많이 敷設(부설)하고 있다.

竣工(준공) : 공사를 다 마쳤다는 뜻으로 유의어가 完工(완공)·竣役(준역)·落成(낙성), 반의어로는 着工(착공), 起工(기공) 등을 들 수 있다.

尖端(첨단)	▶ 尖(뾰족할 첨)	小	총획 6
	▶ 端(끝 단)	立	총획 14

尖端(첨단)은 일반적으로 時代思潮(시대사조), 學問(학문), 流行(유행) 따위의 맨 앞장을 말한다. 차세대 첨단기술은 情報技術(정보기술,IT)·生命工學技術(생명공학기술, BT)·에너지 및 環境技術(환경기술, ET)·나노技術(나노기술, NT)·航空宇宙技術(항공우주기술, ST)·文化技術(문화기술, CT) 등을 들 수 있다.

尖(뾰족할 첨)은 모양이 비슷한 한자로 劣(못할 열), 유의어는 銳(날카로울 예)로 함께 쓰이는 경우가 尖銳(첨예)이다.

표제어	활용어 1	활용어 2	응용 용례
尖 (첨)	尖尾(첨미)		뾰족한 물건의 끝 尖尾
	尖兵(첨병)		尖兵이 앞장서다
	尖峰(첨봉)		매우 뾰족한 산봉우리 尖峰
	尖銳(첨예)		尖銳한 대립
		劍尖(검첨)	칼의 끝 劍尖
		舌尖(설첨)	혀 끝 舌尖

端(끝 단)은 모양이 비슷한 한자로 瑞(상서 서)를 들 수 있다.

표제어	활용어 1	활용어 2	응용 용례
端 (단)	端緒(단서)		端緒를 달다
	端裝(단장)		곱게 端裝한 신부
	端整(단정)		端整한 복장
	端雅(단아)		端雅한 여인
		末端(말단)	末端 사원
		發端(발단)	사건의 發端

剪貼板(전첩판)	클립보드(Clipboard)
程序員(정서원)	프로그래머(Programmer)
中央處理單元(중앙처리단원)	중앙처리장치(CPU)
關鍵字(관건자)	키워드(Keyword)
內存(내존)	메모리(Memory)
臭虫(취충)	버그(Bug)
噴墨打印機(분묵타인기)	잉크젯 프린터(Jet Print)
便携式電腦(편휴식전뇌)	휴대용 컴퓨터(Portable Computer)
下載(하재)	다운로드(Download)
顯示器(현시기)	모니터(Monitor)
互聯網(호련망)	인터넷(Internet)
黑客(흑객)	해커(Hacker)
幇助系统(방조계통)	도움말(Help)
電子商務(전자상무)	전자사업(E-Business)
電子信函(전자신함)	이메일(e-mail) 電子信箱
電腦網絡(전뇌망락)	컴퓨터네트워크(Computer Network)
電腦病毒(전뇌병독)	컴퓨터 바이러스(Computer Virus)
盜版(도판)	저작권 침해(Piracy)
經常被問及的問題(경상피문급적문제)	FAQ(Frequently Asked Questions)
虛擬現實(허의현실)	가상현실(Virtual Reality)
視窓98(시창98)	윈도우98(Win98)

網吧(망파) : 중국의 PC방을 일컫는 假借(가차) 문자로 간체자로는 '網吧'라 하는데 100~200대 이상의 컴퓨터가 설치되어야 許可(허가)를 내주어 그 규모가 엄청나다.

全家(전가) : 집안 전체라는 뜻으로 중국의 假借(가차) 문자로 Family Mart를 일컬어 사용하고 있다.

※ 다음 漢字語(한자어) 독음을 쓰시오.(1~9)

(1) 齒科(   )   (2) 技藝(   )

(3) 基準(   )   (4) 冒瀆(   )

(5) 上陸(   )   (6) 誠實(   )

(7) 鑽硏(   )   (8) 經理(   )

(9) 尖銳(   )

※ 다음 밑줄 친 단어에 알맞은 漢字語(한자어)를 쓰시오.(10~18)

(10) 훌륭한 학습(   )태도를 바란다.

(11) 간교한 술수(   )를 부리다.

(12) 자주국방이야말로 국가 안전의 초석(   )이다.

(13) 밀림을 탐험(   )하다.

(14) 만남의 광장(   ).

(15) 풍부한 경험(   )을 쌓다.

(16) 대책을 강구(   )하다.

(17) 건물이 비로소 준공(   )되다.

(18) 그것은 사건의 발단(   )이다.

※ (19) 다음 중 한자의 뜻이 서로 상반되는 것끼리 연결된 것은?

① 試 - 驗   ② 虛 - 實
③ 繪 - 畫   ④ 家 - 屋

※ (20) "한바탕의 봄꿈이라는 뜻으로 헛된 영화나 덧없는 일을 비유적으로 이르는 말"을 뜻하는 四字成語(사자성어)가 아닌 것은?

① 南柯一夢   ② 一場春夢
③ 人生無常   ④ 夢中之人

(20) ④ 夢中之人   (19) ② 虛 - 實   (18) 發端   (17) 竣工   (16) 講究 (15) 經驗   (14) 廣場   (13) 探險   (12) 礎石   (11) 術數   (10) 學習 (9) 첨예   (8) 경리   (7) 찬연   (6) 성실   (5) 상륙   (4) 모독   (3) 기준   (2) 기예   (1) 치과

文化(人文 · 藝術)

1. 古典(고전)　　2. 廣告(광고)　　3. 近代(근대)

4. 券番(권번)　　5. 文化(문화)　　6. 放送(방송)

7. 小說(소설)　　8. 映畫(영화)　　9. 藝能(예능)

古典(고전)	▶ 古(예 고)	口	총획 5
	▶ 典(법 전)	八	총획 8

古典(고전)은 옛날의 儀式(의식)이나 法式(법식)을 말한다. 또는 오랫동안 많은 사람에게 널리 읽히고 模範(모범)이 될 만한 文學(문학)이나 藝術作品(예술작품)을 뜻하기도 한다.

古(예 고)는 모양이 비슷한 한자로 右(오른 우), 石(돌 석), 반의어는 今(이제 금)으로 함께 쓰이는 경우가 古今(고금)이다.

표제어	활용어1	활용어2	응용 용례
古 (고)	古今(고금)		동서古今을 막론하다
	古都(고도)		경주는 신라의 古都이다
	古物(고물)		古物 자동차
	古蹟(고적)		古蹟을 답사하다
	古風(고풍)		古風스런 병풍
		太古(태고)	太古의 신비

典(법 전)은 모양이 비슷한 한자로 曲(굽을 곡), 유의어는 則(법칙 칙)으로 함께 쓰이는 경우가 典則(전칙)이다. 典則(전칙)은 法則(법칙)과 같은 말이다.

표제어	활용어1	활용어2	응용 용례
典 (전)	典據(전거)		근거가 되는 문헌 출처 典據
	典籍(전적)		책을 이르는 말 典籍
	典型(전형)		고뇌하는 인간의 典型이다
		法典(법전)	法典을 읽다
		辭典(사전)	辭典을 편찬하다
		出典(출전)	내용의 出典이 불분명하다

▣ 13 經(경)

易經(역경) = 周易(주역)　　　書經(서경) = 尙書(상서)

詩經(시경) = 毛詩(모시)　　　周禮(주례)

禮記(예기)　　　　　　　　　儀禮(의례)

春秋左氏傳(춘추좌씨전)　　　春秋公羊傳(춘추공양전)

春秋穀梁傳(춘추곡량전)　　　論語(논어)

孝經(효경)　　　　　　　　　爾雅(이아)

孟子(맹자)

▣ 四書(사서)

論語(논어)　　　　　孟子(맹자)　　　　　大學(대학)　　　　　中庸(중용)

▣ 五經(오경)

詩經(시경)　　　　　　　　　書經(서경)　　　　　　　　　易經(역경)

禮記(예기)　　　　　　　　　春秋(춘추)

陶來房(도래방) : 질그릇을 만드는 옹기장이가 오는 집이라는 뜻으로 우리나라 傳統文化(전통문화)의 전형을 볼 수 있다.

靑木袋物店(청목대물점) : 검푸른 물을 들인 무명으로 만든 자루를 파는 가게라는 뜻으로 이 가게는 조상 대대로 전수받은 물품 제작에 대한 자부심이 크다.

2. 廣告 광고

廣告(광고)	▶ 廣(넓을 광)	广	총획 15	약자 広
간체자 广告	▶ 告(고할 고)	口	총획 7	

廣告(광고)는 世上(세상)에 널리 알리는 일을 말한다. 一般的(일반적)으로는 商品(상품)이나 서비스에 대한 情報(정보)를 여러 가지 媒體(매체)를 통하여 消費者(소비자)에게 널리 알리는 意圖的(의도적)인 活動(활동)을 말한다.

廣(넓을 광)은 모양이 비슷한 한자로 擴(넓힐 확), 유의어는 闊(넓을; 트일 활)로 함께 쓰이는 경우가 廣闊(광활)이다.

표제어	활용어1	활용어2	응용 용례
廣 (광)	廣大(광대)		廣大한 공간
	廣場(광장)		만남의 廣場
	廣野(광야)		끝없는 廣野
	廣域(광역)		인천 廣域시
		增廣(증광)	조선시대 임시 과거시험 增廣
		幅廣(폭광)	한 폭의 너비 幅廣

告(고할 고)는 모양이 비슷한 한자로 吉(길할 길), 浩(클 호), 유의어는 報(갚을 ; 알릴 보)로 함께 쓰이는 경우가 報告(보고)이다.

표제어	활용어1	활용어2	응용 용례
告 (고)	告發(고발)		검찰에 告發을 당하다
	告白(고백)		사랑의 告白
	告訴(고소)		검찰에 告訴하다
		警告(경고)	警告를 받다
		公告(공고)	구인 公告를 내다
		豫告(예고)	아무런 豫告도 없다

耕當問奴(경당문노) : 농사일은 의당 머슴에게 물어보아야 한다는 뜻

敬而遠之(경이원지) : 공경하되 가까이하지는 않음.

輕敵必敗(경적필패) : 적을 얕보면 반드시 패함.

權謀術數(권모술수) : 목적 달성을 위한 온갖 모략이나 술책.

明哲保身(명철보신) : 총명하고 사리에 밝아 자기 몸을 보존함.

毛遂自薦(모수자천) : 자기가 자기를 추천함.

伯樂一顧(백락일고) : 명마가 백락을 만나 세상에 알려진다는 뜻

覆車之戒(복거지계) : 남의 실패를 거울삼아 자기를 경계함을 이르는 말.

四面春風(사면춘풍) : 누구에게나 좋게 대하는 일.

三顧草廬(삼고초려) : 인재를 맞아들이기 위하여 참을성 있게 노력함.

首鼠兩端(수서양단) : 구멍에서 머리를 내밀고 나갈까 말까 망설이는 쥐.

身言書判(신언서판) : 예전에, 인물을 선택하는 데 표준으로 삼던 조건.

易地思之(역지사지) : 처지를 바꾸어서 생각하여 봄.

遠交近攻(원교근공) : 먼 나라와 친교를 맺고 가까운 나라를 공격함.

以夷制夷(이이제이) : 오랑캐로 오랑캐를 무찌른다는 뜻

朝三暮四(조삼모사) : 간사한 꾀로 남을 속여 희롱함을 이르는 말.

取捨選擇(취사선택) : 여럿 가운데서 쓸 것은 쓰고 버릴 것은 버림.

太剛則折(태강측절) : 너무 세거나 빳빳하면 꺾어지기가 쉬움.

八方美人(팔방미인) : 여러 방면에 능통한 사람을 비유적으로 이르는 말.

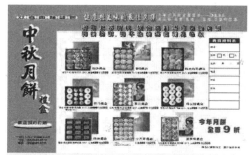

仲秋月餠(중추월병) : 중국 사람들이 秋夕(추석)에 만들어 먹는 둥근 밀가루 과자를 인터넷 쇼핑몰에서 광고하는 내용이다.

抗菌防臭對策(항균방취대책) : 유해한 균에 막거나 고약하고 나쁜 냄새가 풍기지 못하도록 막는 일에 대처할 계획·수단이라는 뜻으로 廣告文(광고문)을 직접 '차량광고'하는 사진이다.

近代(근대)	▶ 近(가까울 근)	辶(辵)	총획 8
	▶ 代(대신 대)	亻(人)	총획 5

　　원래 近代(근대)는 그 중 價値槪念(가치개념)을 나타낼 때, 現代(현대)는 時間槪念(시간개념)을 나타낼 때 사용된다. 엄격히 말하면 근대와 현대는 같은 것이다. 하지만 이 두 개념이 함께 混用(혼용)되어 사용되기에 區分(구분)하기가 어렵다.

　　近(가까울 근)은 모양이 비슷한 한자로 返(돌아올 반), 반의어는 遠(멀 원)으로 함께 쓰이는 경우가 近遠(근원)이다.

표제어	활용어 1	활용어 2	응용 용례
近 (근)	近間(근간)		近間에 잘 지내고 있는지요?
	近郊(근교)		대도시 近郊의 인구
	近況(근황)		요즘 近況을 묻다
		附近(부근)	학교 附近에 건립하다
		隣近(인근)	隣近 도로를 통제하다
		接近(접근)	취재진의 接近이 어렵다

　　代(대신 대)는 모양이 비슷한 한자로 伐(칠 벌)을 들 수 있다.

표제어	활용어 1	활용어 2	응용 용례
代 (대)	代價(대가)		代價를 지불하다
	代身(대신)		모유 代身 우유를 먹이다
	代案(대안)		代案을 제시하다
	代替(대체)		代替 방안
	代行(대행)		청소 代行 업체
		交代(교대)	交代로 일하다

可口可樂(가구가락)　　　코카콜라

公共汽車(공공기차)　　　버스

巧克力(고극력)　　　초콜릿

緊身袴(긴신고)　　　청바지

拉練(납련)　　　지퍼

多士(다사)　　　토스트

摩托車(마탁거)　　　오토바이

迷爾裙(미이군)　　　미니스커트

百事可樂(백사가락)　　　펩시콜라

比薩餅(비살병)　　　피자

三明治(삼명치)　　　샌드위치

速溶咖啡(속용가배)　　　인스턴트커피

手機(수기)　　　핸드폰

數碼相機(수마상기)　　　디지털 카메라

數字激光視盤(수자격광시반)　　　DVD

愛迪生(애적생)　　　에디슨

牛肉餅(우육병)　　　햄버거

威士忌(위사기)　　　위스키

電腦(전뇌)　　　컴퓨터

電視(전시)　　　TV

電影(전영)　　　영화

傳眞(전진)　　　팩스

紙牌戲(지패희)　　　포커

出租汽車(출조기차)/的士(적사)　　　택시

都市로 간 處女(도시도 간 처녀) : 도시로 간 결혼하지 아니한 성년 여자라는 영화 제목으로 우리나라의 近代化(근대화)의 한 측면을 볼 수 있다.

主流美髮工作室(주류미발공작실) : 강물 따위의 원줄기가 되는 큰 흐름이라는 상호 명칭을 가진 의 美粧院(미장원)을 뜻하는데 다소 허름하지만 손님이 끊임없이 몰려오고 있다.

券番(권번)	▶ 券(문서 권)	刀	총획 8
간체자 券番	▶ 番(차례 번)	田	총획 12

券番(권번)은 日帝强占期(일제강점기)에, 妓生(기생)들의 組合(조합)을 이르던 말로 당대의 미인들이었다. 미인의 유의어는 美女(미녀), 美姬(미희), 佳人(가인), 僑人(교인), 曼姬(만희), 名花(명화), 璧人(벽인), 蜂腰(봉요), 仙子(선자), 纖腰(섬요), 阿嬌(아교), 女色(여색), 麗質(여질), 尤物(우물), 一色(일색), 絶色(절색), 再顧(재고), 天人(천인), 靑蛾(청아), 楚腰(초요), 紅裙(홍군), 解語花(해어화), 細腰(세요) 등을 들 수 있다.

券(문서 권)은 모양이 비슷한 한자로 卷(책 권), 拳(주먹 권), 유의어는 狀(문서 장)으로 함께 쓰이는 경우가 券狀(권장)이다. 券狀(권장)은 證書(증서)와 같은 말이다.

표제어	활용어 1	활용어 2	응용 용례
券 (권)	券面(권면)		증권의 액수를 기록하는 券面
		發券(발권)	승차권 發券 업무
		福券(복권)	福券이 당첨되다
		旅券(여권)	旅券을 발급받다
		證券(증권)	證券을 발행하다
		債券(채권)	債券 업무

番(차례 번)은 모양이 비슷한 한자로 留(머무를 류)를 들 수 있다.

표제어	활용어 1	활용어 2	응용 용례
番 (번)	番外(번외)		番外 경기가 시작되다
	番地(번지)		番地수를 잘못 찾다
	番號(번호)		비밀 番號를 누르다
		缺番(결번)	전화번호가 缺番이다
		局番(국번)	局番 없이 114
		每番(매번)	每番 늦게 오다

佳人薄命(가인박명) : 미인은 불행하거나 병약하여 요절하는 일이 많음.

                   =美人薄命(미인박명)

綠鬢紅顔(녹빈홍안) : 윤이 나는 검은 귀밑머리와 발그레한 얼굴이라는 뜻.

丹脣皓齒(단순호치) : 붉은 입술과 하얀 치아라는 뜻. = 朱脣皓齒(주순호치)

明眸皓齒(명모호치) : 맑은 눈동자와 흰 이라는 뜻으로 미인의 모습을 이르는 말.

無比一色(무비일색) : 비길 데 없이 아주 뛰어난 미인.

氷肌玉骨(빙기옥골) : 살결이 맑고 깨끗한 미인을 비유적으로 이르는 말.

仙姿玉質(선자옥질) : 신선의 자태에 옥의 바탕이라는 뜻

窈窕淑女(요조숙녀) : 말과 행동이 품위가 있으며 얌전하고 정숙한 여자.

月宮姮娥(월궁항아) : 견줄 만한 사람이 없을 정도로 아름다운 여자를 비유적으로 이르는 말.

天下一色(천하일색) : 세상에 드문 아주 뛰어난

    미인. = 天下絶色(천하절색)

紅顔薄命(홍안박명) : 얼굴이 예쁜 여자는 팔자

    가 사나운 경우가 많음을 이르는 말.

傾國之色(경국지색) = 傾城之美(경성지미)

               = 傾城之色(경성지색)

               = 一顧傾國(일고경국)

               = 一顧傾城(일고경성)

絶代佳人(절대가인) = 絶世佳人(절세가인)

               = 絶世美人(절세미인)

(金容50호) Dancing of Keesan. 裝 舞 の 生 妓〔俗風鮮朝〕

妓生舞裝(기생무장) : 일제 시대 기생의 춤사위 때 입는 옷차림으로, 당시 가장 유명한 기생학교가 〈평양기생학교〉로 배우는 과목이 다양했으며 매 학기마다 기말시험의 성적을 평가하여 留級(유급)하는 학생도 많았다고 한다.

官妓集會(관기집회) : 궁중 또는 관청에 속하여 歌舞(가무), 기악 따위를 하던 妓生(기생)을 말하는데 노비 해방 이후에는 일제 시대 권번의 초창기 중심적 역할을 하였다.

文化(문화)	▶ 文(글월 문)	文	총획 4
	▶ 化(될 화)	匕	총획 4

文化(문화)는 自然狀態(자연 상태)에서 벗어나 一定(일정)한 目的(목적) 또는 生活(생활) 理想(이상)을 實現(실현)하고자 社會(사회) 構成員(구성원)에 의하여 習得(습득), 共有(공유), 傳達(전달)되는 行動樣式(행동양식)이나 생활양식의 過程(과정) 및 그 과정에서 이룩하여 낸 物質的(물질적)·精神的(정신적) 所得(소득)을 통틀어 이르는 말이다.

文(글월 문)은 모양이 비슷한 한자로 又(또 우), 유의어는 章(글 장)으로 함께 쓰이는 경우가 文章(문장)이다.

표제어	활용어 1	활용어 2	응용 용례
文 (문)	文庫(문고)		이 책의 판형은 文庫판이다
	文具(문구)		文具점에서 사다
	文物(문물)		외국 文物을 들여오다
	文藝(문예)		文藝 잡지를 읽다
	文集(문집)		文集을 발간하다
		序文(서문)	序文을 먼저 읽다
		漢文(한문)	〈금오신화〉는 漢文소설이다

化(될 화)는 모양이 비슷한 한자로 比(견줄 비), 北(북녘 북) 등을 들 수 있다.

표제어	활용어 1	활용어 2	응용 용례
化 (화)	化石(화석)		化石을 연구하다
		強化(강화)	국제 경쟁력 強化
		敎化(교화)	불량소년을 敎化하다
		歸化(귀화)	한국으로 歸化하다
		美化(미화)	환경 美化
		深化(심화)	深化 학습문제를 풀다
		弱化(약화)	국력의 弱化

文化摩擦(문화마찰) : 서로 다른 문화가 접촉하면 사람들은 저마다 자기 문화의 규준으로
서로 오해와 마찰이 생겨나는 일을 말한다.

文化變容(문화변용) : 독립된 문화를 지닌 둘 이상의 사회가 오랜 동안에 걸친 직접적인 접
촉에 의해 한쪽 또는 양쪽의 문화체계에 변화가 일어나는 현상을 말한다.

文化變化(문화변화) : 사회와 문화체계가 변화하는 일이며, 내부 요인에 자연환경의 변화,
경제적 요인, 인구요인 등이 있고, 외부 요인은 외부문화로부터 다른 문화요소의 전
파에 의한 변화 요인이 있다.

文化相對主義(문화상대주의) : 어떤 문화든 저마다 독자적인 발전을 이루어 왔으며, 이러한
문화에 대하여 특정한 입장에서 다른 문화의 우열을 결정하는 것은 올바르지 않다고
주장하는 견해이다.

文化領域(문화영역) : 주민이 같은 계통의 언어·생리학적 조건(자연환경)·경제·종교 등의
많은 것을 공유하는 경우, 그 지역을 가리켜 문화영역이라 한다.

文化類型(문화유형) : 특정한 문화에 공유되는 속성으로서, 문화의 특색을 나타내는 개념
이다.

文化接觸(문화접촉) : 2개 이상의 다른 문화적 접촉을 말한다. 문화접촉은 다른 문화를 지
닌 사람들의 접촉에 의한 경우와, 직접적인 인간의 접촉 없이 전파에 의해 접촉하는
경우가 있다.

文化進化(문화진화) : 문화진화론은 모든 문화는 저차원에서 고차원으로 직선적으로 같은
단계를 더듬어 진화한다는 말이다.

癸酉(계유) : 육십갑자의 열 번째에 해당되는 干支(간지)를
말하는데 이러한 간지를 통해 四柱八字(사주팔자)로 命理
學(명리학)까지 나아갈 수 있다.

伽倻山海印寺(가야산해인사) : 가야산은 경남 합천군
에 있는 산으로, 禪敎(선교) 양종의 본산이며 修多羅
殿(수다라전)·法寶殿(법보전)에 8만 1,258매의 대장경
경판을 소장하고 있는 해인사가 있다.

6. 放送 방송

放送(방송)	▶ 放(놓을 방)	攵(攴)	총획 8
	▶ 送(보낼 송)	辶(辵)	총획 10

　放送(방송)은 라디오나 텔레비전을 통하여 널리 듣고 볼 수 있도록 音聲(음성)이나 映像(영상)을 電波(전파)로 내보내는 일이다. 特定(특정) 地域(지역)을 對象(대상)으로 有線(유선)으로 행하는 것을 包含(포함)하기도 한다.

　放(놓을 방)은 모양이 비슷한 한자로 政(정사 정), 效(본받을 효), 유의어는 釋(풀 석)으로 함께 쓰이는 경우가 釋放(석방)이다.

표제어	활용어1	활용어2	응용 용례
放 (방)	放課(방과)		放課 후에 만나다
	放流(방류)		저수지 물의 放流
	放免(방면)		불기소로 放免되다
	放映(방영)		드라마 放映이 취소되다
		開放(개방)	등산로를 開放하다
		解放(해방)	과중한 업무에서 解放되다

　送(보낼 송)은 모양이 비슷한 한자로 途(길 도), 逆(거스릴 역), 유의어는 輸(보낼 수)로 함께 쓰이는 경우가 輸送(수송)이다.

표제어	활용어1	활용어2	응용 용례
送 (송)	放送達(송달)		우편물 送達이 늦어지다
	放送別(송별)		送別회를 열다
	放送還(송환)		포로를 送還하다
		返送(반송)	우편물이 返送되다
		發送(발송)	공문을 發送하다
		配送(배송)	配送비는 무료

▣ 필수 한자어

可視聽地域(가시청지역)	脚本(각본)	脚色(각색)
檢閱(검열)	公營放送(공영방송)	廣告(광고)
規制(규제)	記事廣告(기사광고)	企劃(기획)
錄音(녹음)	錄畵(녹화)	論評(논평)
大衆媒體(대중매체)	大衆文化(대중문화)	獨寡占言論(독과점언론)
媒體(매체)	無效畵面(무효화면) NG	民營放送(민영방송)
發掘報道(발굴보도)	放送衛星(방송위성)	變調(변조)
報道(보도)	扮裝(분장)	事前檢閱(사전검열)
煽情(선정)	煽情性(선정성)	訴求(소구)
續報(속보)	速報(속보)	送信(송신)
送出(송출)	時事(시사)	視聽率(시청률)
視聽者(시청자)	映像(영상)	映畵(영화)
誤報(오보)	歪曲(왜곡)	猥褻(외설)
外信(외신)	著作權(저작권)	造作(조작)
中繼(중계)	聽取(청취)	撮影(촬영)
撮影監督(촬영감독)	取材(취재)	探訪(탐방)
通信衛星(통신위성)	特輯(특집)	特派員(특파원)
編成(편성)	偏重(편중)	編輯(편집)
暴露(폭로)	弘報(홍보)	

▣ 추가 한자어

高速撮影(고속촬영)	公營(공영)	國營放送(국영방송)
局面(국면) 시퀀스	言論自由(언론자유)	衛星放送(위성방송)
有線放送(유선방송)	淫亂(음란)	匿名(익명)
場面化(장면화) 미장센	電波越境(전파월경)	周波數(주파수)

情人(정인) : 남몰래 정을 통하는 남녀 사이에서 서로를 이르는 말로 방송 드라마의 주된 主題(주제) 중의 하나가 남녀의 사랑 이야기이다.

茶母(다모) : 원래 조선 시대에, 京各司(경각사)에 속하여 차를 끓여 대는 일을 맡아 하던 여자라는 뜻으로 한때 인기를 누렸던 방송된 프로그램이다.

7. 小說 소설

小說(소설)	▶ 小(작을 소)	小	총획 3
간체자 小说	▶ 說(말씀 설)	言	총획 14

小說(소설)은 事實(사실) 또는 作家(작가)의 想像力(상상력)에 바탕을 두고 虛構的(허구적)으로 이야기를 꾸며 나간 散文體(산문체)의 文學樣式(문학양식)이다. 分量(분량)에 따라 長篇(장편)·中篇(중편)·短篇(단편)으로 區分(구분)할 수 있다.

小(작을 소)는 모양이 비슷한 한자로 少(적을 소), 반의어는 大(큰 대)로 함께 쓰이는 경우가 大小(대소)이다.

표제어	활용어 1	활용어 2	응용 용례
小 (소)	小麥(소맥)		小麥분이 함유되어있다
	小兒(소아)		小兒과 의사
	小型(소형)		小型 라디오
		極小(극소)	極小량도 위험하다
		縮小(축소)	縮小 복사를 하다
		狹小(협소)	공간이 狹小하다

說(말씀 설)은 모양이 비슷한 한자로 設(베풀 설), 脫(벗을 탈), 유의어는 話(말씀 화)로 함께 쓰이는 경우가 說話(설화)이다.

표제어	활용어 1	활용어 2	응용 용례
說 (설)	說敎(설교)		목사의 說敎를 듣다
	說得(설득)		아버지를 說得하다
	說明(설명)		說明문과 논설문
		假說(가설)	假說을 검증하다
		浪說(낭설)	浪說을 퍼뜨리다
		社說(사설)	신문 社說

假傳體小說(가전체소설) 　家庭小說(가정소설)

家族史小說(가족사소설) 　空想科學小說(공상과학소설)

空想小說(공상소설) 　恐怖怪奇小說(공포괴기소설)

觀念小說(관념소설) 　怪奇小說(괴기소설)

教養小說(교양소설) 　教訓小說(교훈소설)

軍談小說(군담소설) 　浪漫主義小說(낭만주의소설)

農村小說(농촌소설) 　短篇小說(단편소설)

大河小說(대하소설 　明朗小說(명랑소설)

夢字小說(몽자소설) 　寫實主義小說((사실주의소설)

社會小說(사회소설) 　庶民小說(서민소설)

成長小說(성장소설) 　市人小說(시인소설)

新小說(신소설) 　心理小說(심리소설)

惡黨小說(악당소설) 　惡漢小說(악한소설, 피카레스크)

額子小說(액자소설) 　歷史小說(역사소설)

戀愛小說(연애소설) 　艶情小說(염정소설)

英雄小說(영웅소설) 　掌篇小說(장편소설)

長篇小說(장편소설) 　傳記小說(전기소설)

志怪小說(지괴소설) 　超現實主義小說(초현실주의소설)

諷刺小說(풍자소설) 　漢文小說(한문소설)

諧謔小說(해학소설) 　虛構小說(소설)

現代小說(현대소설) 　現實小說(현실소설)

後期近代主義小說(근대주의소설, 포스트모더니즘소설)

復活(부활) : 제정 러시아의 소설가 톨스토이가 지은 長篇小說(장편소설)로, 주인공은 네플류도프 공작과 카추샤로 종교적인 사랑에 의하여 부활한다는 내용으로 당시 러시아의 부정과 허위를 날카롭게 파헤친 1899년 발표된 걸작이다.

失樂園(실낙원) : 1667년에 발표된 영국의 시인 밀턴이 지은 大敍事詩(대서사시)로, 기독교적인 이상주의와 청교도적인 세계관을 반영하고 있다. 이 책의 제목을 따온 영화 제목도 '실낙원'이다.

映畵(영화)	▶ 映(비칠 영)	日	총획 9	
간체자 映画	▶ 畵(그림 화)	田	총획 13	약자 画

映畵(영화)는 連續(연속) 撮影(촬영)한 필름을 連續(연속)으로 映寫幕(영사막)에 비추어, 物件(물건)의 모습이나 움직임을 實際(실제)와 같이 再現(재현)하여 보이는 것을 말한다.

映(비칠 영)은 모양이 비슷한 한자로 殃(재앙 앙)을 들 수 있다.

표제어	활용어1	활용어2	응용 용례
映 (영)	映寫(영사)		映寫 작업을 하다
	映像(영상)		映像 매체를 이용하다
		反映(반영)	현실의 反映
		放映(방영)	연속 放映하다
		上映(상영)	上映시간이 길다
		終映(종영)	너무 일찍 終映되다

畵(그림 화)는 모양이 비슷한 한자로 書(글 서), 晝(낮 주), 유의어는 圖(그림 도)로 함께 쓰이는 경우가 圖畵(도화)이다.

표제어	활용어1	활용어2	응용 용례
畵 (화)	畵家(화가)		유명한 畵家의 그림
	畵面(화면)		畵面이 선명하다
	畵室(화실)		畵室에서 그림을 그리다
	畵幅(화폭)		가을 풍경을 畵幅에 담다
		錄畵(녹화)	錄畵 중계
		揷畵(삽화)	揷畵를 추가하다

救命宣言(구명선언)　　　金枝玉葉(금지옥엽)
浪漫暴風(낭만폭풍)　　　唐山大兄(당산대형)
大道無門(대도무문)　　　獨孤九劍(독고구검)
東方不敗(동방불패)　　　東方三俠(동방삼협)
東邪西毒(동사서독)　　　漏眼煞星(루안살성)
死亡遊戲(사망유희)　　　西臟小子(서장소자)
愛情萬歲(애정만세)　　　女人四十(여인사십)
熱血男兒(열혈남아)　　　英雄本色(영웅본색)
英雄好漢(영웅호한)　　　臥虎長龍(와호장룡)
妖獸都市(요수도시)　　　龍兄虎弟(용형호제)
飲食男女(음식남녀)　　　縱橫四海(종횡사해)
重慶森林(중경삼림)　　　中華英雄(중화영웅)
至尊愛林(지존애림)　　　天女幽魂(천녀유혼)
天長之久(천장지구)　　　天下無敵(천하무적)
天下第一(천하제일)　　　喋血街頭(첩혈가두)
喋血雙雄(첩혈쌍웅)　　　最街拍撞(최가박당)
墮落天使(타락천사)　　　覇道女俠(패도여협)
覇王別姬(패왕별희)　　　花樣年華(화양연화)
幻影特功(환영특공)　　　黑馬王子(흑마왕자)

椿姬(춘희) : 프랑스의 소설가 뒤마가 지어 1848년에 발표한 장편 연애 소설로, 늘 동백꽃을 달고 있는 병든 娼婦(창부) 마르그리트(Margueritte)와 靑年(청년) 아르망(Armand)의 비극적 사랑을 그린 작품이다. 이를 영화로 만들어 제목도 그대로 따왔다.

絶讚上映中(절찬상영중) : 지극히 칭찬받고 있는 영화를 극장에서 映寫(영사)하여 공개하는 중이라는 뜻으로 영화의 弘報(홍보) 수단 중의 하나이다.

| 藝能(예능) | ▶ 藝(재주 예) | ++(艸) | 총획 19 | 약자 芸 |
| 간체자 艺能 | ▶ 能(능할 능) | 月(宍) | 총획 10 | |

藝能(예능)은 재주와 技能(기능)을 아울러 이르는 말이다. 일반적으로 演劇(연극), 映畵(영화), 音樂(음악), 美術(미술) 따위의 藝術(예술)과 關聯(관련)된 能力(능력)을 통틀어 이르는 말이다.

藝(재주 예)는 모양이 비슷한 한자로 熱(더울 열), 勢(형세 세), 유의어는 技(재주 기)로 함께 쓰이는 경우가 技藝(기예)이다.

표제어	활용어 1	활용어 2	응용 용례
藝 (예)	藝術(예술)		藝術 작품을 감상하다
		曲藝(곡예)	曲藝를 펼치다
		陶藝(도예)	陶藝 작품
		文藝(문예)	文藝 잡지를 창간하다
		書藝(서예)	書藝를 배우다
		演藝(연예)	演藝부 기자

能(능할 능)은 모양이 비슷한 한자로 態(모양 태), 熊(곰 웅)등을 들 수 있다.

표제어	활용어 1	활용어 2	응용 용례
能 (능)	能力(능력)		업무처리 能力
	能率(능률)		能率을 올리다
	能熟(능숙)		이 일에 能熟하다
		可能(가능)	통화 可能지역
		技能(기능)	技能을 연마하다
		才能(재능)	才能을 발휘하다

▣ 필수 한자어

假面(가면)	假面劇(가면극)	監督(감독)
感情移入(감정이입)	公演(공연)	觀客(관객)
劇作家(극작가)	劇場(극장)	獨白(독백)
牧歌(목가)	舞臺(무대)	舞臺裝置(무대장치)
舞踊(무용)	舞踊手(무용수)	民俗劇(민속극)
不條理(부조리)	悲劇(비극)	批評家(비평가)
性格創造(성격창조)	巡廻公演(순회공연)	身體訓練(신체훈련)
心理分析(심리분석)	演出(연출)	藝術(예술)
猥藝(외설)	遠近(원근)	衣裳(의상)
轉換(전환)	製作(제작)	製作過程(제작과정)
指示(지시)	特殊(특수)	評論(평론)
表現(표현)	弘報(홍보)	話法(화법)
戲曲(희곡)	喜劇(희극)	喜悲劇(희비극)

▣ 추가 한자어

國立劇團(국립극단)	裸體(나체)	導入(도입)
想像力(상상력)	象徵(상징)	性格(성격)
人形劇(인형극)	入場料(입장료)	作業(작업)

藝鄕(예향) : 예술을 즐기는 사람이 많고 예술가를 많이 배출한 고을이라는 뜻으로 대표적인 예향의 도시는 전주·광주·진주·충주 등을 들 수 있다.

藝苑(예원) : 예술가들의 사회를 아름답게 이르는 말로 '藝'의 약자가 바로 '芸'이다.

※ 다음 漢字語(한자어) 독음을 쓰시오.(1~9)

(1) 古蹟(　　　)　　(2) 廣域(　　　)

(3) 隣近(　　　)　　(4) 旅券(　　　)

(5) 文物(　　　)　　(6) 放課(　　　)

(7) 縮小(　　　)　　(8) 反映(　　　)

(9) 演藝(　　　)

※ 다음 밑줄 친 단어에 알맞은 漢字語(한자어)를 쓰시오.(10~18)

(10) 그 내용의 출전(　　　)이 불분명하다.

(11) 검찰에 고발(　　　)을 당하다.

(12) 청소 대행(　　　)업체.

(13) 전화번호가 결번(　　　)이다.

(14) 한국으로 귀화(　　　)하다.

(15) 우편물이 반송(　　　)되다.

(16) 터무니없는 낭설(　　　)을 듣다.

(17) 유명한 화가(　　　)의 그림이다.

(18) 업무처리 능력(　　　)이 누구보다 뛰어나다.

※ (19) 다음 중 한자의 뜻이 서로 같은 것끼리 연결된 것은?

① 株 – 式　　② 輿 – 論

③ 說 – 話　　④ 環 – 境

※ (20) "이제까지 들어본 적이 없는 일"을 뜻하는 四字成語(사자성어)를 고르시오.

① 前代勿聞　② 前代未聞

③ 前代無事　④ 後代未聞

(16) 浪說 (17) 畵家 (18) 能力 (19) ③ 說 – 話 (20) ② 前代未聞
(9) 연예 (10) 出典 (11) 告發 (12) 代行 (13) 缺番 (14) 歸化 (15) 返送
(1) 고적 (2) 광역 (3) 인근 (4) 여권 (5) 문물 (6) 방과 (7) 축소 (8) 반영

健康(醫療·體育)

1. 健康(건강) 　　2. 奉仕(봉사) 　　3. 選手(선수)

4. 野球(야구) 　　5. 運動(운동) 　　6. 醫師(의사)

7. 長壽(장수) 　　8. 疾病(질병) 　　9. 體力(체력)

健康(건강)	▶ 健(굳셀 건)	イ(人)	총획 11
	▶ 康(편안할 강)	广	총획 11

健康(건강)은 精神的(정신적), 肉體的(육체적)인 異常(이상)의 有無(유무)를 主眼(주안)으로 본 몸의 狀態(상태)를 말한다. 즉, 몸에 탈이 없고 튼튼함을 이르는 말이다.

健(굳셀 건)은 모양이 비슷한 한자로 建(건)을 들 수 있다.

표제어	활용어 1	활용어 2	응용 용례
健 (건)	健勝(건승)		健勝을 기원하다
	健實(건실)		그는 健實한 사람이다
	健兒(건아)		대한의 健兒
	健鬪(건투)		健鬪를 빌다
		保健(보건)	保健 시설이 미비하다
		穩健(온건)	穩健파와 급진파

康(편안할 강)은 모양이 비슷한 한자로 慶(경사 경), 庚(별 경) 등을 들 수 있다.

표제어	활용어 1	활용어 2	응용 용례
康 (강)	康健(강건)		康健한 인물
	康寧(강녕)		康寧하십시오
	康福(강복)		부모님께 康福
		健康(건강)	정신 健康이 더 중요하다
		萬康(만강)	매우 편안함 萬康
		安康(안강)	평안하고 건강함 安康

冲年(충년) : 10대	志學(지학) : 15세
瓜年(과년) : 16세	弱冠(약관) : 20세
芳年(방년) : 20세	而立(이립) : 30세
二毛(이모) : 32세	不惑(불혹) : 40세
桑年(상년) : 48세	知天命(지천명) : 50세
耳順(이순) : 60세	回甲(회갑) : 61세
古稀(고희) : 70세	從心(종심) : 70세
耄耋(모질) : 70~80세	喜壽(희수) : 77세
傘壽(산수) : 80세	望九(망구) : 81세
米壽(미수) : 88세	卒壽(졸수) : 90세
望百(망백) : 91세	白壽(백수) : 99세
期壽(기수) : 100세	

大衆食事(대중식사) : 식당에서 많은 사람을 위하여 만들어 공급하는 식사를 말하는데 먹을거리에 대한 認識(인식)이 건강의 시작이다.

健康一番(건강일번) : 건강이 최우선이라는 뜻으로 적절한 운동과 식생활로 풍요로운 삶의 전제 條件(조건)이 건강한 삶이 되어야 한다.

2. 奉仕 봉사

奉仕(봉사)	▶ 奉(받들 봉)	大	총획 8
	▶ 仕(벼슬할 사)	亻(人)	총획 5

奉仕(봉사)는 國家(국가)나 社會(사회) 또는 남을 위하여 自身(자신)을 돌보지 않고 애쓰는 것을 말한다. 또는 商人(상인)이 손님에게 헐값으로 物件(물건)을 파는 것을 意味(의미)하기도 한다.

奉(받들 봉)은 모양이 비슷한 한자로 俸(녹 봉), 奏(아뢸 주) 등을 들 수 있다.

표제어	활용어 1	활용어 2	응용 용례
奉 (봉)	奉命(봉명)		윗사람의 명령을 받드는 奉命
	奉安(봉안)		神主를 받들어 모심
	奉養(봉양)		부모님을 奉養하다
	奉祝(봉축)		奉祝 행사
	奉獻(봉헌)		奉獻 행사
		信奉(신봉)	교리를 信奉한다

仕(벼슬할 사)눈 모양이 비슷한 한자로 任(맡길 임), 士(선비 사) 등을 들 수 있다.

표제어	활용어 1	활용어 2	응용 용례
仕 (사)	仕途(사도)		벼슬길 仕途
	仕進(사진)		근무지로 출근하는 仕進
	仕退(사퇴)		사무를 마치고 파하는 仕退
		求仕(구사)	벼슬을 구하는 求仕
		給仕(급사)	회사에서 給仕노릇을 하다
		奉仕(봉사)	자원 奉仕 활동

孤兒院奉仕活動(고아원봉사활동)

勤勞奉仕活動(근로봉사활동)

給食奉仕活動(급식봉사활동)

基地村奉仕活動(기지촌봉사활동)

老人奉仕活動(노인봉사활동)

農村奉仕活動(농촌봉사활동)

獨居老人奉仕活動(독거노인봉사활동)

保健奉仕活動(보건봉사활동)

保育院奉仕活動(보육원봉사활동)

福祉館(복지관봉사활동)

貧民村奉仕活動(빈민촌봉사활동)

宣敎奉仕活動(선교봉사활동)

少年小女家長奉仕活動(소년소녀가장봉사활동)

水災民奉仕活動(수재민봉사활동)

手話奉仕活動(수화봉사활동)

養老院奉仕活動(양로원봉사활동)

醫療奉仕活動(의료봉사활동)

理髮奉仕活動(이발봉사활동)

自願奉仕活動(자원봉사활동)

障碍人奉仕活動(장애인봉사활동)

再活院奉仕活動(재활원봉사활동)

海外奉仕活動(해외봉사활동)

獻血奉仕活動(헌혈봉사활동)

環境奉仕活動(환경봉사활동)

眞心話(진심화) : 진심으로 말한다는 뜻으로 '眞'의 약자가 '真'으로 쓰이는데, 봉사 활동도 假飾的(가식적)인 언행이 아닌 마음에 우러나는 행위이어야 할 듯하다.

盲人用押(맹인용압) : 눈먼 사람이 사용하는 누르는 단추를 가리키는 말로 신호등의 音聲(음성) 안내 단추를 말한다.

3. 選手 선수

選手(선수)	▶ 選(가릴 선)	辶(辵)	총획 16
간체자 选手	▶ 手(손 수)	手	총획 4

選手(선수)는 運動競技(운동경기)나 技術(기술) 따위에서, 技倆(기량)이 뛰어나 많은 사람 가운데에서 代表(대표)로 뽑힌 사람이다. 또는 스포츠를 職業(직업)으로 하는 사람을 말한다. 어떤 일을 能熟(능숙)하게 하거나 버릇으로 자주 하는 사람을 比喩的(비유적)으로 이르기도 한다.

選(가릴 선)은 모양이 비슷한 한자로 遣(보낼 견), 遺(남길 유), 유의어는 擇(가릴 택)으로 함께 쓰이는 경우가 選擇(선택)이다.

표제어	활용어1	활용어2	응용 용례
選 (선)	選擧(선거)		대통령 選擧
	選曲(선곡)		노래를 選曲하다
	選拔(선발)		미스코리아 選拔 대회
	選好(선호)		남아 選好사상
		決選(결선)	연말 決選 대회
		當選(당선)	當選이 확실시 되다

手(손 수)는 모양이 비슷한 한자로 毛(터럭 모), 반의어는 足(발 족)으로 함께 쓰이는 경우가 手足(수족)이다.

표제어	활용어1	활용어2	응용 용례
手 (수)	手巾(수건)		手巾을 땀을 닦다
	手段(수단)		手段과 방법을 가리지 않다
	手術(수술)		맹장 手術
	手製(수제)		이 신발은 手製화이다
		擧手(거수)	擧手 경례를 하다
		握手(악수)	握手를 나누다

橄欖球(감람구)	럭비	擊劍(격검)	펜싱
競走(경주)	경주	高爾夫球(고이부구)	골프
曲棍球(곡곤구)	필드하키	拳擊(권격)	권투
騎術(기술)	마술경기	籃球(남구)	농구
排球(배구)	배구	保齡球(보령구)	볼링
棒球(봉구)	야구	体操(체조)	체조
氷球運動(빙구운동)	아이스하키	摔跤(솔교)	레슬링
水球(수구)	수구	手球(수구)	핸드볼
英式足球(영식족구)	축구	羽毛球(우모구)	배드민턴
柔道(유도)	유도	游水(유수)	수영
足球(족구)	축구	乒乓球(병병구)	탁구
快艇(쾌정)	요트	台球(태구)	당구
跆拳道(태권도)	태권도	板球(판구)	크리켓
現代五項運動(현대오항운동)	근대5종경기		

賣票所(매표소) : 차표나 入場券(입장권) 따위의 표를 파는 곳이라는 뜻으로 운동선수들의 경기를 보기 위해 꼭 거쳐야 하는 곳이기도 하다.

中華料理(중화요리) : 주로 돼지고기와 기름을 많이 쓰는 것이 특징인 중국 고유의 요리를 말하는데, 운동선수들이 좋아하는 요리 중에 하나가 糖水肉(탕수육)이라고 한다.

4. 野球 야구

野球(야구)	▶ 野(들 야)	里	총획 11
	▶ 球(공 구)	王(玉)	총획 11

野球(야구)는 9명씩으로 이루어진 두 팀이 9회씩 攻擊(공격)과 守備(수비)를 번갈아 하며 勝敗(승패)를 겨루는 球技種目(구기종목)을 말한다. 공격하는 쪽은 相對便(상대편) 投手(투수)가 던진 공을 배트(bat)로 치고 1, 2, 3루를 돌아 本壘(본루)로 돌아오면 1점을 얻는다.

野(들 야)는 모양이 비슷한 한자로 豫(미리 예)를 들 수 있다.

표제어	활용어 1	활용어 2	응용 용례
野 (야)	野望(야망)		野望을 품다
	野蠻(야만)		野蠻적 행위
	野獸(야수)		미녀와 野獸
	野外(야외)		野外 결혼식이 열리다
		廣野(광야)	끝없는 廣野
		分野(분야)	경제 分野의 전문가
		視野(시야)	視野가 탁 트이다

球(공 구)는 모양이 비슷한 한자로 求(구할 구), 救(구원할 구) 등을 들 수 있다.

표제어	활용어 1	활용어 2	응용 용례
球 (구)	球技(구기)		球技 종목에 강세를 보이다
	球團(구단)		球團장의 횡포
	球場(구장)		球場을 가득 메운 관중
		籠球(농구)	籠球 선수 '허재'
		配球(배구)	配球경기를 시작하다
		電球(전구)	電球를 갈아 끼우다
		蹴球(축구)	월드컵 蹴球의 열기

監督(감독)	强打者(강타자)	降版(강판)
攻擊(공격)	攻擊妨害(공격방해)	球團(구단)
球審(구심)	救援投手(구원투수)	內野(내야)
內野手(내야수)	壘審(누심)	多勝(다승)
代走者(대주자)	代打者(대타자)	盜壘(도루)
得點(득점)	登板(등판)	壘上(누상)
無死(무사)	無勝負(무승부)	反則(반칙)
防禦率(방어율)	變化球(변화구)	倂殺打(병살타)
保護用具(보호용구)	本壘(본루)	本壘打(본루타)
四球(사구)	死球(사구)	死四球(사사구)
三冠王(삼관왕)	三重殺(삼중살)	三振(삼진)
線審(선심)	先行走者(선행주자)	速球(속구)
送球(송구)	守備(수비)	守備妨害(수비방해)
勝率(승률)	試合球(시합구)	新人選手(신인선수)
審判(심판)	安打(안타)	安打律(안타율)
野球場(야구장)	野手(야수)	野手選擇(야수선택)
完封(완봉)	完全競技(완전경기)	完投(완투)
外野(외야)	外野手(외야수)	右翼手(우익수)
遊擊手(유격수)	自責點(자책점)	長打(장타)
戰術(전술)	左翼手(좌익수)	走者(주자)
指名打者(지명타자)	直球(직구)	打擊(타격)
打球(타구)	打法(타법)	打者(타자)
打點(타점)	退場(퇴장)	投球(투구)
投手(투수)	投手力(투수력)	投手板(투수판)
敗戰鬪手(패전투수)	捕手(포수)	暴投(폭투)
幸運安打(행운안타)	犧牲打(희생타)	

運動先鋒(운동선봉) : 사람이 몸을 단련하거나 건강을 위하여 몸을 움직이는 일에 맨 앞에 선다는 뜻으로 중국의 나이키 선전 문구로 簡體字(간체자)로 '运动先锋'라고 쓴다.

化粧室(화장실) : 원래의 뜻은 화장하는 데 필요한 設備(설비)를 갖추어 놓은 방이지만 '변소'를 달리 이르는 말이다.

5. 運動 운동

運動(운동)	▶ 運(옮길 운)	辶_(辵)	총획 13
간체자 运动	▶ 動(움직일 동)	力	총획 11

運動(운동)은 사람이 몸을 鍛鍊(단련)하거나 健康(건강)을 위하여 몸을 움직이는 일이다. 또는 어떤 目的(목적)을 이루려고 힘쓰는 일이다. 그리고 一定(일정)한 規則(규칙)과 方法(방법)에 따라 身體(신체)의 技倆(기량)이나 技術(기술)을 겨루는 일을 말하고 그런 活動(활동)을 말한다.

運(옮길 운)은 모양이 비슷한 한자로 連(이을 런)을 들 수 있다.

표제어	활용어1	활용어2	응용 용례
運 (운)	運命(운명)		運命에 맡기다
	運搬(운반)		이삿짐을 運搬하다
	運送(운송)		물자 運送 차량
	運營(운영)		대학의 학사 運營
		氣運(기운)	화해의 氣運이 돌다
		幸運(행운)	幸運의 여신

動(움직일 동)은 모양이 비슷한 한자로 衝(찌를 충), 반의어는 靜(고요할 정)으로 함께 쓰이는 경우가 動靜(동정)이다.

표제어	활용어1	활용어2	응용 용례
動 (동)	動脈(동맥)		정맥과 動脈
	動作(동작)		자연스러운 動作
	動態(동태)		動態를 살피다
		感動(감동)	感動을 자아내다
		自動(자동)	自動 변속기
		活動(활동)	活動 무대가 넓다

劍道(검도)　　　　　擊毬(격구)

格鬪技(격투기)　　　競輪(경륜)

競馬(경마)　　　　　競走(경주)

拳鬪(권투)　　　　　籠球(농구)

撞球(당구)　　　　　馬術(마술)

美式蹴球(미식축구)　排球(배구)

背泳(배영)　　　　　氷球(빙구)

射擊(사격)　　　　　送球(송구)

水球(수구)　　　　　水泳(수영)

乘馬(승마)　　　　　野球(야구)

洋弓(양궁)　　　　　五種競技(오종경기)

柔道(유도)　　　　　陸上(육상)

陸上競技(육상경기)　自由泳(자유영)

障礙物競走(장애물경주)　蝶泳(접영)

庭球(정구)　　　　　漕艇(조정)

足球(족구)　　　　　體操(체조)

蹴球(축구)　　　　　卓球(탁구)

跆拳道(태권도)　　　平泳(평영)

避球(피구)

木馬公園(목마공원) : '목마'는 나무로 말의 모양을 깎아 만든 물건으로 어린이의 오락이나 승마 연습 따위에 쓰인다는 말이고, '공원'은 국가나 지방 공공 단체가 공중의 보건·휴양·놀이 따위를 위하여 마련한 정원, 유원지, 동산 등의 사회 시설을 말하는데 가까운 공원을 찾아 가벼운 운동부터 시작합시다.

蛇鶴秘拳(사학비권) : 뱀과 학 모양의 예전부터 내려온 拳法(권법)으로 정신 수양과 신체 단련을 위하여 주먹을 놀리어서 하는 운동을 말한다.

6. 醫師 의사

醫師(의사)	▶ 醫(의원 의)	酉	총획 18	약자 医
간체자 医师	▶ 師(스승 사)	巾	총획 10	

醫師(의사)는 醫術(의술)과 藥(약)으로 病(병)을 治療(치료)·診察(진찰)하는 것을 職業(직업)으로 삼는 사람을 말한다. 國家試驗(국가시험)에 合格(합격)하여 保健福祉部(보건복지부) 長官(장관)의 免許(면허)를 取得(취득)하여야 한다. 유의어는 醫士(의사), 醫者(의자), 醫員(의원), 醫伯(의백), 橘井(귤정), 刀圭家(도규가) 등이 있다.

醫(의원 의)의 약자는 医이다.

표제어	활용어 1	활용어 2	응용 용례
醫 (의)	醫術(의술)		醫術을 공부하다
	醫院(의원)		내과 醫院
	醫藥(의약)		醫藥 분업
		名醫(명의)	그는 진정한 名醫이다
		齒醫(치의)	= 齒科醫(치과의)
		韓醫(한의)	韓醫학 박사

師(스승 사)는 모양이 비슷한 한자로 帥(장수 수), 반의어는 弟(아우 제)로 함께 쓰이는 경우가 師弟(사제)이다.

표제어	활용어 1	활용어 2	응용 용례
師 (사)	師父(사부)		師父의 가르침
	師範(사범)		태권도 師範
	師恩(사은)		師恩에 보답하다
		講師(강사)	시간 講師로 일하다
		教師(교사)	그는 국어 教師이다
		藥師(약사)	藥師 면허

家庭醫學科(가정의학과)

內科(내과)

痲醉痛症醫學科(마취통증의학과)

放射線腫瘍學科(방사선종양학과)

病理科(병리과)

産婦人科(산부인과)

小兒外科(소아외과)

消化器外科(소화기외과)

神經科(신경과)

神經精神科(신경정신과)

眼科(안과)

外科(외과)

應急醫學科(응급의학과)

利殖外科(이식외과)

精神科(정신과)

診斷檢査醫學科(진단검사의학과)

診斷放射線科(진단방사선과)

皮膚科(피부과)

血管外科(혈관외과)

呼吸器內科(호흡기내과)

感染內科(감염내과)

內分泌代謝內科(내분비대사내과)

泌尿器科(비뇨기과)

成形外科(성형외과)

消化器內科(소화기내과)

循環期內科(순환기내과)

神經外科(신경외과)

腎臟內科(신장내과)

映像醫學科(영상의학과)

乳房內分泌外科(유방내분비외과)

耳鼻咽喉科(이비인후과)

再活醫學科(재활의학과)

整形外科(정형외과)

核醫學科(핵의학과)

血液腫瘍科(혈액종양과)

胸部外科(흉부외과)

東醫(동의) : '한의사'의 북한어로 서양의 洋醫師(양의사)와 상대적 호칭으로 동양의 의사라고 볼 수 있다.

婦産科(부산과) : 원래 産婦人科(산부인과)로 임신, 해산, 신생아, 부인병 따위를 다루는 의술의 한 분과를 말하는데 중국의 간체자로 '妇产科'라고 쓴다.

長壽(장수)	▶ 長(긴 장)	長	총획 8	
간체자 长寿	▶ 壽(목숨 수)	士	총획 14	약자 寿

長壽(장수)는 목숨이 길다는 말이다. 또는 오래도록 사는 것을 말한다. 많은 個體(개체)의 平均(평균)으로 나타내는 평균 壽命(수명)과 가장 오래 산 수명으로 나타내는 最大(최대) 수명이 있다.

長(긴 장)은 모양이 비슷한 한자로 張(베풀 장), 반의어는 短(짧을 단)으로 함께 쓰이는 경우가 長短(장단)이다.

표제어	활용어 1	활용어 2	응용 용례
長 (장)	長技(장기)		長技 자랑을 하다
	長男(장남)		長男의 역할이 중요하다
	長髮(장발)		長髮이 유행이다
		校長(교장)	校長 선생님의 훈화 말씀
		隊長(대장)	헌병대 隊長
		身長(신장)	韓醫학 박사

壽(목숨 수)의 유의어는 命(목숨 명)으로 함께 쓰이는 경우가 壽命(수명)이다.

표제어	활용어 1	활용어 2	응용 용례
壽 (수)	壽宴(수연)		장수를 축하하는 잔치 壽宴
	壽衣(수의)		시신에 壽衣를 입히다
		白壽(백수)	99세를 말하는 白壽
		天壽(천수)	타고난 수명 天壽
		祝壽(축수)	오래 살기를 비는 祝壽
		喜壽(희수)	77세를 말하는 喜壽

龜齡(귀령)

大壽(대수)

萬歲無彊(만세무강)

萬壽(만수)

無病長生(무병장생)

尾壽(미수)

松齡龜壽(송령귀수)

壽考(수고)

壽命長壽(수명장수)

龍壽(용수)

長壽(장수)

遐年(하년)

遐壽(하수)

胡壽(호수)

老壽(노수)

大椿之壽(대춘지수)

曼壽(만수)

萬壽無彊(만수무강)

無病長壽(무병장수)

聖水無彊(성수무강)

壽(수)

壽齡(수령)

永壽(영수)

益壽(익수)

椿壽(춘수)

遐齡(하령)

鶴壽(학수)

秀延(수연) : '빼어나게 끌어들이다' 뜻으로 동음이의어로 壽宴(수연)이라 하여 장수를 축하하는 잔치를 말한다.

喜劇之王(희극지왕) : 사람을 웃기는 演劇(연극)의 왕이라는 뜻으로 장수의 비결 중에 삶을 긍정적으로 살면서 웃음을 잃지 않는 것이라고 한다.

疾病(질병)	▶ 疾(병 질)	疒	총획 10
	▶ 病(병 병)	疒	총획 10

疾病(질병)은 身體(신체)의 苦痛(고통), 不快感(불쾌감), 機能(기능)의 低下(저하)나 不調和(부조화) 등으로 일상생활이 妨害(방해)받게 됨으로써 개인의 肉體的(육체적) 異狀(이상)이나 行動(행동)의 이상이 일어난 상태로 疾患(질환)이라고도 한다.

疾(병 질)은 모양이 비슷한 한자로 病(병 병), 유의어는 病(병 병)으로 함께 쓰이는 경우가 疾病(질병)이다.

표제어	활용어1	활용어2	응용 용례
疾 (질)	疾視(질시)		반목과 疾視
	疾走(질주)		시속 200km로 疾走하다
	疾患(질환)		호흡기 疾患
		痼疾(고질)	痼疾병이 또 나타났다
		眼疾(안질)	眼疾로 안과에 갔다
		痔疾(치질)	痔疾로 고생하다

病(병 병)은 모양이 비슷한 한자로 疾(병 질), 유의어는 疾(병 질)로 함께 쓰이는 경우가 疾病(질병)이다.

표제어	활용어1	활용어2	응용 용례
病 (병)	病菌(병균)		病菌에 감염되다
	病室(병실)		그는 病室로 옮겨졌다
	病魔(병마)		病魔에 시달리다
	病席(병석)		病席에 눕다
	病院(병원)		病院에 입원하다
		看病(간병)	노인들의 看病 문제

癎疾(간질)	感氣(감기)	結核(결핵)
骨髓炎(골수염)	骨軟化症(골연화증)	佝僂炳(구루병)
口蹄疫(구제역)	氣管支炎(기관지염)	氣管支喘息(기관지천식)
氣管支肺炎(기관지폐렴)	氣管支擴張症(기관지확장증)	腦膜炎(뇌막염)
腦病(뇌병)	腦貧血(뇌빈혈)	腦溢血(뇌일혈)
腦卒中(뇌졸중)	腦腫瘍(뇌종양)	腦出血(뇌출혈)
糖尿病(당뇨병)	癩病(나병)	淋疾(임질)
梅毒(매독)	小兒麻痺(소아마비)	小兒病(소아병)
腎臟結石(신장결석)	腎臟病(신장병)	心筋梗塞症(심근경색증)
心臟麻痺(심장마비)	心臟瓣膜症(심장판막증)	心操症(심조증)
熱射病(열사병)	炎症(염증)	腰痛(요통)
月經痛(월경통)	胃痙攣(위경련)	胃潰瘍(위궤양)
流行性肝炎(유행성간염)	流行性結膜炎(유행성결막염)	腸窒扶斯(장질부사)
傳染病(전염병)	腫瘍(종양)	中耳炎(중이염)
中風(중풍)	齒齦炎(치은염)	痔漏(치루)
齒周炎(치주염)	痔疾(치질)	炭疽病(탄저병)
破傷風(파상풍)	肺炎(폐렴)	風疹(풍진)
皮膚炎(피부염)	寒疾(한질)	狹心症(협심증)
虎列刺(호열자)	黃熱(황열)	

藥師會(약사회) : 국가의 면허를 받아 藥事(약사)에 관한 일을 맡아보는 사람들의 모임이라는 뜻이다.

汗蒸幕(한증막) : 물리 요법의 하나로, 높은 溫度(온도)로 몸을 덥게 하여 땀을 내어서 병을 다스리는 일을 하기 위하여 갖춘 시설로 담을 둘러막아 굴처럼 만들어 밑에서 불을 땐다.

體力(체력)	▶ 體(몸 체)	骨	총획 23	약자 体
간체자 体力	▶ 力(힘 력)	力	총획 2	

體力(체력)은 肉體的(육체적) 活動(활동)을 할 수 있는 몸의 힘이다. 또는 疾病(질병)이나 추위 따위에 대한 몸의 抵抗(저항) 能力(능력)을 말한다.

體(몸 체)는 모양이 비슷한 한자로 禮(예도 례), 유의어는 身(몸 신)으로 함께 쓰이는 경우가 身體(신체)이다.

표제어	활용어 1	활용어 2	응용 용례
體 (체)	體格(체격)		건장한 體格의 소유자
	體級(체급)		그는 體級을 올려 도전했다
	體面(체면)		體面이 말이 아니다
	體溫(체온)		體溫이 떨어지다
	體驗(체험)		몸소 體驗을 하다
		媒體(매체)	방송 媒體를 이용하다

力(힘 력)은 모양이 비슷한 한자로 刀(칼 도), 刃(칼날 인) 등을 들 수 있다.

표제어	활용어 1	활용어 2	응용 용례
力 (력)		氣力(기력)	氣力이 쇠하다
		能力(능력)	문제해결 能力
		膽力(담력)	膽力을 키우다
		魅力(매력)	魅力이 넘치다
		速力(속력)	速力이 빨라지다
		實力(실력)	實力발휘를 하다

擧上筋(거상근)	腱(건)	腱周膜(건주막)
頸部(경부)	骨格筋(골격근)	滑液包(활액포)
滑走說(활주설)	括約筋(괄약근)	廣頸筋(광경근)
屈筋(굴근)	筋個體(근개체)	筋滑車(근활차)
筋膜(근막)	筋紡錘(근방추)	筋細絲(근세사)
筋小包體(근소포체)	筋原纖維(근원섬유)	筋肉(근육)
筋節(근절)	筋疲勞(근피로)	筋形質(근형질)
拮抗筋(길항근)	內臟筋(내장근)	內轉筋(내전근)
紡錘狀筋(방추상근)	白筋(백근)	腹筋(복근)
斜紋筋(사문근)	散大筋(산대근)	三頭筋(삼두근)
上腕(상완)	隨意筋(수의근)	伸筋(신근)
伸張受容器(신장수용기)	心筋(심근)	眼筋(안근)
外轉筋(외전근)	羽狀筋(우상근)	輪狀筋(윤상근)
二頭筋(이두근)	二腹筋(이복근)	縱走筋(종주근)
終板(종판)	下制筋(하제근)	下腿三頭筋(하퇴삼두근)
解離(해리)	解糖(해당)	協力筋(협력근)
回旋筋(회선근)	橫紋(횡문)	胸鎖乳突筋(흉쇄유돌근)

綜合運動場(종합운동장) : 주경기장을 중심으로 다양한 경기장을 한데 모은 것을 말하는데 국민의 체력 增進(증진)을 위한 복합적인 시설물이다.

健康室(건강실) : 정신적으로나 육체적으로 아무 탈이 없고 튼튼한 상태를 유지시켜 주는 집이라는 뜻으로 체력을 증진하는 운동장이나 공원이 여기에 해당된다.

※ 다음 漢字語(한자어) 독음을 쓰시오.(1~9)

(1) 健鬪( )　　(2) 奉獻( )

(3) 選拔( )　　(4) 視野( )

(5) 幸運( )　　(6) 醫術( )

(7) 長髮( )　　(8) 痼疾( )

(9) 體面( )

※ 다음 밑줄 친 단어에 알맞은 漢字語(한자어)를 쓰시오.(10~18)

(10) 모두들 강녕(　　)하십시오.

(11) 자원 봉사(　　)활동은 주변 사람들에게 큰 힘이 된다.

(12) 이 신발은 수제(　　)화로 튼튼하다.

(13) 월드컵 축구(　　)의 열기는 대단하다.

(14) 뛰어난 자연스러운 동작(　　).

(15) 그는 태권도 사범(　　)으로 알려져 있다.

(16) 오래 살기를 비는 것을 축수(　　)라고 한다.

(17) 노령사회에서 노인 질환의 간병(　　)의 문제를 고려해야 한다.

(18) 고속도로 주행 중에 어느새 속력(　　)이 빨라지는 상황이 있다.

※ (19) 다음 중 한자의 뜻이 서로 같은 것끼리 연결된 것은?

① 身 - 體　　② 近 - 代

③ 換 - 率　　④ 黃 - 砂

※ (20) "어려운 처지에 있는 사람끼리 서로 가엾게 여김을 이르는 말"을 뜻하는 四字成語(사자성어)를 고르시오?

① 全力投球　　② 一心同體

③ 同價紅裳　　④ 同病相憐

環境(汚染 · 웰빙)

1. 開發(개발)　　2. 石油(석유)　　3. 汚染(오염)

4. 人類(인류)　　5. 自然(자연)　　6. 制限(제한)

7. 幸福(행복)　　8. 環境(환경)　　9. 黃砂(황사)

開發(개발)	▶ 開(열 개)	門	총획 12	
간체자 开发	▶ 發(필 발)	癶	총획 12	약자 発

開發(개발)은 土地(토지)나 天然資源(천연자원) 따위를 開拓(개척)하여 有用(유용)하게 만든다는 뜻이다. 또한 知識(지식)이나 才能(재능) 따위를 發達(발달)하게 하고 産業(산업)이나 經濟(경제) 따위를 發展(발전)하게 한다는 의미도 가진다.

開(열 개)는 모양이 비슷한 한자로 聞(들을 문), 閇(닫을 폐), 반의어는 閉(닫을 폐)로 함께 쓰이는 경우가 開閉(개폐)이다.

표제어	활용어1	활용어2	응용 용례
開 (개)	開墾(개간)		간석지를 開墾하다
	開封(개봉)		편지를 開封하다
	開設(개설)		강좌를 開設하다
	開始(개시)		공격 開始!
		滿開(만개)	꽃이 滿開하다
		切開(절개)	切開 수술을 하다

發(필 발)은 모양이 비슷한 한자로 廢(폐할 폐)를 들 수 있다.

표제어	활용어1	활용어2	응용 용례
發 (발)	發覺(발각)		경찰에 發覺되다
	發見(발견)		신대륙의 發見
	發給(발급)		카드를 發給하다
	發端(발단)		사건의 發端이 되다
		蒸發(증발)	액체가 蒸發하다
		頻發(빈발)	사고의 頻發을 막다

建設開發(건설개발)　　競爭力開發(경쟁력개발)

經濟開發(경제개발)　　空間開發(공간개발)

觀光開發(관광개발)　　敎材開發(교재개발)

技術開發(기술개발)　　技術開發(기술개발)

能力開發(능력개발)　　都市開發(도시개발)

武器開發(무기개발)　　部品開發(부품개발)

不動産開發(부동산개발)　　産業開發(산업개발)

商品開發(상품개발)　　水資源開發(수자원개발)

食品開發(식품개발)　　新製品(신제품개발)

藥品開發(약품개발)　　研究開發(연구개발)

宇宙開發(우주개발)　　油田開發(유전개발)

人力開發(인력개발)　　資源開發(자원개발)

再開發(재개발)　　才能開發(재능개발)

材料開發(재료개발)　　知識開發(지식개발)

土地開發(토지개발)　　投資開發(투자개발)

風力開發(풍력개발)　　核武器(핵무기개발)

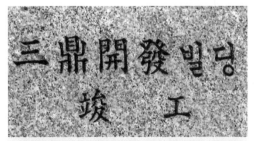

三鼎開發(삼정개발) : 鼎(솥 정)은 발이 셋 달리고 귀가 둘 달린 음식을 익히는 데 쓰는 기구로 3개의 솥으로 개발한 다는 의미이다.

來美安(래미안) : 未來(미래)·美(미)·便安(편안) 등의 뜻으로 유명한 건설회사의 아파트 명칭으로 쓰이고 있다.

石油(석유)	▶ 石(돌 석)	石	총획 5
	▶ 油(기름 유)	氵(水)	총획 8

石油(석유)는 땅속에서 天然(천연)으로 나는, 炭化水素(탄화수소)를 主成分(주성분)으로 하는 可燃性(가연성) 기름이다. 動力(동력)의 燃料(연료)와 工業用(공업용)으로 널리 쓴다.

石(돌 석)은 모양이 비슷한 한자로 右(오른 우), 古(예 고), 유의어는 巖(바위 암)으로 함께 쓰이는 경우가 巖石(암석)이다.

표제어	활용어1	활용어2	응용 용례
石 (석)	石器(석기)		石器 시대의 생활
	石炭(석탄)		石炭을 나르다
	石灰(석회)		石灰가 검출되다
		鑛石(광석)	鑛石을 채굴하다
		寶石(보석)	寶石이 박힌 반지
		化石(화석)	化石을 관찰하다

油(기름 유)는 모양이 비슷한 한자로 由(말미암을 유), 유의어는 脂(기름 지)로 함께 쓰이는 경우가 油脂(유지)이다.

표제어	활용어1	활용어2	응용 용례
油 (유)	油性(유성)		油性 사인펜
	油田(유전)		중동지역의 油田
	油畵(유화)		油畵를 그리다
		産油(산유)	이라크는 産油국이다
		精油(정유)	精油 공장
		注油(주유)	〈注油소 습격사건〉

石油 석유 관련 漢字語 한자어

可採年數(가채연수)

輕質油(경질유)

無鉛揮發油(무연휘발유)

石油根源岩(석유근원암)

石油化學工業(석유화학공업)

試錐(시추)

液化石油(액화석유)

油母(유모)

油田構造(유전구조)

油層(유층)

低黃油(저황유)

注油(주유)

重油(중유)

重質油(중질유)

採算性(채산성)

堆積學分析(퇴적학분석)

化石燃料(화석연료)

輕油(경유)

燈油(등유)

石油(석유)

石油精製法(석유정제법)

石炭油(석탄유)

液體燃料(액체연료)

原油(원유)

油田(유전)

油井(유정)

潤滑油(윤활유)

精油(정유)

注油所(주유소)

中質油(중질유)

地化學分析(지화학분석)

炭火水素(탄화수소)

標本抽出(표본추출)

揮發油(휘발유)

中國石化(중국석화) : 석화는 원래 생물이 땅속에 묻혀 있는 동안에 규산이나 탄산칼슘 따위가 각 조직 사이 침투하여 화석이 되는 일을 말하는데, 중국에서는 **石油化學**(석유화학)의 준말로 쓰인다.

車檢洗車(차검세차) : 일본의 주유소로 **車輛點檢**(차량점검)과 **洗車**(세차)를 함께 하고 있다. '檢'의 약자가 바로 '検'이다.

| 汚染(오염) | ▶ 汚(더러울 오) | 氵(水) | 총획 6 |
| 간체자 污染 | ▶ 染(물들 염) | 木 | 총획 9 |

汚染(오염)은 더럽게 물든다는 뜻이다. 또는 核武器(핵무기) 따위의 放射性(방사성) 物質(물질)이 目標物(목표물)이나 大氣(대기) 속에 머무르는 일을 뜻하기도 한다. 一般的(으로는 生態界(생태계)에서 環境(환경)을 毀損(훼손)하는 일을 말한다.

汚(더러울 오)는 모양이 비슷한 한자로 巧(교묘할 교)를 들 수 있다.

표제어	활용어 1	활용어 2	응용 용례
汚 (오)	汚名(오명)		汚名을 씻다
	汚物(오물)		汚物을 처리하다
	汚染(오염)		지하수 汚染이 심각하다
	汚辱(오욕)		汚辱을 남기다
	汚點(오점)		汚點을 남기다
		濁汚(탁오)	흐리고 더러운 濁汚

染(물들일 염)은 모양이 비슷한 한자로 梁(들보 량)을 들 수 있다.

표제어	활용어 1	활용어 2	응용 용례
染 (염)	染料(염료)		染料를 이용해서 색칠하다
	染色(염색)		染色을 들이다
	染俗(염속)		세상에 물드는 染俗
	染心(염심)		애착과 음욕의 마음 染心
		感染(감염)	전염병에 感染되다
		傳染(전염)	傳染 예방

空氣汚染(공기오염)

農藥汚染(농약오염)

大氣汚染(대기오염)

無斷放流(무단방류)

放送言語汚染(방송언어오염)

山林汚染(산림오염)

生活廢水汚染(생활폐수오염)

水質汚染(수질오염)

自然汚染(자연오염)

重金屬汚染(중금속오염)

土壤汚染(토양오염)

海水汚染(해수오염)

環境汚染(환경오염)

工場廢水(공장폐수)

淡水汚染(담수오염)

煤煙汚染(매연오염)

放射能汚染(방사능오염)

粉塵汚染(분진오염)

産業廢棄物(산업폐기물)

石綿汚染(석면오염)

醫療廢棄物(의료폐기물)

赤潮現象(적조현상)

畜産廢水(축산폐수)

河川汚染(하천오염)

海洋汚染(해양오염)

大洋(대양) : 세계의 해양 가운데에서 특히 넓은 해역을 차지하는 대규모의 바다로 太平洋(태평양), 印度洋(인도양), 大西洋(대서양), 北氷洋(북빙양), 南氷洋(남빙양)을 五大洋(오대양)이라고 한다. 바다의 환경오염은 인류의 미래에 興亡(흥망)이 된다.

鮮味(선미) : 신선하고 산뜻한 맛의 뜻으로 汚染(오염) 되지 않는 먹을거리가 우리의 식탁에 올라와야 된다.

4. 人類 인류

人類(인류)	▶ 人(사람 인)	人	총획 2
간체자 人类	▶ 類(무리 류)	頁	총획 19

人類(인류)는 세계의 모든 사람을 말한다. 生物學的(생물학적)으로 사람을 다른 動物(동물)과 區別(구별)하여 이르는 말이다. 생물학적 분류에 의하면, 사람은 動物界(동물계)·脊椎動物門(척추동물문)·哺乳綱(포유강)·靈長目(영장목)·사람과에 속한다.

人(사람 인)은 모양이 비슷한 한자로 入(들 입), 八(여덟 팔) 등을 들 수 있다.

표제어	활용어1	활용어2	응용 용례
人 (인)	人格(인격)		人格을 존중하다
	人工(인공)		人工 구조물
	人脈(인맥)		법조계의 人脈
	人形(인형)		꼭두각시 人形
		戀人(연인)	다정한 戀人
		罪人(죄인)	罪人이 되다

類(무리 류)는 모양이 비슷한 한자로 題(제목 제), 額(이마 액) 등을 들 수 있다.

표제어	활용어1	활용어2	응용 용례
類 (류)	類推(유추)		類推에 의하여 판단하다
	類型(유형)		몇 가지 類型으로 나누다
		部類(부류)	같은 部類에 속하다
		分類(분류)	도서를 分類하다
		書類(서류)	書類를 정리하다
		種類(종류)	여러 種類의 책

甘吞苦吐(감탄고토) : 달면 삼키고 쓰면 뱉는다.

鯨戰蝦死(경전하사) : 고래 싸움에 새우 등 터진다.

苦盡甘來(고진감래) : 태산을 넘으면 평지를 본다.

錦衣夜行(금의야행) : 비단옷 입고 밤길 걷기

囊中之錐(낭중지추) : 주머니에 들어간 송곳이라.

同價紅裳(동가홍상) : 같은 값이면 다홍치마

凍足放尿(동족방뇨) : 언 발에 오줌 누기

得隴望蜀(득롱망촉) : 말 타면 말의 고삐 잡고 싶다.

燈下不明(등하불명) : 등잔 밑이 어둡다.

猫頭懸鈴(묘두현령) : 고양이 목에 방울 단다.

牝鷄司晨(빈계사신) : 암탉이 울면 집안이 망한다.

雪上加霜(설상가상) : 엎친 데 덮친다.

識字憂患(식자우환) : 아는 것이 병이다.

吾鼻三尺(오비삼척) : 내 코가 석 자

有備無患(유비무환) : 감나무 밑에 누워도 삿갓을 대라.

一擧兩得(일거양득) : 꿩 먹고 알 먹는다.

賊反荷杖(적반하장) : 방귀 뀐 놈이 성낸다.

鳥足之血(조족지혈) : 새 발의 피

走馬加鞭(주마가편) : 닫는 말에 채찍질하랬다.

指呼之間(지호지간) : 엎어지면 코 닿을 데

下石上臺(하석상대) : 아랫돌 빼서 윗돌 괸다.

咸興差使(함흥차사) : 강원도 포수

畵中之餠(화중지병) : 그림의 떡

見蚊拔劍(견문발검) : 모기 보고 칼 빼기

孤掌難鳴(고장난명) : 마주쳐야 소리가 난다.

矯角殺牛(교각살우) : 빈대 잡으려다 초가 태운다.

金枝玉葉(금지옥엽) : 불면 꺼질까 쥐면 터질까

螳螂拒轍(당랑거철) : 범 모르는 하룻강아지

同病相憐(동병상련) : 과부 사정은 과부가 안다.

同族相殘(동족상잔) : 갈치가 갈치 꼬리 문다.

登高自卑(등고자비) : 천리 길도 한 걸음부터

磨斧爲針(마부위침) : 지성이면 감천이다.

本末顚到(본말전도) : 배보다 배꼽이 더 크다.

亡羊補牢(망양보뢰) : 소 잃고 외양간 고친다.

脣亡齒寒(순망치한) : 벽을 치면 대들보가 운다.

鳥飛梨落(오비이락) : 까마귀 날자 배 떨어진다.

牛耳讀經(우이독경) : 쇠귀에 경 읽기

類類相從(유유상종) : 가재는 게 편이다.

臨渴掘井(임갈굴정) : 목마른 놈이 우물 판다.

井底之蛙(정저지와) : 우물 안 개구리

種豆得豆(종두득두) : 콩 심은 데 콩 나고

走馬看山(주마간산) : 수박 겉핥기.

靑出於藍(청출어람) : 나중에 난 뿔이 우뚝하다.

漢江投石(한강투석) : 시루에 물 퍼붓기

狐假虎威(호가호위) : 원님 덕에 나팔 분다.

人類福祉(인류복지) : 세계 모든 사람의 행복한 삶이라는 뜻으로 政府(정부)는 국민의 복지 향상을 위해 노력하고 있다.

梨月(이월) : 배나무와 달이라는 의미로 和風梨月(화풍이월)의 '솔솔 부는 화창한 바람과 배나무와 달'이라는 준말이기도 하다.

自然(자연)	▶ 自(스스로 자)	自	총획 6
	▶ 然(그럴 연)	火	총획 12

自然(자연)은 사람의 힘이 더해지지 아니하고 世上(세상)에 스스로 存在(존재)하거나 宇宙 (우주)에 저절로 이루어지는 모든 존재나 狀態(상태)를 말한다. 또 저절로 생겨난 山(산), 江 (강), 바다, 植物(식물), 動物(동물) 따위의 존재를 말한다.

自(스스로 자)는 모양이 비슷한 한자로 目(눈 목), 白(흰 백), 반의어는 他(다를 타)로 함께 쓰이는 경우가 自他(자타)이다

표제어	활용어 1	활용어 2	응용 용례
自 (자)	自覺(자각)		민족의식의 自覺
	自立(자립)		自立 경제
	自律(자율)		自律 학습
	自習(자습)		自習 시간을 활용하다
	自處(자처)		그가 自處한 일이다
		各自(각자)	各自의 맡은 일

然(그럴 연)은 모양이 비슷한 한자로 燃(불탈 연)을 들 수 있다.

표제어	활용어 1	활용어 2	응용 용례
然 (연)		果然(과연)	果然 듣던 대로군
		當然(당연)	當然한 결과이다
		突然(돌연)	突然 마주치다
		漠然(막연)	漠然한 기억
		本然(본연)	本然의 모습이다
		偶然(우연)	偶然한 만남

五行(오행)	木(목)	火(화)	土(토)	金(금)	水(수)
五方(오방)	東(동)	西(서)	中央(중앙)	南(남)	北(북)
八卦(팔괘)	震巽(진손)	離(리)	艮坤(간곤)	乾兌(건태)	坎(감)
五季(오계)	春(춘)	夏(하)	季夏(계하)	秋(추)	冬(동)
五氣(오기)	風(풍)	熱(열)	濕(습)	燥(조)	寒(한)
五色(오색)	靑(청)	赤(적)	黃(황)	白(백)	黑(흑)
五味(오미)	酸(산)	苦(고)	甘(감)	辛(신)	鹹(함)
五常(오상)	仁(인)	義(의)	禮(예)	智(지)	信(신)
氣象(기상)	仁愛(인애)	剛猛(강맹)	寬弘(관홍)	殺伐(살벌)	柔和(유화)
五臟(오장)	肝(간)	心(심)	脾(비)	肺(폐)	腎(신)
六腑(육부)	膽(담)	小腸(소장)	胃(위)	大場(대장)	膀胱(방광)
五官(오관)	眼(안)	舌(설)	口(구)	鼻(비)	耳(이)
五音(오음)	角(각)	徵(징)	宮(궁)	商(상)	羽(우)
數(수)	3 · 8	2 · 7	5 · 10	4 · 9	1 · 6
天干(천간)	甲乙(갑을)	丙丁(병정)	戊己(무기)	庚辛(경신)	壬癸(임계)
地支(지지)	寅卯(인묘)	巳午(사오)	辰戌(진술)	申酉(신유)	子亥(자해)
			丑未(축미)		

雪花(설화) : 나뭇가지에 꽃처럼 붙은 눈발로 '눈송이'라 부르는 겨울의 情趣(정취)를 느낄 수 있는 자연의 경관이다.

淸風明月(청풍명월) : 맑은 바람과 밝은 달이라는 뜻의 영화 제목으로 흔히 '風月(풍월을 읊다'의 표현과 이를 대상으로 시를 짓고 흥취를 자아내어 즐겁게 논다는 吟風弄月(음풍농월)과도 함께 사용한다.

制限(제한)	▶ 制(절제할 제)	リ(刀)	총획 8
	▶ 限(한할 한)	阝(阜)	총획 9

制限(제한)은 一定(일정)한 限度(한도)를 정하거나 그 한도를 넘지 못하게 막음을 말한다. 또는 그렇게 정한 限界(한계)를 말한다.

制(절제할 제)는 모양이 비슷한 한자로 製(지을 제)를 들 수 있다.

표제어	활용어1	활용어2	응용 용례
制 (제)	制度(제도)		制度를 개혁하다
	制動(제동)		자동차의 制動장치
	制壓(제압)		制壓을 당하다
	制御(제어)		制御가 되지 않다
		强制(강제)	强制 노동에 시달리다
		體制(체제)	중앙집권 體制

限(한할 한)은 모양이 비슷한 한자로 根(뿌리 근) 垠(지경 은) 등을 들 수 있다.

표제어	활용어1	활용어2	응용 용례
限 (한)	限度(한도)		해외 투자 限度
	限定(한정)		限定 판매
		權限(권한)	權限을 부여하다
		極限(극한)	極限 대립
		期限(기한)	유통 期限이 지나다
		上限(상한)	上限선을 정하다

感覺的(감각적)	感傷的(감상적)	感性的(감성적)
個性的(개성적)	蓋然的(개연적)	激情的(격정적)
警世的(경세적)	高踏的(고답적)	公利的(공리적)
公示的(공시적)	觀念的(관념적)	官能的(관능적)
觀照的(관조적)	敎述的(교술적)	具象的(구상적)
具體的(구체적)	達觀的(달관적)	當爲的(당위적)
對應的(대응적)	牧歌的(목가적)	描寫的(묘사적)
飛躍的(비약적)	比喩的(비유적)	批判的(비판적)
思辨的(사변적)	思索的(사색적)	相對的(상대적)
相補的(상보적)	敍景的(서경적)	抒情的(서정적)
敍事的(서사적)	敍述的(서술적)	暗示的(암시적)
哀傷的(애상적)	力動的(역동적)	逆說的(역설적)
力學的(역학적)	厭世的(염세적)	有機的(유기적)
唯美的(유미적)	有意的(유의적)	意志的(의지적)
利己的(이기적)	理性的(이성적)	理智的(이지적)
利他的(이타적)	自嘲的(자조적)	傳奇的(전기적)
傳記的(전기적)	全知的(전지적)	典型的(전형적)
主知的(주지적)	志士的(지사적)	直觀的(직관적)
直敍的(직서적)	直說的(직설적)	抽象的(추상적)
懺悔的(참회적)	耽美的(탐미적)	通說的(통설적)
通俗的(통속적)	頹廢的(퇴폐적)	風流的(풍류적)
諷刺的(풍자적)	含蓄的(함축적)	諧謔的(해학적)
衒學的(현학적)	懷疑的(회의적)	繪畵的(회화적)

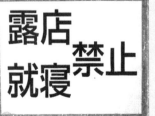

露店就寢禁止(노점 취침 금지) : 길가의 한데에 物件(물건)을 벌여 놓고 장사하거나 잠을 자는 것을 하지 못한다는 의미로 制限(제한)하는 표지판이다.

駐車禁止(주차금지) : '주차'는 도로교통법에서 차가 승차, 적재, 고장 등으로 정지하여 있는 상태이거나 운전사가 차로부터 떠나 있어서 즉시 운전할 수 없는 상태를 이르는 말이고 '금지'는 이를 못한다는 의미이다.

幸福(행복)	▶ 幸(다행 행)	干	총획 8
	▶ 福(복 복)	示	총획 14

幸福(행복)은 福(복)된 좋은 運數(운수)를 말한다. 또 生活(생활)에서 充分(충분)한 滿足(만족)과 기쁨을 느끼는 흐뭇한 狀態(상태)를 뜻하기도 한다.

幸(다행 행)은 모양이 비슷한 한자로 辛(매울 신)을 들 수 있다.

표제어	활용어 1	활용어 2	응용 용례
幸 (행)	幸冀(행기)		행여나 하고 무엇을 바람 幸冀
	幸臣(행신)		임금의 총애를 받는 신하 幸臣
	幸運(행운)		幸運의 여신
		多幸(다행)	천만 多幸이다
		不幸(불행)	不幸한 사람
		天幸(천행)	天幸으로 살아나다

福(복 복)은 모양이 비슷한 한자로 副(버금 부), 富(부자 부), 반의어는 禍(재화 화)로 함께 쓰이는 경우가 禍福(화복)이다.

표제어	활용어 1	활용어 2	응용 용례
福 (복)	福券(복권)		福券이 당첨되다
	福祉(복지)		福祉를 누리다
		多福(다복)	多福한 가정이군
		萬福(만복)	萬福을 빌다
		冥福(명복)	고인의 冥福을 빌다
		裕福(유복)	裕福한 가정

錦上添花(금상첨화) : 비단 위에 꽃을 놓는다는 뜻으로 좋은 일이 겹침을 비유.

錦衣還鄉(금의환향) : 비단옷을 입고 고향에 돌아온다는 뜻. = 錦衣晝行(금의주행)
                = 衣錦之榮(의금지영)

弄瓦之喜(농와지희) : 딸을 낳은 기쁨을 이르는 말. = 弄瓦之慶(농와지경)

弄璋之喜(농장지희) : 아들을 낳은 기쁨. = 弄璋之慶(농장지경)

多多益善(다다익선) : 많을수록 더욱 좋음.

多幸多福(다행다복) : 운이 좋고 복이 많음.

無望之福(무망지복) : 뜻하지 않게 얻는 복.

拍掌大笑(박장대소) : 손뼉을 치며 크게 웃음.

塞翁之馬(새옹지마) : = 전화위복

心滿意足(심만의족) : 마음에 흡족함.

安分知足(안분지족) : 편안한 마음으로 제 분수를 지키며 만족할 줄을 앎.

運數大吉(운수대길) : 천운이 크게 길함.

遠禍召福(원화소복) : 재앙을 물리쳐 멀리하고 복을 불러들임.

轉禍爲福(전화위복) : 화가 바뀌어 복이 됨.

志滿意得(지만의득) : 바라는 대로 되어서 마음이 흡족함.

抱腹絕倒(포복절도) : 배를 끌어안고 넘어질 정도로 몹시 웃음.

桃園(도원) : 세상과 따로 떨어진 별천지를 비유적으로 이르는 말이며 武陵桃源(무릉도원)의 준말이다. '유토피아'처럼 지상의 낙원을 이르는 말이기도 하다.

乾杯(건배) : 건강, 幸福(행복) 따위를 빌면서 서로 술잔을 들어 마신다는 뜻으로 사회적 동물인 인간의 행위이다.

環境(환경)	▶ 環(고리 환)	王(玉)	총획 17
간체자 环境	▶ 境(지경 경)	土	총획 14

環境(환경)은 生物(생물)에게 直接(직접)·間接(간접)으로 影響(영향)을 주는 自然的(자연적) 條件(조건)이나 社會的(사회적) 狀況(상황)을 말한다. 즉 生活(생활)하는 周圍(주위)의 狀態(상태)를 뜻한다.

環(고리 환)은 모양이 비슷한 한자로 還(돌아올 환)을 들 수 있다.

표제어	활용어1	활용어2	응용 용례
	環攻(환공)		사방을 공격하는 環攻
	環象(환상)		環象이 깨지다
環	環視(환시)		많은 사람이 둘러서서 봄 環視
(환)		循環(순환)	循環기 계통
		一環(일환)	국토개발의 一環이다
		花環(화환)	花環을 목에 걸다

境(지경 경)은 모양이 비슷한 한자로 竟(마침내 경), 鏡(거울 경), 유의어는 界(지경 계)로 함께 쓰이는 경우가 境界(경계)이다.

표제어	활용어1	활용어2	응용 용례
	境遇(경우)		境遇에 어긋나다
	境地(경지)		무아의 境地에 도달하다
境		困境(곤경)	困境을 겪다
(경)		接境(접경)	接境 지역
		心境(심경)	복잡한 心境
		逆境(역경)	逆境을 헤쳐 나가다

伽倻山(가야산)국립공원

慶州(경주)국립공원

鷄龍山(계룡산)국립공원

內藏山(내장산)국립공원

多島海海上(다도해해상)국립공원

德裕山(덕유산)국립공원

邊山半島(변산반도)국립공원

北漢山(북한산)국립공원

雪嶽山(설악산)국립공원

小白山(소백산)국립공원

俗離山(속리산)국립공원

五臺山(오대산)국립공원

月岳山(월악산)국립공원

月出山(월출산)국립공원

周王山(주왕산)국립공원

智異山(지리산)국립공원

雉岳山(치악산)국립공원

泰安海岸(태안해안)국립공원

漢拏山(한라산)국립공원

閑麗海上(한려해상)국립공원

重慶森林(중경삼림) : 중국 사천성 (四川省) 동부에 있는 도시의 나무가 많이 우거진 숲을 의미하는 영화 제목으로 森林(삼림)은 天然林(천연림), 施業林(시업림), 單純林(단순림), 混淆林(혼효림) 등이 있다.

梅花(매화) : 매화나무의 꽃을 말하여 열매를 梅實(매실)이라고 하고, 만물이 추위에 떨고 있을 때 꽃을 피워 봄을 가장 먼저 알려 주어 불의에 굴하지 않는 선비정신의 표상으로 삼았고, 늙은 몸에서 정력이 되살아나는 回春(회춘)을 상징한다.

黃沙(황사)	▶ 黃(누를 황)	黃	총획 12
	▶ 沙(모래 사)	氵(水)	총획 9

黃沙(황사)는 中國(중국) 大陸(대륙)의 沙漠(사막)이나 黃土(황토) 地帶(지대)에 있는 가는 모래가 강한 바람으로 인하여 날아올랐다가 점차 내려오는 현상을 일으키는 누런 모래를 말한다.

黃(누를 황)은 모양이 비슷한 한자로 寅(범 인)을 들 수 있다.

표제어	활용어 1	활용어 2	응용 용례
黃 (황)	黃金(황금)		黃金 덩어리
	黃桃(황도)		복숭아 품종의 하나 黃桃
	黃泉(황천)		黃泉 = 저승
	黃土(황토)		黃土 먼지
	黃昏(황혼)		黃昏이 드리우다
		硫黃(유황)	硫黃 온천

沙(모래 사)는 모양이 비슷한 한자로 炒(볶을 초), 泳(헤엄칠 영) 등을 들 수 있다.
* 沙와 砂는 同字(동자)이다

표제어	활용어 1	활용어 2	응용 용례
沙 (사)	沙丘(사구)		모래 언덕 沙丘
	沙金(사금)		沙金을 캐다
	沙器(사기)		沙器 그릇
	沙鉢(사발)		국을 沙鉢에 담다
	沙漠(사막)		고비 沙漠
		土沙(토사)	土沙가 유출되다

▣ 필수 한자어

可視光線(가시광선)　　高氣壓(고기압)

觀測(관측)　　　　　　氣團(기단)

氣象(기상)　　　　　　氣象觀測(기상관측)

氣象要素(기상요소)　　氣象衛星(기상위성)

氣壓(기압)　　　　　　氣溫(기온)

氣流(기류)　　　　　　氣候(기후)

大氣(대기)　　　　　　大雪(대설)

不快指數(불쾌지수)　　濕度(습도)

熱帶夜(열대야)　　　　雲量(운량)

雲形(운형)　　　　　　移動性高氣壓(이동성고기압)

日氣圖(일기도)　　　　日氣豫報(일기예보)

日照(일조)　　　　　　自然現象(자연현상)

災害(재해)　　　　　　低氣壓(저기압)

潮汐(조석)　　　　　　地球科學(지구과학)

地質(지질)　　　　　　地表(지표)

地形(지형)　　　　　　颱風(태풍)

暴雪(폭설)　　　　　　風速(풍속)

風向(풍향)　　　　　　旱魃(한발)

降水量(강수량)　　　　海流(해류)

洪水豫防(홍수예방)

揚子江(양자강) : 중국의 중심부를 흐르는 아시아에서 제일 큰 강으로 티베트 고원 북동부에서 시작하여 동중국해로 흘러 들어간다. 길이는 6,300km나 되며, 양쯔강이라고 부른다.

風雲(풍운) : 바람과 구름을 아울러 이르는 말로 중국의 황사는 모래가 강한 바람으로 멀리는 태평양 너머 미국의 캘리포니아 지역까지도 영향을 미친다고 한다.

▣ 추가 한자어

空轉(공전)　　　　　氣象病(기상병)　　　對流圈(대류권)

水理氣象(수리기상)　蜃氣樓(신기루)　　　實效濕度(실효습도)

熱圈(열권)　　　　　自轉(자전)　　　　　電力氣象(전력기상)

太陽系(태양계)　　　偏西風(편서풍)　　　輻射(복사)

行星(행성)

※ 다음 漢字語(한자어) 독음을 쓰시오.(1~9)

  (1) 開墾(   )   (2) 寶石(   )

  (3) 汚辱(   )   (4) 人脈(   )

  (5) 自覺(   )   (6) 制壓(   )

  (7) 幸運(   )   (8) 循環(   )

  (9) 硫黃(   )

※ 다음 밑줄 친 단어에 알맞은 漢字語(한자어)를 쓰시오.(10~18)

  (10) 그것은 사건의 발단(   )이 되었다.

  (11) 자 ! 유성(   ) 사인펜으로 쓰십시오.

  (12) 전염병의 감염(   )에 주의해야 한다.

  (13) 이것은 몇 가지 유형(   )으로 나눌 수 있다.

  (14) 정말 우연(   )한 만남으로 시작되었다.

  (15) 그 제품은 유통(   )기한이 지났다.

  (16) 이 정도면, 천만 다행(   )이다.

  (17) 무아의 경지(   )에 도달하다.

  (18) 모래 언덕을 사구(   )라고 한다.

※ (19) 다음 중 한자의 뜻이 서로 같은 것끼리 연결된 것은?

  ① 境 – 界   ② 利 – 潤

  ③ 免 – 責   ④ 革 – 命

※ (20) "뛰어난 미인을 이르는 말"을 뜻하는 四字成語(사자성어)가 아닌 것은?

  ① 絶世佳人   ② 傾國之色

  ③ 錦上添花   ④ 美人薄命

(1) 개간 (2) 보석 (3) 오욕 (4) 인맥 (5) 자각 (6) 제압 (7) 행운 (8) 순환
(9) 유황 (10) 發端 (11) 油性 (12) 感染 (13) 類型 (14) 偶然 (15) 流通
(16) 多幸 (17) 境地 (18) 砂丘 (19) ① 境 – 界 (20) ③ 錦上添花

한자능력검정 3급 문제 유형 분석

[유형1] 한자어의 독음

[유형2] 한자의 훈과 음

[유형3] 한자 쓰기

[유형4] 뜻이 반대 또는 상대되는 한자(어)

[유형5] 뜻이 비슷한 한자(어)

[유형6] 장단음 구분하기

[유형7] 反意語(반의어) 유형

[유형8] 한자성어

[유형9] 동음이의자(同音異義字)/어(語)

[유형10] 부수(部首) 알기

[유형11] 한자어의 뜻 이해하기

[유형12] 약자 및 간체자 쓰기

[유형13] 한문 번역하기

국가공인 10개 시험단체 한자 급수의 정도 및 출제 범위

구분	8급	7급	6급 (6급Ⅱ)	5급	4급 (4급Ⅱ)
내용	9개 국가공인 단체임. 독음과 훈음이 대부분임	9개 국가공인 단체임. 대부분 150자로 구성되어 있음.	9개 국가공인 단체임. 단체별로 차이가 있으나 평균 300자 내외로 구성됨.	10개 국가공인 단체이며 초등학교 고학년 수준의 어휘를 다룸.	10개 국가공인 한자단체 대부분 1,000자 정도 및 이해, 문장에 적절한 한자어 학습 중심
합격 기준 (%)	70~60	70~60	70~60	70~45	70~57
검정 시간 (분)	60~40	60~40	60~40	90~50	90~50
검정료 (원)	14,000~10,000	14,000~10,000	14,000~10,000	25,000~12,000	25,000~12,000
수험 급수 및 학년	초등 1	초등 2	초등 3-4	초등 5	초등 6
한자 독음	○	○	○	○	○
훈음 쓰기	○	○	○	○	○
한자 쓰기			○	○	○
동음 이의어	○	○	○	○	○
한자어 뜻풀이	○	○	○	○	○
한자 완성형	○	○	○	○	○
기 타	○	○	○	○	○
배정 한자수	100~30	150~50	500~70	1,000~250	1,800~900

3급 (3급 II)	2급	1급	사범	특급
10개 국가공인 단체이며 1,500~1800자 수준으로 고급수준에 근접함.	10개 국가공인단체 이며 2,000~2,500자 사이로 구성됨. 고급수준 한자어를 무리없이 읽어 낼 수 있다.	10개 국가공인 단체이며 3,500자 사이로 구성됨. 고급수준의 한자어를 무리없이 읽고 쓸 수 있다.	진흥회와 검정회만 있음. 5,000자 이내의 한자와 한문해독 능력필요	한국어문회와 교육평가인증원만 있음. 교육평가인증원은 장원이라는 등급임. 5,000자 이내의 한자와 한문해독 능력필요
80~60	79~70	90~70	80	80
90~60	120~60	120~70	150~120	100~90
25,000~12,000	25,000~15,000	35,000~15,000	55,000~50,000	50,000~35,000
중등 1-3	고등1-3	대학생 일반인	일반인	일반인
○	○	○	○	○
○	○	○	○	○
○	○	○	○	○
○	○	○	○	○
○	○	○	○	○
○	○	○	○	○
○	○	○	○	○
1,817~1,000	4,908~2,000	4,908~3,500	5,000	5,978~5,000

[유형1] 한자어의 독음

3급 총 150문제 중에서 45문제 정도 출제되는 유형으로 漢字語(한자어)의 讀音(독음)을 쓸 수 있는가를 평가하는 문제입니다. 이 유형은 한자능력 검정시험의 讀音(독음)을 묻는 가장 일반적인 유형입니다. 고득점을 원한다면 이 유형 정도는 만점을 목표로 준비해야 합니다. 평소 3급 배정한자 1850자로 조합된 漢字語(한자어)를 꾸준히 학습하는 것이 바람직합니다.

유형분석
* 독음(讀音)은 한자(漢字) 혹은 한자어(漢字語)의 음(音:소리)를 우리말로 읽는 것입니다.
  한자의 소리를 묻는 문제인 만큼 두음법칙, 활음조 현상 등에도 유의해야 합니다.
* 모든 단체에서 공통적으로 출제되는 가장 기본적인 유형입니다.

(한국어문회)
※ 다음 漢字語의 讀音을 쓰시오.

(1) 倒壞 도괴   (2) 懇請 간청   (3) 諒察 양찰   (4) 塗炭 도탄   (5) 劍舞 검무

(대한검정회)
※ 한자어의 독음이 바른 것을 고르시오.

疲勞 (③)   ① 병로   ② 피영   ③ 피로   ④ 파로

※ 한자어의 독음을 쓰시오.

1. 閑良 (한량)   2. 歡呼聲 (환호성)

(상공회의소)
※ 다음 한자(漢字)의 음(音)은 무엇입니까?

充 : ① 충   ② 윤   ③ 류   ④ 실

※ 다음 문장에서 밑줄 친 한자어(漢字語)의 음(音)은 무엇입니까?

서구의 문화가 들어오면서부터 거의 모두가 신식에 의한 婚禮를 행하게 되었다.
① 가례   ② 관례   ③ 하례   ④ 혼례

(한국외국어평가원)
※ 다음 한자어의 독음을 답안지 해당 답란에 한글로 쓰시오.

1. 黃狗 황구   2. 破壞 파괴   3. 硬度 경도   4. 頃刻 경각   5. 牽制 견제

(한자교육진흥회)

※ 다음 한자어의 독음을 쓰시오.

1. 假髮 가발　　　2. 甚深 심심　　　3. 刷新 쇄신　　　4. 額面 액면

(한국평생교육평가원)

※ 다음 漢字語의 讀音을 고르시오.

緊縮　　　　① 견숙　　　② 견축　　　③ 긴장　　　④ 긴축　　　⑤ 긴숙

(한국한자한문능력개발원)

※ 漢字語의 讀音이 바르지 않은 것을 고르시오.

① 陵寢 - 능침　② 濃淡 - 농담　③ 寄稿 - 기고　④ 紀綱 - 기강　⑤ 豪傑 - 준걸

※ 다음 漢字語의 讀音을 쓰시오.

(1) 制裁 (제재)　　　(2) 聯隊 (연대)　　　(3) 底邊 (저변)

(한국교육평가인증원)

※ 다음 중 한자어의 독음이 바른 것을 고르시오.

① 富裕 - 부곡　② 歡迎 - 탄성　③ 背書 - 배서　④ 團體 - 단체　⑤ 罪目 - 벌목

(상무한검)

※ 다음 신문(新聞)의 헤드라인을 읽고, 밑줄 친 한자어(漢字語)의 독음(讀音)으로 옳은 것을 고르시오.

대형차 시장, 국산차 躍進에 수입차 주춤

---

① 매진　　　② 추진　　　③ 약진　　　④ 증진

(한국정보관리협회)

※ 다음 한자어의 독음을 답안지 뒤쪽 주관식 해당란에 써 넣으시오.

(1) 觸媒 촉매　　(2) 尖銳 첨예　　(3) 荒唐 황당　　(4) 謀陷 모함

다시 한 번 점검하세요
가장 기초적이면서도 또한 출제 비중이 가장 높은 유형입니다. 위 예시들과 같이 단체별 문제 유형이 조금씩 다르지만 평소에 해당 배정한자를 꾸준히 반복 학습하고, 배정한자로 구성된 한자어를 아울러 학습한다면 모든 단체의 문제들을 쉽게 해결 할 수 있습니다.

3급 〈독음쓰기〉시험에 잘 나오는 한자어 (★ - 출제빈도가 높음)

佳緣(가연)	刻骨(각골)	脚韻(각운)	懇談(간담)	姦淫(간음)
懇切(간절)	渴症(갈증)★	減免(감면)	皆勤(개근)	慨歎(개탄)★
激勵(격려)★	謙讓(겸양)	謙虛(겸허)	硬直(경직)	慶賀(경하)
啓蒙(계몽)★	契約(계약)★	苦惱(고뇌)	顧慮(고려)	姑婦(고부)★
枯葉(고엽)★	孤寂(고적)	鼓吹(고취)	哭聲(곡성)	困窮(곤궁)
貢獻(공헌)★	誇張(과장)★	寡占(과점)	寡黙(과묵)	慣例(관례)
管掌(관장)	貫徹(관철)	廣漠(광막)★	掛圖(괘도)	矯導(교도)
巧妙(교묘)	交易(교역)	交替(교체)	交響(교향)	拘束(구속)★
苟且(구차)★	驅逐(구축)★	構築(구축)	龜兎之說(구토지설)	弓矢(궁시)★
拳鬪(권투)	鬼哭(귀곡)	閨秀(규수)	勤儉(근검)	勤勉(근면)
謹愼(근신)★	禽獸(금수)★	紀綱(기강)★	欺罔(기망)	飢餓(기아)★
祈願(기원)★	基礎(기초)★	旣婚(기혼)	緊縮(긴축)	吉祥(길상)
金剛山(금강산)	洛東江(낙동강)	欄干(난간)	南蠻(남만)	濫伐(남벌)★
藍碧(남벽)	耐久(내구)	奴婢(노비)	濃淡(농담)★	腦裏(뇌리)
漏濕(누습)	端緒(단서)	丹楓(단풍)	踏橋(답교)	踏步狀態(답보상태)
踏査(답사)	踏襲(답습)	大盛況(대성황)	貸與(대여)	對照(대조)
貸借(대차)★	陶醉(도취)	督勵(독려)★	毒蛇(독사)	督促(독촉)
敦篤(돈독)★	豚兒(돈아)	童蒙(동몽)	頭韻(두운)	鈍濁(둔탁)
爛漫(난만)	掠奪(약탈)	廉恥(염치)	靈魂(영혼)	爐邊(노변)
雷聲(뇌성)	累積(누적)	漏電(누전)	隆盛(융성)	隆崇(융숭)
磨滅(마멸)★	麻浦(마포)	漠然(막연)	晩稻(만도)	蠻夷(만이)
忘却(망각)	埋沒(매몰)★	脈絡(맥락)	麥芽(맥아)	勉勵(면려)★
冥想(명상)	模倣(모방)	貌樣(모양)	謀策(모책)★	謀陷(모함)
廟堂(묘당)	舞臺(무대)	霧散(무산)	茂盛(무성)	墨畵(묵화)
勿驚(물경)	微細(미세)	迷惑(미혹)★	蜜蜂(밀봉)	迫頭(박두)
叛徒(반도)	拔群(발군)	拜謁(배알)★	配偶(배우)★	排斥(배척)
煩惱(번뇌)	飜譯(번역)★	煩雜(번잡)★	碧溪(벽계)	辨償(변상)
屛帳(병장)	報償(보상)★	普遍(보편)★	蜂蜜(봉밀)	逢辱(봉욕)★
腐儒(부유)	扶持(부지)	負荷(부하)	粉飾(분식)	奔走(분주)
崩壞(붕괴)	比肩(비견)	肥滿(비만)	鼻炎(비염)	鼻祖(비조)

卑賤(비천)★	頻繁(빈번)★	詐欺(사기)★	蛇尾(사미)	邪惡(사악)
賜藥(사약)	斜陽(사양)★	辭讓(사양)	謝恩(사은)	削減(삭감)★
朔望(삭망)★	削除(삭제)	森林(삼림)	嘗味(상미)	霜雪(상설)
桑海(상해)★	省略(생략)	生栗(생률)	庶務(서무)	惜敗(석패)
善隣(선린)	涉外(섭외)	細腰(세요)	洗濯(세탁)★	燒却(소각)
騷動(소동)	騷亂(소란)★	訴訟(소송)★	疎遠(소원)	粟米(속미)
誦詠(송영)★	刷掃(쇄소)★	衰弱(쇠약)★	首肯(수긍)	首尾(수미)
輸送(수송)	修飾(수식)	囚役(수역)	需要(수요)★	輸出(수출)
隨筆(수필)	循環(순환)	述懷(술회)	濕度(습도)	濕潤(습윤)
昇降機(승강기)	侍從(시종)	辛酸(신산)	信仰(신앙)	伸張(신장)
愼重(신중)	伸縮(신축)	尋訪(심방)★	牙旗(아기)	雅淡(아담)★
顔色(안색)	雁行(안행)	謁見(알현)	暗誦(암송)	哀歡(애환)
厄運(액운)★	野蠻(야만)★	嚴肅(엄숙)	餘暇(여가)	輿望(여망)
餘裕(여유)	疫疾(역질)	憐憫(연민)★	硯滴(연적)★	廉潔(염결)
寧陵(영릉)	榮譽(영예)	影響(영향)	銳角(예각)	銳利(예리)
銳敏(예민)★	梧桐(오동)	傲慢(오만)★	汚染(오염)★	瓦器(와기)
臥床(와상)★	緩急(완급)	外貌(외모)	搖動(요동)	庸劣(용렬)
愚鈍(우둔)	憂慮(우려)	愚問(우문)	尤甚(우심)★	羽翼(우익)
雲泥(운니)	雲霧(운무)★	韻尾(운미)	運輸(운수)	韻致(운치)
元旦(원단)	越境(월경)	違背(위배)★	僞造(위조)★	危殆(위태)★
違憲(위헌)	威脅(위협)	悠久(유구)	遊說(유세)	柔順(유순)
柔軟(유연)★	猶豫(유예)★	誘惑(유혹)★	遊戲(유희)★	潤澤(윤택)
隱居(은거)	隱蔽(은폐)	淫亂(음란)	吟詠(음영)	疑懼(의구)
宜當(의당)	履歷(이력)	異邦人(이방인)	移越(이월)	翼贊(익찬)
忍耐(인내)★	隣邦(인방)	刺傷(자상)	雌雄(자웅)★	酌婦(작부)
暫時(잠시)	蠶室(잠실)★	潛航(잠항)	葬禮(장례)	裝飾(장식)★
葬儀(장의)	栽培(재배)	災厄(재액)★	災禍(재화)	貯藏(저장)
抵抗(저항)	寂然(적연)	積載(적재)	赤潮現象(적조현상)	田畓(전답)
戰亂(전란)	絕叫(절규)★	漸減(점감)	漸增(점증)★	漸次(점차)
蝶泳(접영)	淨潔(정결)★	征伐(정벌)★	貞淑(정숙)	靜寂(정적)★
整齊(정제)★	淨化(정화)	朝貢(조공)	租稅(조세)★	族譜(족보)★
族戚(족척)	拙劣(졸렬)★	終了(종료)	罪囚(죄수)	走狗(주구)

周旋(주선)	遵據(준거)	俊傑(준걸)	遵守(준수)	中庸(중용)
蒸氣(증기)★	蒸發(증발)	症狀(증상)★	症勢(증세)	增額(증액)
贈與(증여)	憎惡(증오)	遲刻(지각)★	遲延(지연)	振動(진동)
陳腐(진부)	鎭壓(진압)	懲戒(징계)★	懲罰(징벌)	懲役(징역)
慙愧(참괴)★	參禪(참선)	倉庫(창고)	暢達(창달)	債務(채무)
彩色(채색)	菜蔬(채소)	策謀(책모)	薦擧(천거)★	踐踏(천답)
賤待(천대)	遷移(천이)	賤職(천직)	尖端(첨단)★	添附(첨부)
添削(첨삭)	尖塔(첨탑)	招聘(초빙)	礎石(초석)	超越(초월)
觸覺(촉각)	醜聞(추문)	抽象(추상)	推薦(추천)★	逐鹿(축록)★
逐邪(축사)	縮刷(축쇄)	逐出(축출)	衝擊(충격)★	衝突(충돌)★
充滿(충만)	取捨(취사)★	恥辱(치욕)★	漆器(칠기)	寢睡(침수)
墮落(타락)★	妥協(타협)★	琢磨(탁마)★	奪取(탈취)	奪還(탈환)★
貪慾(탐욕)	怠慢(태만)	討伐(토벌)	統帥(통수)★	透徹(투철)★
派遣(파견)★	破壞(파괴)★	罷免(파면)★	罷業(파업)★	播種(파종)★
敗北(패배)	廢棄(폐기)★	弊端(폐단)	閉幕(폐막)	廢止(폐지)
飽滿(포만)	飽腹(포복)	捕捉(포착)★	捕獲(포획)	被告(피고)
被服(피복)	皮膚(피부)★	被襲(피습)	彼我(피아)	彼岸(피안)
疲弊(피폐)	畢竟(필경)	鶴壽(학수)	旱災(한재)★	汗蒸(한증)
割據(할거)★	割賦(할부)	陷落(함락)	陷沒(함몰)★	含蓄(함축)
抗拒(항거)	海諒(해량)	解析(해석)	許諾(허락)	獻壽(헌수)
絃樂(현악)	穴居(혈거)	脅迫(협박)	螢雪(형설)	號哭(호곡)
魂靈(혼령)	昏迷(혼미)	婚需(혼수)	混濁(혼탁)	忽然(홀연)
鴻雁(홍안)	和睦(화목)★	禍福(화복)	貨幣(화폐)	擴散(확산)★
擴張(확장)	還給(환급)	荒廢(황폐)	悔悟(회오)	懷柔(회유)
懷疑(회의)	懷抱(회포)★	悔恨(회한)	獲得(획득)	橫暴(횡포)
曉星(효성)★	曉月(효월)	曉天(효천)	毁損(훼손)★	携帶(휴대)★
胸像(흉상)	興隆(흥륭)★	稀貴(희귀)★	稀薄(희박)	

[유형2] 한자의 훈과 음

3급 총 150문제 중에서 27문제 정도 출제되는 유형으로 漢字(한자)의 訓(훈)과 音(음)을 쓸 수 있는가를 평가하는 문제입니다. 이 유형은 한자능력검정시험에서 훈과 음을 묻는 가장 기본적인 유형이고 각 한자의 대표 訓(훈)과 音(음)을 정확히 알아야 한다는 것이 까다로울 수 있습니다. 이 책의 배정한자 일람표에는 이러한 혼동을 피하기 위해 정확한 대표 훈(訓)과 음(音)을 실어두었으니 평소에 꾸준히 학습하는 것이 매우 중요합니다.

유형분석
* 한자의 뜻과 소리를 동시에 묻는 문제입니다. 훈(訓)은 漢字의 새김(뜻)을, 음(音)은 소리를 말합니다. 예를 들어 子의 訓과 音을 묻는다면 訓은 '아들'이고, 音은 '자'이니, '아들 자'라고 답하면 되는 것입니다.
* 독음유형과 마찬가지로 모든 단체에서 고르게 출제되는 유형입니다.

(한국어문회)

※ 다음 漢字의 訓과 音을 쓰세요.

(1) 豈 어찌 기 (2) 臥 누울 와 (3) 尤 더욱 우 (4) 閏 윤달 윤 (5) 震 우레 진 (6) 慙 부끄러울 참

(대한검정회)

※ 한자의 훈음이 바르지 않은 것을 고르시오.

(③) ① 亥(돼지 해) ② 愁(근심 수) ③ 惜(아낄 애) ④ 號(이름 호)

※ 훈음에 맞는 한자를 고르시오.

칠 벌 (③) ① 使 ② 倍 ③ 伐 ④ 仙

(상공회의소)

※ 다음 한자(漢字)의 뜻은 무엇입니까?

脚 : ① 물리치다 ② 시렁 ③ 떠나다 ④ 다리

※ 다음의 뜻을 가진 한자(漢字)는 어느 것입니까?

캐다 : ① 菜 ② 抱 ③ 採 ④ 豆

(한국외국어평가원)

※ 다음 한자의 훈과 음을 답안지의 해당 답란에 한글로 쓰시오.

1. 負 질 부 2. 宴 잔치 연 3. 霧 안개 무 4. 僞 거짓 위 5. 忽 갑자기 홀

(한자교육진흥회)

※ 다음 한자의 훈음을 쓰시오.

1. 側 (곁 측)　2. 延 (늘일 연)　3. 卜 (점 복)

(한국평생교육평가원)

※ 다음 한자의 訓과 音이 맞는 것을 고르시오.

顯　① 나타날 현　② 매달 현　③ 고을 현　④ 젖을 습　⑤ 개간할 습

※ 다음 중 漢字의 訓과 音이 모두 맞는 것을 고르시오.

① 容 : 계곡 용　② 晨 : 새벽 신　③ 枯 : 마를 구　④ 羊 : 무리 양　⑤ 辯 : 분별할 변

(한국한자한문능력개발원)

※ 다음 訓과 音에 맞는 漢字를 고르시오.

얽을 구　　　① 覽　　　② 蒙　　　③ 宮　　　④ 盟　　　⑤ 構

※ 다음 漢字의 訓을 고르시오.

燃 – (④)　① 끄다　② 오르다　③ 내리다　④ 타다　⑤ 옳다

(한국교육평가인증원)

※ 다음 한자의 훈음을 쓰시오.

1. 災 재앙 재　2. 儒 선비 유　3. 旋 돌 선　4. 庶 여러 서

(한국정보관리협회)

※ 다음 훈(訓)과 음(音)에 맞는 한자를 '예'에서 골라 답안카드에 표기하시오.

(1) 닿을 (촉) ③　　(2) 화목할 (목) ①　　(3) 잠시 (잠) ②

➤ 예: 문제(1)~(3)번

① 睦　　　② 暫　　　③ 觸　　　④ 漸

> **다시 한 번 점검하세요**
> 훈음유형 역시 단체별로 다양한 유형을 보이고 있지만, 배정한자의 훈음을 충분히 익히신다면 쉽게 해결할 수 있습니다. 그리고 각 단체별로 대표훈음을 제시하고 있어서, 뜻에 있어서는 조금씩 상이한 부분이 있지만 字典에 의거하여 근거가 확실한 뜻은 모두 정답입니다. 본서의 대표훈음만을 숙지한다고 해도 전혀 문제가 되지 않습니다.

혼동하기 쉬운 동음이의자

龜[3]　　땅이름 구 : 龜尾(구미[3])　龜浦(구포[3Ⅱ])

　　　　거북 귀 : 龜鑑(귀감[3Ⅱ])

　　　　터질 균 : 龜裂(균열[3])

樂[6]　　즐길 락 : 樂園(낙원[6])　娛樂(오[3]락)

　　　　좋아할 요 : 樂山樂水(요산[8]요수[8])

　　　　노래 악 : 音樂(음[6]악)　樂譜(악보[3])

率[3Ⅱ]　　비율 률 : 能率(능[6]률)　比率(비[5]율)

　　　　거느릴 솔 : 引率(인[4Ⅱ]솔)　統率(통[4Ⅱ]솔)

說[5]　　말씀 설 : 說得(설득[4Ⅱ])　說話(설화[7])

　　　　달랠 세 : 說客(세객[5])　遊說(유[4]세)

　　　　기쁠 열 : 說樂(열락[6])　說懷(열회[3Ⅱ])

食[7]　　밥 식 : 食堂(식당[6])　食事(식사[7])

　　　　먹일 사 : 疎食(소[3Ⅱ]사)

惡[5]　　악할 악 : 善惡(선[5]악)　惡用(악용[6])

　　　　미워할 오 : 惡寒(오한[5])　憎惡(증[3Ⅱ]오)

易[4]　　바꿀 역 : 交易(교[6]역)　貿易(무[3Ⅱ]역)

　　　　쉬울 이 : 簡易(간[4]이)　容易(용[4Ⅱ]이)

切[5]　　끊을 절 : 切斷(절단[4Ⅱ])　切望(절망[5])

　　　　온통 체 : 一切(일[8]체)

布[4Ⅱ]　　베 포 : 布木(포목[8])

　　　　펼 포 : 公布(공[6]포)　宣布(선[4]포)

　　　　보시 보 : 布施(보시[4Ⅱ])

暴[4Ⅱ]　　사나울 폭 : 暴力(폭력[7])　暴行(폭행[6])

　　　　모질 포 : 暴惡(포악[5])　橫暴(횡[3Ⅱ]포)

[유형3] 한자 쓰기

3급 총 150문제 중에서 10문제 내외로 출제되는 유형이지만 〈한자(漢字)쓰기2〉의 문제 수에 따라 적절히 출제되고 있습니다. 제시된 대표 訓(훈)과 音(음)에 맞는 漢字(한자)를 정확히 쓸 수 있는가를 평가하는 문제입니다. 이 유형은 한자능력검정시험 쓰기 문제의 가장 기본적인 유형입니다. 3급 쓰기 배정한자 1000자(4급 배정한자와 동일)를 반복해서 써보는 습관이 중요하다고 하겠습니다.

이러한 문제유형은 한자능력검정시험 한자쓰기 시험의 대표적인 유형으로 문장 속에 포함된 단어를 漢字(한자)로 쓸 수 있는가를 평가하는 문제입니다. 3급의 경우 긴 지문을 제시하는 경우와 위와 같은 유형이 번갈아 출제되는 경향을 보이고 있습니다. 평소 3급 쓰기 배정한자 1000자(4급 배정한자와 동일)로 조합된 漢字語(한자어)를 꾸준히 학습하는 것이 바람직합니다.

유형분석
* 제시된 훈음에 알맞은 한자를 쓰거나, 문장 속에 활용된 한자어를 직접 쓸 수 있는지를 묻는 문제유형입니다.
* 3급의 경우 대부분의 단체에서 한자를 직접 쓰는 유형으로 출제되고 있습니다.

(한국어문회)

※ 다음 밑줄 친 漢字語를 漢字로 쓰시오.

(1) 날로 의약이 발달되어 건강 백세의 시대가 온다.　　醫藥
(2) 관광 사업은 굴뚝이 없는 좋은 사업이다.　　　　　觀光

(대한검정회)

※ 훈음에 맞는 한자를 쓰시오.

1. 까마귀 오 (　烏　) 2. 탈 승 (　乘　) 3. 권할 권 (　勸　)

※ '□孫, □祖, 未□有'에서 □안에 공통으로 들어갈 한자를 쓰시오.　曾

(한국외국어평가원)

※ 다음 훈과 음에 맞는 한자를 답안지의 해당 답란에 쓰시오.

1. 짝 배 配　2. 덜 손 損　3. 외로울 고 孤　4. 힘쓸 노 努

(한자교육진흥회)

※ 다음 문장 중 (　)안의 단어를 한자로 쓰시오.

1. (독감)에 걸리지 않도록 각별히 유의합시다.　　毒感
2. 젊은 시절에는 다양한 (경험)을 쌓아야 한다.　　經驗

※ 다음 〈보기〉의 설명에 맞게 □안에 공통으로 들어갈 한자를 쓰시오.

〈보기〉
① 곧은 뜻과 절조
② (잘못이나 실수 따위가 없도록) 마음을 씀

① 志□   ② □心   (操)

(한국평생교육평가원)

※ 문맥에 맞도록 밑줄 친 단어를 漢字로 쓰시오.

주1. 안녕 (安)(寧)   주2. 차별 (差)(別)   주3. 양심 (良)(心)

※ 다음 뜻이 되도록 漢字語를 漢字로 쓰시오.

주1. 금고 – 화재나 도난을 막기 위해 귀중품을 보관하는 궤.   (金庫)
주2. 자매 – 여자 형제. 언니와 아우.   (姉妹)

(한국한자한문능력개발원)

※ 위 글에서 밑줄 친 單語를 漢字로 쓰시오.

(1) ⓐ – 공부 (工夫)   (2) ⓑ – 최근 (最近)   (3) ⓒ – 취업 (就業)   (4) ⓓ – 시대 (時代)

(한국교육평가인증원)

※ 주어진 독음과 의미에 알맞은 한자어를 한자로 쓰시오.

1. 공급 – 요구나 필요에 따라 물품 따위를 제공함   供給
2. 멸망 – 망하여 없어짐   滅亡

※ 다음 빈칸에 공통으로 들어갈 한자를 쓰시오.

[가로] 어떤 사실을 적음. [세로] 소리를 기록함.   錄

(상무한검)

※ 다음 퍼즐의 빈칸에 들어갈 한자어(漢字語)를 주관식 답란에 쓰시오.

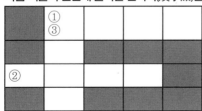

[가로 열쇠]
① 열 번 찍어 안 넘어가는 나무가 없다. 十伐之木
② 하나를 들으면 열을 안다. 聞一知十
[세로 열쇠]
③ 열 사람이 밥을 한 술씩만 보태어도 한 사람이 먹을 밥은 된다. 十匙一飯

다시 한 번 점검하세요

한자 쓰기는 기본적인 유형인 동시에 직접 한자로 써야 하기 때문에 초심자들이 가장 어렵게 느낄 수 있는 문제이기도 합니다. 평소에 배정한자를 쓰면서 공부하는 습관이 중요합니다. 그리고 문제에 약자(略字)도 허용한다는 단서가 있을 경우에는 약자로 써도 무방하지만, 보통은 정자(正字)로 써야한다는 것을 명심하시기 바랍니다.

3급 〈한자쓰기〉시험에 잘 나오는 한자어 (★ - 출제빈도가 높음)

가능성(可能性)　　가로수(街路樹)　　강구(講究)　　개혁(改革)
거주(居住)　　결론(結論)　　계속(繼續)★　　계승(繼承)
고립(孤立)　　고유(固有)　　고전(古典)★　　공과(功過)
공용(共用)★　　공존(共存)★　　과언(過言)　　과정(過程)★
관계(關係)　　관념론(觀念論)　　구별(區別)　　국익(國益)
굴절(屈折)　　규모(規模)　　기록(記錄)　　기술(技術)
납세(納稅)　　노력(勞力)　　논거(論據)　　논어(論語)
담임(擔任)　　동지(冬至)　　모범(模範)　　모범(模範)
목표(目標)　　묘기(妙技)　　무조건(無條件)　　미술(美術)
방법(方法)　　백제(百濟)　　번호(番號)　　법률(法律)
보수(保守)★　　부담(負擔)　　비판(批判)　　비평(批評)
사명감(使命感)★　　사업(事業)　　상업(商業)　　상처(傷處)
상황(狀況)　　서적(書籍)★　　선거(選擧)　　선정(選定)
성대(盛大)　　성적(成績)　　성찰(省察)　　세기(世紀)
손실(損失)　　술어(術語)　　습득(習得)　　시각성(視覺性)
시각적(視覺的)　　시급(時急)　　시조(時調)　　시행(施行)
신라(新羅)　　역사(歷史)★　　영달(榮達)　　영업(營業)
요소(要素)　　우수(優秀)　　위로(慰勞)　　유의(留意)
유족(遺族)　　유풍(遺風)　　은거(隱居)　　은혜(恩惠)
응용과학(應用科學)　　의의(意義)★　　인식(認識)　　자세(姿勢)
재료(材料)　　재물(財物)　　재수(再修)　　저축(貯蓄)
전개(展開)　　전공자(專攻者)　　전무(全無)　　전통(傳統)
정도(程度)　　정밀(精密)　　정보(情報)　　정신(精神)★
정확(正確)　　제도(制度)　　제시(提示)★　　조사(調査)
조어원(造語源)　　조화(調和)★　　중론(衆論)　　중요(重要)
증거(證據)　　증명(證明)　　지원(支援)　　지조(志操)
창작(創作)　　창조(創造)　　체계(體系)　　초대(招待)
초등(初等)　　축약(縮約)★　　축약력(縮約力)★　　취업(就業)
칭송(稱誦)　　통신사(通信使)　　파생(派生)　　평가(評價)
피곤(疲困)　　한계(限界)　　항복(降伏)　　향상(向上)
허비(虛費)　　혁신(革新)★　　혈액(血液)　　혼입(混入)
화물(貨物)　　확인(確認)★

[유형4] 뜻이 반대 또는 상대되는 한자(어)

3급 총 150문제 중에서 10문제 정도 출제되는 유형으로 뜻이 비슷한 漢字(한자)를 쓸 수 있는가를 평가하는 문제입니다. 이 유형 또한 반의어와 마찬가지로 漢字(한자)공부를 하는데 있어서 필수적인 유형이므로 철저히 대비하기를 바랍니다. 이 책의 부록에는 유의자·유의어를 급수별로 상세히 구분해서 실었으므로 효율적으로 활용할 수 있을 것입니다.

> 유형분석
> * 뜻이 반대되거나 상대되는 한자를 직접 쓰거나 〈보기〉에서 고를 수 있는 지를 묻는 문제유형입니다. 하위급수는 한글자로 된 반대·상대자가, 상위급수는 두 글자 이상으로 된 반대·상대어가 출제되고 있는 추세입니다.
> * 모든 단체에서 고르게 출제되는 중요한 유형입니다.

(한국어문회)

※ 다음 한자와 뜻이 反對 또는 相對되는 漢字를 써넣어 單語를 完成하시오.

(1) 難 ↔ (易) (2) (慶) ↔ 弔 (3) 需 ↔ (給) (4) (旱) ↔ 晩

(대한검정회)

※ 반대(상대)되는 뜻을 가진 한자의 연결이 틀린 것은?

① 余↔我 ② 深↔淺 ③ 動↔靜 ④ 損↔益

※ 반대(상대)되는 뜻의 한자어가 잘못 연결된 것은?

① 同居↔別居 ② 偉人↔凡人 ③ 共犯↔犯人 ④ 恩惠↔怨恨

(상공회의소)

※ 다음 한자어(漢字語)와 뜻이 반대(反對)이거나 상대(相對)되는 한자어는 어느 것입니까?

1. 常例 : ① 定例 ② 特例 ③ 比例 ④ 先例
2. 口語 : ① 用語 ② 造語 ③ 文語 ④ 失語
3. 直流 : ① 合流 ② 下流 ③ 主流 ④ 交流

(한국외국어평가원)

※ 다음 단어의 뜻에 반대(상대)되는 한자어를 ㉮㉯㉰㉱ 중에서 골라, 답안지의 해당 기호에 까맣게 칠하시오.

騷亂 ㉮ 納得 ㉯ 寄附 ㉰ 靜肅 ㉱ 複雜
怠慢 ㉮ 要領 ㉯ 勤勉 ㉰ 抑制 ㉱ 災殃

(한자교육진흥회)

※ 다음 [　] 안의 한자와 뜻이 상대(반대)되는 한자는?

[歡] ① 臨　② 茂　③ 哀　④ 喜

(한국평생교육평가원)

※ 다음 중 '뜻이 반대 또는 상대적인 한자' 로 이루어진 漢字語를 찾으시오.

1. ① 達人　② 强弱　③ 强力　④ 誤認　⑤ 難色
2. ① 荒弊　② 妄覺　③ 愛憎　④ 漂流　⑤ 尋訪

(한국한자한문능력개발원)

※ 다음 漢字와 뜻이 反對 또는 相對되는 漢字를 고르시오.

縱 ↔ (　)　① 脫　② 碧　③ 橫　④ 黃　⑤ 玄
順 ↔ (　)　① 易　② 逆　③ 役　④ 歷　⑤ 亦

(한국교육평가인증원)

※ 다음 문장에서 밑줄 친 한자어와 반대 또는 상대되는 한자어를 고르시오.

1. 偶然히 그녀의 소식을 들었다.
① 延長　② 毒藥　③ 必然　④ 嚴肅　⑤ 簡潔

2. 平凡한 옷과 신발을 예쁘게 리폼해 드립니다.
① 奇拔　② 耕作　③ 困窮　④ 檢索　⑤ 動機

(상무한검)

※ 다음 밑줄 친 부분과 뜻이 서로 상대(相對)되는 한자어(漢字語)를 고르시오.

길에서 <u>偶然</u>히 그를 만났다.

① 未然　② 忽然　③ 超然　④ 必然

(한국정보관리협회)

※ 다음 한자와 뜻이 반대되는 한자를 아래에서 골라 답안카드에 표기하시오.

(1) 簡單　　　㉮ 伏雜　㉯ 複難　㉰ 複雜　㉱ 復雜
(2) 硬直된 사고　㉮ 柔軟　㉯ 桑軟　㉰ 流蓮　㉱ 剛直

다시 한 번 점검하세요
반대 또는 상대자는 우리말 어휘력 향상에도 상당히 도움이 되는 요소입니다. 평소에 반대 또는 상대되는 한자 및 한자어들을 정리해두는 것이 중요합니다. 본서의 부록을 활용하시면 충분히 대비할 수 있습니다.

3급 〈뜻이 비슷한 한자〉 시험에 잘 나오는 한자 (★ - 출제빈도가 높음)

價(값 가) - 値(값 치)★

歌(노래 가) - 謠(노래 요)

覺(깨달을 각) - 悟(깨달을 오)

康(편안할 강) - 健(굳셀 건)

巨(클 거) - 大(큰 대)

健(굳셀 건) - 康(편안할 강)

經(지날 경) - 過(지날 과)

經(지날 경) - 歷(지날 력)

階(섬돌 계) - 段(층계 단)

階(섬돌 계) - 層(층 층)

繼(이을 계) - 續(이을 속)

恭(공손할 공) - 敬(공경 경)★

空(빌 공) - 虛(빌 허)★

果(실과 과) - 實(열매 실)

具(갖출 구) - 備(갖출 비)

急(급할 급) - 速(빠를 속)

給(줄 급) - 與(더불 여)

單(홑 단) - 獨(홀로 독)

道(길 도) - 路(길 로)

配(나눌 배) - 偶(짝 우)★

配(나눌 배) - 匹(짝 필)

附(붙을 부) - 着(붙을 착)

墳(무덤 분) - 墓(묘 묘)

貧(가난할 빈) - 窮(다할 궁)

賓(손 빈) - 客(손 객)

思(생각 사) - 想(생각 상)★

相(서로 상) - 互(서로 호)

選(가릴 선) - 擇(가릴 택)

尋(찾을 심) - 訪(찾을 방)

眼(눈 안) - 目(눈 목)★

養(기를 양) - 育(기를 육)

連(이을 련) - 續(이을 속)

怨(원망할 원) - 恨(한 한)

恩(은혜 은) - 惠(은혜 혜)★

音(소리 음) - 聲(소리 성)★

引(끌 인) - 導(인도할 도)

認(알 인) - 識(알 식)★

仁(어질 인) - 慈(사랑 자)

裝(꾸밀 장) - 飾(꾸밀 식)

停(머무를 정) - 止(그칠 지)★

組(짤 조) - 織(짤 직)

朱(붉을 주) - 紅(붉을 홍)

憎(미울 증) - 惡(미워할 오)★

倉(곳집 창) - 庫(창고 고)

層(층 층) - 階(섬돌 계)★

鬪(싸움 투) - 爭(다툴 쟁)★

和(화할 화) - 睦(화목할 목)

歡(기쁠 환) - 喜(기쁠 희)

皇(임금 황) - 帝(임금 제)

休(쉴 휴) - 息(쉴 식)

希(바랄 희) - 望(바랄 망)

[유형5] 뜻이 비슷한 한자(어)

유형분석
* 뜻이 비슷한 한자 및 한자어인 유의자나 유의어를 직접 쓰거나 〈보기〉에서 고를 수 있는지를 묻는 문제유형입니다. 하위급수는 한글자로 된 유의자가, 상위급수는 두 글자 이상으로 된 유의어가 출제되고 있는 추세입니다.
* 모든 단체에서 고르게 출제되는 중요한 유형입니다.

(한국어문회)

※ 다음 빈칸에 訓이 같은 漢字를 써 넣어 單語를 完成하시오.

(1) (洗)濯   (2) 賓(客)   (3) 寡(少)   (4) (比)較

(대한검정회)

※ 비슷한 뜻을 가진 한자의 연결이 틀린 것은?

① 鳴=泣   ② 豊=凶   ③ 停=留   ④ 堅=固

※ 비슷한 뜻의 한자어가 잘못 연결된 것은? (   )

① 相談=相議   ② 稅金=積金   ③ 直前=卽前   ④ 處罰=處刑

(상공회의소)

※ 다음 한자(漢字)와 뜻이 비슷한 한자는 어느 것입니까?

1. 了 : ① 懸   ② 作   ③ 終   ④ 忌
2. 訪 : ① 問   ② 來   ③ 巡   ④ 尋
3. 勞 : ① 壯   ② 務   ③ 隸   ④ 奴
4. 扶 : ① 助   ② 演   ③ 長   ④ 條

(한국외국어평가원)

※ 다음 단어의 뜻과 동의(유의) 한자를 ㉮㉯㉰㉱ 중에서 골라, 답안지의 해당 기호에 까맣게 칠하시오.

1. 不正 ㉮ 順次 ㉯ 發作 ㉰ 非理 ㉱ 正常
2. 一般 ㉮ 普遍 ㉯ 引用 ㉰ 山岳 ㉱ 劃一

(한자교육진흥회)

※ 다음 [   ]안의 한자와 뜻이 비슷한 한자는?

1. [貸] ① 賤 ② 倒 ③ 貫 ④ 借

2. [態] ① 策 ② 姿 ③ 才 ④ 浮

(한국평생교육평가원)

※ 다음 중 '뜻이 같거나 비슷한 한자'로 이루어진 漢字語를 찾으시오.

1. ① 弱冠 ② 復古 ③ 縱橫 ④ 希望 ⑤ 强忍
2. ① 角逐 ② 燕尾 ③ 急送 ④ 雌雄 ⑤ 菜蔬

(한국한자한문능력개발원)

※ 주어진 漢字와 뜻이 같거나 비슷한 漢字를 고르시오.

連 – (   ) ① 劇 ② 導 ③ 慕 ④ 絡 ⑤ 憤

(한국교육평가인증원)

※ 다음 한자어 중 뜻이 같거나 비슷한 한자로 이루어진 것을 고르시오.

① 定例 ② 協贊 ③ 共用 ④ 顏面 ⑤ 北斗
① 禍根 ② 寒冷 ③ 信念 ④ 雄飛 ⑤ 創業

(한국정보관리협회)

※ 다음 한자와 뜻이 비슷한 한자어를 아래에서 골라 답안카드에 표기하시오.

(1) 緊迫   ① 急迫 ② 結迫 ③ 緊博 ④ 緊張
(2) 存亡   ① 殘滅 ② 存在 ③ 存廢 ④ 存滅

> 다시 한 번 점검하세요
> 상대어 반대어와 마찬가지로 우리말 어휘력에 도움이 되는 요소이며, 평소에 뜻이 서로 비슷한 한자나 한자어들을 정리해두는 것이 중요합니다. 본서의 부록을 활용하시면 충분히 대비할 수 있습니다.

[유형6] 장단음 구분하기

長短音(장단음)이란 우리말을 읽을 때 길게 또는 짧게 발음하는 것을 말합니다. 長短音(장단음) 문제는 한자능력검정시험에서 가장 어렵다고 할 수 있을 만큼 학습자들이 부담을 가질 수 있는 유형입니다. 뚜렷한 원칙을 찾기 또한 쉽지 않기 때문에 우선 눈으로 많이 익히는 것이 가장 중요합니다. 평소에 국어사전을 통해 漢字語(한자어)를 확인하는 것도 長短音(장단음)을 대비할 수 있는 방법입니다. 국어사전의 모든 漢字語(한자어)에는 ' : '와 같이 장음 표시가 되어 있기 때문에 ' : '가 있으면 장음 ' : '가 없으면 단음으로 읽힌다고 보면 됩니다.

유형분석
* 주어진 한자어의 첫째 음절이 길게 발음되는지 또는 짧게 발음되는지를 구분할 수 있는지 묻는 문제유형입니다.
* 장단음을 묻는 유형은 한국어문회에서 다루고 있는 유형입니다.

(한국어문회)

※ 다음 漢字語 중 첫소리가 長音인 것을 가려 그 번호를 쓰시오.

(1) ① 謹製 ② 根源 ③ 筋骨 ④ 斤兩
(2) ① 奔放 ② 粉末 ③ 奮發 ④ 墳墓
(3) ① 收穫 ② 數學 ③ 水災 ④ 守備
(4) ① 話頭 ② 花郎 ③ 華南 ④ 貨物
(5) ① 書寫 ② 敍事 ③ 西山 ④ 夕刊

다시 한 번 점검하세요

長短音(장단음)이란 우리말을 읽을 때 길게 또는 짧게 발음하는 것을 말합니다. 長短音(장단음) 문제는 한자능력검정시험에서 가장 어려운 유형입니다. 뚜렷한 원칙을 찾기 또한 쉽지 않기 때문에 우선 눈으로 많이 익히는 것이 가장 중요합니다. 평소에 국어사전을 통해 漢字語(한자어)를 확인하는 것도 長短音(장단음)을 대비할 수 있는 방법입니다. 국어사전의 모든 漢字語(한자어)에는 ' : '와 같이 장음 표시가 되어 있기 때문에 ' : '가 있으면 장음, ' : '가 없으면 단음으로 읽힌다고 보면 됩니다.

[유형7] 반의어 유형

3급 총 150문제 중에서 10문제 정도 출제되는 유형으로 뜻이 서로 반대되거나 상대되는 漢字(한자)나 漢字語(한자어)를 쓸 수 있는가를 평가하는 문제입니다. 이 유형은 漢字(한자) 공부를 하는데 있어서 필수적인 유형이므로 철저히 대비하기를 바랍니다. 이 책의 부록에는 반의어·상대어를 급수별로 상세히 구분해서 실었으므로 효율적으로 활용할 수 있을 것입니다.

※ 다음 漢字와 뜻이 反對 또는 相對되는 漢字를 써넣어 單語를 完成하시오. (113~122)

(113) 京 ↔ ( )　鄉　　　　(114) 斷 ↔ ( )　續　　　　(115) 夫 ↔ ( )　婦

(116) 雌 ↔ ( )　雄　　　　(117) 賞 ↔ ( )　罰　　　　(118) ( ) ↔ 亡　興

(119) ( ) ↔ 薄　厚　　　　(120) ( ) ↔ 僞　眞　　　　(121) ( ) ↔ 近　遠

(122) ( ) ↔ 憎　愛

3급 〈반의자·반의어〉 시험에 잘 나오는 한자 (★ - 출제빈도가 높음)

加(더할 가) ↔ 減(덜 감)★ 　　　　　　　　　 輕(가벼울 경) ↔ 重(무거울 중)★

慶(경사 경) ↔ 弔(조상할 조)★ 　　　　　　　 京(서울 경) ↔ 鄉(시골 향)★

姑(시어미 고) ↔ 婦(며느리 부) 　　　　　　　 苦(쓸 고) ↔ 樂(즐길 락)

曲(굽을 곡) ↔ 直(곧을 직)★ 　　　　　　　　 敎(가르칠 교) ↔ 學(배울 학)

貴(귀할 귀) ↔ 賤(천할 천)★ 　　　　　　　　 勤(부지런할 근) ↔ 怠(게으를 태)★

及(미칠 급) ↔ 落(떨어질 락) 　　　　　　　　 起(일어날 기) ↔ 伏(엎드릴 복)

難(어려울 난) ↔ 易(쉬울 이)★ 　　　　　　　 內(안 내) ↔ 外(바깥 외)★

斷(끊을 단) ↔ 續(이을 속) 　　　　　　　　　 同(같을 동) ↔ 異(다를 이)★

動(움직일 동) ↔ 靜(고요할 정) 　　　　　　　 得(얻을 득) ↔ 失(잃을 실)

賣(팔 매) ↔ 買(살 매) 　　　　　　　　　　　 明(밝을 명) ↔ 暗(어두울 암)★

夫(지아비 부) ↔ 婦(며느리 부) 　　　　　　　 貧(가난할 빈) ↔ 富(부자 부)★

師(스승 사) ↔ 弟(아우 제) 　　　　　　　　　 賞(상줄 상) ↔ 罰(죄 벌)

先(먼저 선) ↔ 後(뒤 후) 　　　　　　　　　　 善(착할 선) ↔ 惡(악할 악)

成(이룰 성) ↔ 敗(패할 패) 　　　　　　　　　 損(덜 손) ↔ 益(더할 익)

送(보낼 송) ↔ 迎(맞을 영)★ 　　　　　　　　 順(순할 순) ↔ 逆(거스릴 역)

昇(오를 승) ↔ 降(내릴 강)★ 　　　　　　　　 勝(이길 승) ↔ 敗(패할 패)★

是(이 시) ↔ 非(아닐 비) 　　　　　　　　　　 深(깊을 심) ↔ 淺(얕을 천)

安(편안 안) ↔ 危(위태할 위) 　　　　　　　　 愛(사랑 애) ↔ 憎(미울 증)★

哀(슬플 애) ↔ 歡(기쁠 환) 　　　　　　　　　 緩(느릴 완) ↔ 急(급할 급)★

往(갈 왕) ↔ 來(올 래) 　　　　　　　　　　　 優(넉넉할 우) ↔ 劣(못할 열)

遠(멀 원) ↔ 近(가까울 근)★ 　　　　　　　　 陰(그늘 음) ↔ 陽(볕 양)

任(맡길 임) ↔ 免(면할 면) 　　　　　　　　　 雌(암컷 자) ↔ 雄(수컷 웅)

長(긴 장) ↔ 短(짧을 단)★

尊(높을 존) ↔ 卑(낮을 비)★

主(주인 주) ↔ 客(손 객)

增(더할 증) ↔ 減(덜 감)★

眞(참 진) ↔ 僞(거짓 위)★

淸(맑을 청) ↔ 濁(흐릴 탁)★

虛(빌 허) ↔ 實(열매 실)

禍(재앙 화) ↔ 福(복 복)★

黑(검을 흑) ↔ 白(흰 백)

可決(가결) ↔ 否決(부결)

結果(결과) ↔ 原因(원인)★

權利(권리) ↔ 義務(의무)★

內容(내용) ↔ 形式(형식)★

密集(밀집) ↔ 散在(산재)

保守(보수) ↔ 革新(혁신)

富貴(부귀) ↔ 貧賤(빈천)

上昇(상승) ↔ 下降(하강)

承諾(승낙) ↔ 拒絕(거절)

偶然(우연) ↔ 必然(필연)

抵抗(저항) ↔ 投降(투항)

質疑(질의) ↔ 應答(응답)★

抽象(추상) ↔ 具體(구체)

破壞(파괴) ↔ 建設(건설)

閉鎖(폐쇄) ↔ 開放(개방)★

早(이를 조) ↔ 晚(늦을 만)

晝(낮 주) ↔ 夜(밤 야)

衆(무리 중) ↔ 寡(적을 과)

進(나아갈 진) ↔ 退(물러날 퇴)★

集(모을 집) ↔ 散(흩을 산)

表(겉 표) ↔ 裏(속 리)★

呼(부를 호) ↔ 吸(마실 흡)★

厚(두터울 후) ↔ 薄(엷을 박)★

興(일 흥) ↔ 亡(망할 망)★

感情的(감정적) ↔ 理性的(이성적)

空想(공상) ↔ 現實(현실)

近郊(근교) ↔ 遠郊(원교)★

單純(단순) ↔ 複雜(복잡)★

放心(방심) ↔ 操心(조심)

服從(복종) ↔ 抵抗(저항)

相對的(상대적) ↔ 絕對的(절대적)

收入(수입) ↔ 支出(지출)★

勝利(승리) ↔ 敗北(패배)★

理性(이성) ↔ 感情(감정)★

主觀(주관) ↔ 客觀(객관)

慘敗(참패) ↔ 樂勝(낙승)

抽象的(추상적) ↔ 具體的(구체적)★

平和(평화) ↔ 戰爭(전쟁)

擴大(확대) ↔ 縮小(축소)

[유형8] 한자성어

3급 총 150문제 중에서 10문제 정도 출제되는 유형으로 漢字成語(한자성어)를 완성할 수 있는가를 평가하는 문제입니다. 이 유형은 漢字(한자) 낱글자를 아는데 그치지 않고 漢字成語(한자성어) 의미에 맞는 漢字(한자)를 유추해내는 문제 유형입니다. 평소에 漢字成語(한자성어)를 많이 익혀두는 습관이 중요하다고 하겠습니다. 이 책의 부록에는 四字成語(사자성어)가 풀이와 함께 실려 있으므로 많은 도움이 될 것입니다.

유형분석

* 한자성어는 오랜 세월에 걸쳐 쓰이는 관용구를 말합니다. 성어의 빈 칸에 알맞은 한자를 고르거나 한자성어가 올바르게 활용되고 있는지 등을 묻는 문제유형입니다.
* 모든 단체에서 고르게 출제되는 중요한 유형입니다.

(한국어문회)

※ 다음 빈칸에 알맞은 漢字를 써넣어 四字成語를 完成하시오.

(1) 見利思(義) (2) (燈)下不明 (3) 牛耳讀(經) (4) 至(誠)感天 (5) 虛(張)聲勢

(6) 九曲肝(腸) (7) 同(床)異夢 (8) 勿失好(機) (9) 識字憂(患) (10) 縱橫無(盡)

(대한검정회)

※ 성어의 쓰임이 바르지 않은 것은?

① 까다롭고 치밀한 그 사람을 <u>敬而遠之</u>할 뿐이야!
② 서예시간이 되어 <u>紙筆硯墨</u>을 꺼내 글씨를 썼다.
③ 살금살금 <u>步武堂堂</u>하게 교실의 뒷문으로 들어갔다.
④ 학생들의 논술 답안 대부분이 <u>千篇一律</u>적이었다.

※ 세속오계의 덕목이 아닌 것은?

① 交友以信 ② 事親以孝 ③ 事君以忠 ④ 參戰以勇

(상공회의소)

※ 다음 성어(成語)에서 '□'에 들어갈 알맞은 한자(漢字)는 어느 것입니까?

1. □故知新 : ① 用 ② 溫 ③ 容 ④ 論
2. 先公後□ : ① 正 ② 事 ③ 政 ④ 私

※ 다음 성어(成語)의 뜻풀이로 적절한 것은 어느 것입니까?

雪上加霜 ① 엎치락뒤치락하다. ② 엎친 데 덮치다.
③ 부질없이 거듭하다. ④ 같은 값이면 다홍치마이다

※ 다음 제시된 내용의 성어를 한자로 바르게 쓴 것을 ㉮㉯㉰㉱ 중에서 골라, 답안지의 해당 기호에 까맣게 칠하시오.

여러 책을 널리 읽고 기억을 잘하다

㉮ 後生可畏　　㉯ 博覽强記　　㉰ 目不識丁　　㉱ 明若觀火

※ 다음 □안에 적당한 한자를 넣어 〈보기〉의 설명에 해당하는 한자성어를 완성하시오.

〈보기〉 남에게 입은 은덕을 저버리고 배신함

□□忘德　背恩

※ 다음 漢字成語의 빈 칸에 들어갈 알맞은 漢字를 〈보기〉에서 고르시오.

〈 보　기 〉 ① 裏　② 累　③ 態　④ 尾

1. 炎涼世(③)　　2. 表(①)不同　　3. 龍頭蛇(④)

※ 四字成語가 완성되도록 (　)안에 알맞은 漢字를 고르시오.

(　)秀之歎 : 고국의 멸망을 한탄함을 이르는 말　　① 蘭　② 梅　③ 菊　④ 竹　⑤ 麥

※ 다음 (　)안에 알맞은 한자를 써넣어 한자성어를 완성하시오.

擧(案)齊眉 : 밥상을 눈썹과 가지런하도록 공손히 들어 남편 앞에 가지고 간다는 뜻으로, 남편을 깍듯이 공경함을 이르는 말

※ 다음 한자성어(漢字成語)의 뜻풀이를 보고 (　)안에 알맞은 한자(漢字)를 고르시오.

221

손바탕을 치며 한바탕 크게 웃음.
▶ ( )掌大笑

① 觸　② 拍　③ 搏　④ 打

(한국정보관리협회)

※ 다음 우리글의 독음과 내용(뜻) 설명에 알맞은 성어·고사성어 한자어를 골라 답안카드에 표기하시오.

극기복례	사욕이나 사악한 마음 같은 자신의 욕망을 억제하고 사회의 규범에 따라 행동함

① 克己福禮　　② 剋己復禮
③ 克己復禮　　④ 克己復醴

다시 한 번 점검하세요

한자성어는 우리말 어휘 능력에 상당한 도움을 주며, 상식을 배양할 수 있는 유익한 요소입니다. 한자성어를 완성하는 문제는 한자의 뜻을 정확히 이해한 후에 의미를 파악하는 것이 중요합니다.

3급 〈한자성어〉시험에 잘 나오는 것들 (★ - 출제빈도가 높음)

刻舟求劍(각주구검)
結者解之(결자해지)
過恭非禮(과공비례)
勸善懲惡(권선징악)
勞心焦思(노심초사)
同病相憐(동병상련)
莫上莫下(막상막하)
名實相符(명실상부)
傍若無人(방약무인)
百折不屈(백절불굴)
雪上加霜(설상가상)
實事求是(실사구시)
緣木求魚(연목구어)
龍頭蛇尾(용두사미)
仁者無敵(인자무적)
一石二鳥(일석이조)★
轉禍爲福(전화위복)
天高馬肥(천고마비)
他山之石(타산지석)
後生可畏(후생가외)

甘言利說(감언이설)
孤掌難鳴(고장난명)
九牛一毛(구우일모)
錦衣夜行(금의야행)
大器晚成(대기만성)
東奔西走(동분서주)
晚時之歎(만시지탄)
拍掌大笑(박장대소)
白骨難忘(백골난망)★
四顧無親(사고무친)
信賞必罰(신상필벌)★
羊頭狗肉(양두구육)★
烏飛梨落(오비이락)★
運轉免許(운전면허)
一擧兩得(일거양득)
日就月將(일취월장)
漸入佳境(점입가경)
千載一遇(천재일우)
貪官汚吏(탐관오리)

改過遷善(개과천선)★
苦盡甘來(고진감래)
群鷄一鶴(군계일학)
錦衣還鄕(금의환향)★
同價紅裳(동가홍상)★
同床異夢(동상이몽)
望雲之情(망운지정)
拔本塞源(발본색원)
百年河淸(백년하청)
事必歸正(사필귀정)★
身言書判(신언서판)★
易地思之(역지사지)
烏合之卒(오합지졸)
有備無患(유비무환)
一罰百戒(일벌백계)
一片丹心(일편단심)
朝令暮改(조령모개)
寸鐵殺人(촌철살인)
會者定離(회자정리)★

223

[유형9] 동음이의자/어

3급 총 150문제 중에서 5문제 정도 출제되는 유형으로 소리는 같으나 뜻이 다른 漢字語(한자어) 즉, 同音異義語(동음이의어)를 고를 수 있는가를 평가하는 문제입니다. 동음이의어를 확실히 학습해 두면 한자쓰기 실력 향상에도 큰 도움이 됩니다.

> 유형분석
> * 글자의 소리는 같으나 뜻이 다른 한자나 한자어를 알 수 있는지를 묻는 문제유형입니다. 독음유형의 응용문제라고 볼 수 있습니다.
> * 6~7단체에서 비교적 고르게 출제되는 유형입니다.

(한국어문회)
※ 다음 漢字語와 音은 같으나 뜻이 다른 한자어를 풀이에 맞게 쓰시오.

(1) 仲兄 – (重刑) : 무거운 형벌
(2) 電氣 – (傳記) : 한 사람의 일생동안의 행적을 적은 기록
(3) 維持 – (遺志) : 죽은 사람의 생전의 뜻

(상공회의소)
※ 다음 한자(漢字)와 음(音)이 같은 한자는 어느 것입니까?

1. 早 : ① 市　② 祖　③ 限　④ 次
2. 會 : ① 回　② 增　③ 展　④ 的

※ 다음 한자어(漢字語)와 발음(發音)이 같은 한자어는 어느 것입니까?

消化 : ① 笑話　② 教化　③ 草花　④ 美化

(한국평생교육평가원)
※ 다음 漢字語와 音이 같고 뜻이 다른 漢字語를 쓰시오.

주1. 全員 – ( )( ) 확보를 위한 댐건설도 중요하지만, 생태계 보존도 필요하다.　電源
주2. 級數 – 가뭄이 계속되자 소방차를 동원하여 ( )( )에 나섰다.　給水
주3. 築堤 – 월드컵 기간 동안에는 온 세계가 ( )( ) 분위기였다.　祝祭

(한국한자한문능력개발원)
※ 다음 漢字語와 同音異議語이면서 ( )안에 들어갈 알맞은 漢字語를 고르시오.

(1) 調整 : 충신은 ( )에서 임금에게 바른 말을 하였다.
① 朝停　② 朝廷　③ 朝貞　④ 鳥貞　⑤ 鳥政

(2) 父喪 : 씨름 대회를 개최하여, 우승한 사람에게 (　　)으로 황소 한 마리를 수었다.
　　① 富賞　② 負傷　③ 浮上　④ 副賞　⑤ 浮傷

(한국교육평가인증원)

※ (　)안의 한자와 음이 같은 한자를 고르시오.

1. (滴) ① 縮　② 跡　③ 畢　④ 倉　⑤ 仲
2. (丘) ① 乞　② 卿　③ 具　④ 劍　⑤ 華

(한국정보관리협회)

※ 다음 문제의 동음이의어 각 1개를 답안지 뒷면 주관식 답란에 써 넣으시오.

(1) 回期　會期　　　　(2) 時角　視覺

다시 한 번 점검하세요
배정한자의 대표 훈과 음을 충분히 익히신다면 어렵지 않게 해결할 수 있습니다. 단, 뜻은 다르면서 같은 음을 가진 한자들에 특별히 신경써서 대비한다면 효율적일 것입니다.

〈동음이의어〉

降[4]	내릴 강 : 降雨(강우[5]) 下降(하[7]강)	항복할 항 : 降服(항복[6]) 投降(투[4]항)
更[4]	다시 갱 : 更生(갱생[8]) 更新(갱신[6])	고칠 경 : 變更(변[5]경)
車[7]	수레 거 : 車馬(거마[5]) 自轉車(자[7]전[4]거)	수레 차 : 電車(전[7]차) 自動車(자[7]동[7]차)
乾[3Ⅱ]	하늘 건 : 乾坤(건곤[3]) 乾燥(건조[3])	마를 간 : 乾物(간물[7])
見[5]	볼 견 : 見聞(견문[6]) 見解(견해[4Ⅱ])	뵈올 현 : 謁見(알[3]현) 見齒(현치[4Ⅱ])
告[5]	고할 고 : 告示(고시[5]) 豫告(예[4]고)	청할 곡 : 告寧(곡녕[3Ⅱ]) 出必告(출[7]필[5]곡)
金[8]	쇠 금 : 金庫(금고[4]) 金錢(금전[4])	성 김 : 金氏(김씨[4])
奈[3]	어찌 내 : 奈何(내하[3Ⅱ])	나락 나 : 奈落(나락[5]) 奈邊(나변[4Ⅱ])
茶[3Ⅱ]	차 다 : 茶道(다도[7])	차 차 : 茶禮(차례[6]) 綠茶(녹[3]차)
單[4Ⅱ]	홑 단 : 單價(단가[5]) 食單(식[7]단)	흉노임금 선 : 單于(선우[3])
糖[3]	엿 당 : 糖分(당분[6]) 製糖(제[4Ⅱ]당)	사탕 탕 : 沙糖(사[3Ⅱ]탕) 雪糖(설[6]탕)
度[6]	법도 도 : 角度(각[6]도) 制度(제[4Ⅱ]도)	헤아릴 탁 : 度地(탁지[7])
讀[6]	읽을 독 : 讀書(독서[6]) 讀後感(독후[7]감[6])	구절 두 : 吏讀(이[3Ⅱ]두) 句讀點(구[4Ⅱ]두점[4])
洞[7]	골 동 : 洞里(동리[7]) 洞口(동구[7])	밝을 통 : 洞察(통찰[4Ⅱ]) 洞燭(통촉[3])
復[4Ⅱ]	회복할 복 : 復權(복권[4Ⅱ]) 回復(회[4Ⅱ]복)	다시 부 : 復活(부활[7]) 復興(부흥[4Ⅱ])
否[4]	아닐 부 : 否認(부인[4Ⅱ]) 否定(부정[6])	막힐 비 : 否塞(비색[3]) 否運(비운[6])
北[7]	북녘 북 : 北極(북극[4Ⅱ]) 北伐(북벌[4Ⅱ])	달아날 배 : 敗北(패[5]배)
不[7]	아닐 불 : 不可(불가[5]) 不問(불문[7])	아닐 부 : 不當(부당[5]) 不足(부족[7])
寺[4Ⅱ]	절 사 : 寺院(사원[5])	내시 시 : 寺人(시인[8])
殺[4Ⅱ]	죽일 살 : 殺生(살생[8]) 殺害(살해[5])	감할 쇄 : 殺到(쇄도[5]) 相殺(상[5]쇄)
狀[4Ⅱ]	형상 상 : 狀況(상황[4]) 現狀(현[6]상)	문서 장 : 賞狀(상[5]장) 令狀(영[5]장)
塞[3]	막힐 색 : 窮塞(궁[4]색) 閉塞(폐[4]색)	
	변방 새 : 要塞(요[5]새) 塞翁之馬(새옹[3]지[3Ⅱ]마[5])	
索[3Ⅱ]	찾을 색 : 索引(색인[4Ⅱ]) 思索(사[5]색)	동아줄 삭 : 索道(삭도[7]) 索寞(삭막[3Ⅱ])
省[6]	살필 성 : 反省(반[6]성) 省察(성찰[4Ⅱ])	덜 생 : 省略(생략[4])
數[7]	셈 수 : 數學(수학[8]) 術數(술[6]수)	자주 삭 : 頻數(빈[3]삭) 數白(삭백[8])
宿[5]	잘 숙 : 宿泊(숙박[3]) 合宿(합[6]숙)	별자리 수 : 星宿(성[4Ⅱ]수)
拾[3Ⅱ]	주울 습 : 拾得(습득[4Ⅱ]) 收拾(수[4Ⅱ]습)	열 십 : 拾萬(십만[8])
識[5]	알 식 : 認識(인[4Ⅱ]식) 知識(지[5]식)	기록할 지 : 標識(표[4]지)
若[3Ⅱ]	같을 약 : 若干(약간[4]) 若何(약하[3Ⅱ])	반야 야 : 般若心經(반[3Ⅱ]야심[7]경[4Ⅱ])
於[3]	어조사 어 : 於是乎(어시[4Ⅱ]호[3]) 於中間(어중[8]간[7])	
	탄식할 오 : 於乎(오호[3]) 於戲(오희[3Ⅱ])	
刺[3]	찌를 자 : 刺客(자객[5])	찌를 척 : 刺殺(척살[4Ⅱ]) 斥候(척후[4])
辰[3Ⅱ]	별 진 : 辰宿(진수[5]) 日辰(일[8]진)	때 신 : 生辰(생[8]신)
徵[3Ⅱ]	부를 징 : 徵兵(징병[5]) 特徵(특[6]징)	음률이름 치 : 宮商角徵羽(궁[4Ⅱ]상[5]각[6]치우[3])
差[4]	다를 차 : 差別(차별[6]) 差額(차액[4])	어긋날 치 : 參差(참[5]치)

參[5]	참여할 참 : 參加(참가[5]) 參席(참석[6])	석 삼 : 參拾(삼십[3Ⅱ])
拓[3Ⅱ]	넓힐 척 : 干拓(간[4]척) 開拓(개[6]척)	박을 탁 : 拓本(탁본[6])
則[5]	법칙 칙 : 規則(규[5]칙) 罰則(벌[4Ⅱ]칙)	곧 즉 : 則效(즉효[5]) 然則(연[7]즉)
沈[3Ⅱ]	잠길 침 : 沈沒(침몰[3Ⅱ]) 沈黙(침묵[3Ⅱ])	성 심 : 沈氏(심씨[4])
宅[5]	집 택 : 宅地(택지[7]) 家宅(가[7]택)	집 댁 : 宅內(댁내[7]) 貴宅(귀[5]댁)
便[7]	편할 편 : 便利(편리[6]) 便紙(편지[7])	오줌 변 : 便秘(변비[4]) 便所(변소[7])
皮[3Ⅱ]	가죽 피 : 皮革(피혁[4]) 毛皮(모[4Ⅱ]피)	가죽 비 : 鹿皮(녹[3]비)
合[6]	합할 합 : 合同(합동[7]) 合意(합의[6])	홉 홉 : 合(홉) – 한 되의 10분의 1
行[6]	다닐 행 : 行軍(행군[8]) 行路(행로[6])	항렬 항 : 行列(항렬[4Ⅱ])
畫[6]	그림 화 : 畫家(화가[7]) 畫廊(화랑[3Ⅱ])	그을 획 : 畫順(획순[5]) 計劃(계획[6])
活[7]	살 활 : 活氣(활기[7]) 活力(활력[7])	물소리 괄 : 活活(괄괄)

[유형10] 부수(部首) 알기

3급 총 150문제 중에서 5문제 정도 출제되는 유형으로 漢字(한자)의 部首(부수)를 정확히 알고 있는 가를 평가하는 문제입니다. 이 유형은 4급Ⅱ~1급까지 출제되고 있는 형태이며 평소에 배정한자를 익힘과 동시에 部首(부수)도 눈 여겨 보는 습관이 중요합니다. 部首(부수)는 한자의 가장 기본적인 지식이고 특히 字典(자전)을 찾는데 필요한 사항입니다.

> 유형분석
> * 部首란 자전(字典)에서 글자를 찾기에 편리하도록 분류하여 나타낸 자획(字畫)의 공통되는 부분을 말합니다.
> * 대부분의 단체에서 고르게 출제되고 있는 유형입니다.

(한국어문회)

※ 다음 각 漢字의 部首를 쓰시오.

(1) 勝 力　　(2) 垂 土　　(3) 承 手　　(4) 栽 木　　(5) 能 肉(月)

(대한검정회)

※ 한자의 부수와 총획의 연결이 바르지 못한 것은? (　　)

① 師-巾, 총10획　　② 於-方, 총8획　　③ 云-厶, 총5획　　④ 坤-土, 총8획

(상공회의소)

※ 다음 한자(漢字)의 부수(部首)는 무엇입니까?

1. 兵 : ① 八　　② 斤　　③ 丘　　④ 一
2. 到 : ① 至　　② 刂　　③ 一　　④ 土

(한국외국어평가원)

※ 다음 한자의 부수와 부수 이외의 획수를 답안지의 해당 답란에 쓰시오.

1. 拜 手-5획　　2. 滴 水-11획　　3. 尋 寸-9획

(한국평생교육평가원)

※ 다음 중 部首가 나머지와 다른 하나를 찾으시오.

1. ① 劣　　② 務　　③ 勝　　④ 協　　⑤ 勸
2. ① 犯　　② 技　　③ 犬　　④ 狀　　⑤ 獨

(한국한자한문능력개발원)

※ 다음 漢字의 部首를 쓰시오.

(1) 策 – (竹)　(2) 戒 – (戈)　(3) 塔 – (土)

(한국교육평가인증원)

※ 다음 중 한자와 부수가 <u>잘못</u> 연결된 것을 고르시오.

1. ① 梁 – 木　② 率 – 玄　③ 臨 – 口　④ 苗 – 艹　⑤ 拔 – 手

(한국정보관리협회)

※ 다음 문제의 부수와 총획수를 답안지 뒷면 주관식 답란에 써 넣으시오.

(1) 寂　宀, 11획　(2) 憫　忄(心), 15획

다시 한 번 점검하세요

상위급수로 갈수록 배정한자는 점점 많아지게 됩니다. 따라서 부수를 통해서 보다 체계적인 학습을 한다면 효율적일 것입니다. 더불어 字典을 이용하려면 부수의 활용은 필수불가결한 것임을 명심하시기 바랍니다. 본서의 배정한자일람의 부수를 확인하면서 학습하시기 바랍니다.

[유형11] 한자어의 뜻 이해하기

3급 총 150문제 중에서 5문제 정도 출제되는 유형으로 제시된 漢字語(한자어)의 뜻을 풀이할 수 있는 가를 평가하는 문제입니다. 이 유형은 한자능력검정시험에서 뜻풀이 문제로 가장 많이 출제되는 유형입니다. 평소에 漢字語(한자어)의 讀音(독음)만을 알 것이 아니라 각 漢字(한자)의 訓(훈)을 알고 뜻 풀이하는 습관을 기르는 것이 중요합니다. 이 때 국어사전을 통해서 정확한 뜻을 확인하는 것도 좋은 습관입니다.

유형분석
* 한자어의 뜻을 풀이할 수 있는지를 평가하는 것으로, 주어진 뜻에 맞는 한자어를 고르거나 직접 쓸 수 있는지를 묻는 문제유형입니다.
* 단체에 따라서 뜻풀이를 고르거나 쓰는 유형으로 다양하게 출제되고 있습니다.

(한국어문회)

※ 다음 漢字語의 뜻을 쓰시오.

(1) 潛入 남몰래 숨어듦   (2) 黃昏 해가 지고 어스름해질 때   (3) 豚舍 돼지우리
(4) 喜壽 일흔일곱 살   (5) 盛典 성대한 의식

(대한검정회)

※ 한자어의 뜻을 쓰시오.

1. 鷄卵 (닭의 알. 달걀)   2. 厚德 (도타운 덕)

※ 낱말의 뜻에 알맞은 한자어를 쓰시오.

1. 정결 : 매우 깨끗하고 깔끔함   (淨潔   )   2. 야채 : 들에서 자라나는 나물   (野菜   )

(상공회의소)

※ 다음 문장에서 밑줄 친 한자어(漢字語)의 뜻풀이로 적절한 것은 어느 것입니까?

1. 그와 나는 莫逆한 사이이다.
① 도와줌   ② 막연함   ③ 잘 통함   ④ 소원함

2. 내 말에는 秋毫의 거짓도 없다.
① 아주 큼   ② 아주 작음   ③ 호탕함   ④ 소심함

(한자교육진흥회)

※ 다음 설명과 같은 뜻을 지닌 한자어는?

1. 나라의 보배
   ① 比喩   ② 國寶   ③ 投資   ④ 疏通

2. 남을 깊이 사랑하고 가엾게 여김
① 慈悲 ② 心象 ③ 導體 ④ 隨筆

(한국평생교육평가원)

※ 다음 풀이에 알맞은 한자어를 고르시오.

1. 원래 무대 앞 아래쪽에서 배우를 비추는 광선이라는 말로 사회의 주목을 끄는 일.
① 烈光   ② 電光   ③ 採光   ④ 脚光   ⑤ 照光

2. 형태나 내용이 충실하지 못하고 보잘것없음.
① 貧弱   ② 適切   ③ 虛無   ④ 充實   ⑤ 貧血

(한국교육평가인증원)

※ 주어진 독음과 의미에 알맞은 한자어를 고르시오.

1. 사정을 하소연하여 도와주기를 간절히 바람
① 晩期   ② 休息   ③ 間或   ④ 干涉   ⑤ 歎願

2. 돈을 받고 자기의 물건을 남에게 빌려 줌
① 卓越   ② 臨終   ③ 齒牙   ④ 賃貸   ⑤ 形象

(상무한검)

※ 다음 뜻풀이를 참고하여 (   ) 안에 알맞은 한자어(漢字語)를 보기에서 고르시오.

| 어떤 일이 뜻밖에 갑자기 일어남. |
| ▶ (   )사건에 대처하다. |

① 連發   ② 觸發   ③ 突發   ④ 濫發

(한국정보관리협회)

※ 다음 한자어에 알맞은 뜻을 골라 답안카드에 표기하시오.

(1) 增築
① 다시 고쳐서 지음   ② 집을 늘리어 지음   ③ 성을 쌓음   ④ 더 차리거나 시설함

(2) 浪說
① 헤프게 소비함   ② 터무니없는 소문   ③ 흐르는 물   ④ 맹목적으로 남을 따름

다시 한 번 점검하세요

어휘력을 묻는 문제인 만큼 평소에 낱글자인 한자뿐만 아니라 한자어의 뜻을 같이 공부하는 것이 필요합니다. 평소에 국어사전을 통해서 정확한 뜻을 확인하는 습관이 중요합니다.

3급 〈뜻풀이〉 시험에 잘 나오는 한자

屈折(굴절) ⇒ 휘어서 꺾임.
克己(극기) ⇒ 자기의 욕망이나 감정 따위를 의지로 눌러 이김
濫用(남용) ⇒ 함부로 씀
濃霧(농무) ⇒ 자욱하게 낀 짙은 안개
模範(모범) ⇒ 본받아 배울 만함
伯父(백부) ⇒ 큰아버지
蜂蜜(봉밀) ⇒ 꿀 負債(부채) ⇒ 남에게 진 빚
朔望(삭망) ⇒ 음력 초하루와 보름
旋風(선풍) ⇒ 회오리바람
損失(손실) ⇒ 덜리어 없어짐 또는 축나거나 없어짐
瞬間(순간) ⇒ 눈 깜짝할 사이
軟骨(연골) ⇒ 물렁뼈
營業(영업) ⇒ 영리를 목적으로 행하는 사업
午睡(오수) ⇒ 낮잠
尤甚(우심) ⇒ 더욱 심함
雲霧(운무) ⇒ 구름과 안개
遺族(유족) ⇒ 죽은 사람의 뒤에 남아 있는 가족.
移植(이식) ⇒ 옮겨서 심음
隣家(인가) ⇒ 이웃집
雌雄(자웅) ⇒ 암컷과 수컷
調査(조사) ⇒ 조사하여 살핌.
足跡(족적) ⇒ 발자국
衆論(중론) ⇒ 뭇사람의 의견
遷都(천도) ⇒ 도읍을 옮김
漆工(칠공) ⇒ 칠장이
虛飢(허기) ⇒ 배가 몹시 고픔
貨物(화물) ⇒ 운반할 수 있는 유형의 재화

[유형12] 약자 및 간체자 쓰기

3급 총 150문제 중에서 3문제 정도 출제되는 유형으로 漢字(한자)의 略字(약자)를 정확히 쓸 수 있는 가를 평가하는 문제입니다. 약자는 말 그대로 획수가 많은 한자를 간단하게 줄여 쓴 글자를 말합니다. 한자능력검정시험에서는 5급부터 略字(약자)문제가 출제되고 있고 공인급수(4~1급)에서 고득점을 원한다면 기초적인 약자부터 정리해두는 습관이 중요합니다.

> 유형분석
> * 略字(약자: 글자의 획수를 줄인 漢字)와 簡體字(간체자 : 중국에서 쓰이는 글자의 획수를 줄인 漢字)를 쓸 수 있는지를 묻는 문제.
> * 3급의 경우, 약 4~5단체 정도에서 출제되고 있습니다.

(한국어문회)
※ 다음 漢字의 略字는 正字로, 정자는 略字로 쓰시오.

(1) 払 拂　(2) 団 團　(3) 処 處

(한국외국어평가원)
※ 다음 한자의 약자 또는 속자를 답안지의 해당 답란에 쓰시오.

1. 独 獨　2. 択 擇　3. 鉱 鑛

(한국정보관리협회)
※ 다음 간체자에 해당하는 번체자를 예문에서 골라 답안지 뒷면 주관식 답란에 써 넣으시오.

➤ 예문

縣	恥	戲

1. 县　　　2. 戏　　　3. 耻

(상무한검)
※ 다음 문장 속 약자(略字)의 정자(正字)를 고르시오.

広場에 많은 사람들이 모여 있다.

① 庫　②床　③席　④廣

> 다시 한 번 점검하세요
> 획수가 많은 한자를 간단하게 줄여 쓴 것을 약자(略字)라고 합니다. 배정한자 중에 몇 개의 대표적인 한자만 학습한다면 어렵지 않게 풀 수 있습니다. 본서의 부록을 참고하시기 바랍니다.

3급 〈약자쓰기〉시험에 잘 나오는 한자 (★ - 출제빈도가 높음)

價 ⇒ 価 (값 가)　　　　假 ⇒ 仮 (거짓 가)★　　關 ⇒ 関 (관계할 관)

鑛 ⇒ 鉱 (쇳돌 광)　　　區 ⇒ 区 (구분할 구)　　舊 ⇒ 旧 (예 구)★

歸 ⇒ 帰 (돌아갈 귀)★　亂 ⇒ 乱 (어지러울 란)★　斷 ⇒ 断 (끊을 단)

擔 ⇒ 担 (멜 담)　　　　當 ⇒ 当 (마땅 당)　　　黨 ⇒ 党 (무리 당)

對 ⇒ 対 (대할 대)　　　獨 ⇒ 独 (홀로 독)　　　發 ⇒ 発 (필 발)

邊 ⇒ 辺 (가 변)★　　　佛 ⇒ 仏 (부처 불)　　　辭 ⇒ 辞 (말씀 사)

屬 ⇒ 属 (붙일 속)　　　與 ⇒ 与 (더불 여)　　　濟 ⇒ 済 (건널 제)

鐵 ⇒ 鉄 (쇠 철)　　　　蟲 ⇒ 虫 (벌레 충)　　　學 ⇒ 学 (배울 학)

[유형13] 한문 번역하기

(한국외국어평가원)

※ 다음 한문 문장 중 밑줄 친 부분을 해석하여 답안지의 해당 답란에 쓰시오.

兄弟 比之木則同根也 <u>比之雁則同行也</u>　「학어집」
기러기에 비유하면 같이 나는 것이다.

熟讀一册 <u>盡曉義趣</u>　「격몽요결」
그 뜻을 모두 밝히다.

(한국교육평가인증원)

※ 다음 문장을 해석하시오.

三人行 <u>必有我師</u>　세 사람이 같이 길을 가면 반드시 내 스승이 있다.

(한국정보관리협회)

※ 다음 한문 문장의 뜻을 답안지 뒷면 서술형 주관식 답란에 써넣으시오.

| (1) <u>長幼는 天倫之序라</u> 兄之所以爲兄과 |
| (2) <u>弟之所以爲弟는</u> 長幼之道 所自出也라 |

(1) 어른과 어린이(長幼)는 천륜(天倫)의 차례라.
(2) 아우가 아우 되는 까닭에서는.

성명 :

학번 :

소속 :_____
학부(과) _____ 학년 _____

內	入 / 2획 (7급)						
	안 내:	內簡(내간)	內規(내규)	內亂(내란)	內紛(내분)	內部(내부)	
密	宀 / 8획 (4급Ⅱ)						
	빽빽할 밀	密談(밀담)	密室(밀실)	密酒(밀주)	密閉(밀폐)	密會(밀회)	
女	女 / 0획 (8급)						
	계집 녀	女史(여사)	女人(여인)	美女(미녀)	少女(소녀)	修女(수녀)	
流	水(氵) / 7획 (5급)						
	흐를 류	流配(유배)	流域(유역)	流轉(유전)	流布(유포)	激流(격류)	
年	干 / 3획 (8급)						
	해 년	年金(연금)	年例(연례)	年齒(연치)	來年(내년)	新年(신년)	
輪	車 / 8획 (4급)						
	바퀴 륜	輪伐(윤벌)	輪作(윤작)	輪回(윤회)	五輪旗(오륜기)		
念	心 / 4획 (5급)						
	생각 념:	念頭(염두)	念慮(염려)	槪念(개념)	雜念(잡념)	專念(전념)	
願	頁 / 10획 (5급)						
	원할 원:	願望(원망)	願書(원서)	民願(민원)	悲願(비원)	所願(소원)	
努	力 / 5획 (4급Ⅱ)						
	힘쓸 노	努力(노력)	努目(노목)	努肉(노육)			
力	力 / 0획 (7급Ⅱ)						
	힘 력	力量(역량)	力走(역주)	力點(역점)	力學(역학)	筋力(근력)	

家	宀 / 7획 (7급)								
	집 가	家系(가계)	家計(가계)	家門(가문)	家庭(가정)	宗家(종가)			
族	方 / 7획 (6급)								
	겨레 족	族屬(족속)	民族(민족)	遺族(유족)	親族(친족)	血族(혈족)			
歌	欠 / 10획 (7급)								
	노래 가	歌劇(가극)	歌舞(가무)	歌謠(가요)	國歌(국가)	詩歌(시가)			
曲	曰 / 2획 (5급)								
	굽을 곡	曲流(곡류)	曲盡(곡진)	曲藝(곡예)	曲解(곡해)	屈曲(굴곡)			
價	人 / 13획 (5급)								
	값 가	單價(단가)	代價(대가)	市價(시가)	株價(주가)	評價(평가)			
格	木 / 6획 (5급)								
	격식 격	格上(격상)	格言(격언)	格差(격차)	規格(규격)	性格(성격)			
可	口 / 2획 (5급)								
	옳을 가:	可決(가결)	可否(가부)	可笑(가소)	可用(가용)	不可(불가)			
能	月(肉) / 6획 (5급)								
	능할 능	能動(능동)	能力(능력)	能通(능통)	性能(성능)	效能(효능)			
加	力 / 3획 (5급)								
	더할 가	加減(가감)	加味(가미)	加算(가산)	加點(가점)	加熱(가열)			
速	辶 / 7획 (7급)								
	빠를 속	速斷(속단)	速度(속도)	速讀(속독)	高速(고속)	過速(과속)			

覺	見 / 13획 (4급)						
	깨달을 각	覺苦(각고)	感覺(감각)	味覺(미각)	發覺(발각)	聽覺(청각)	
書	日 / 6획 (6급)						
	글 서	書庫(서고)	書類(서류)	書式(서식)	書籍(서적)	書店(서점)	
刻	刀(刂) / 6획 (4급)						
	새길 각	刻骨(각골)	時刻(시각)	陽刻(양각)	陰刻(음각)	正刻(정각)	
苦	艹 / 5획 (6급)						
	쓸 고	苦難(고난)	苦生(고생)	苦戰(고전)	苦痛(고통)	苦行(고행)	
間	門 / 4획 (7급)						
	사이 간(:)	間斷(간단)	間接(간접)	空間(공간)	期間(기간)	人間(인간)	
食	食 / 0획 (7급)						
	밥/먹을 식	食口(식구)	食單(식단)	食堂(식당)	食性(식성)	食用(식용)	
看	目 / 4획 (4급)						
	볼 간	看病(간병)	看破(간파)	看板(간판)	看護(간호)		
過	辶(辵) / 9획 (5급)						
	지날 과:	過去(과거)	過激(과격)	過勞(과로)	過速(과속)	過熱(과열)	
簡	竹 / 12획 (4급)						
	대쪽/간략할 간(:)	簡潔(간결)	簡略(간략)	簡素(간소)	簡便(간편)	書簡(서간)	
單	口 / 9획 (4급Ⅱ)						
	홑 단	單價(단가)	單科(단과)	單數(단수)	單純(단순)	單層(단층)	

感	心 / 9획 (6급)						
	느낄 **감**:	感覺(감각) 感激(감격) 感謝(감사) 感情(감정) 感化(감화)					
動	力 / 9획 (7급)						
	움직일 **동**:	動機(동기) 動脈(동맥) 動物(동물) 動産(동산) 動靜(동정)					
監	皿 / 9획 (4급 II)						
	볼 **감**	監禁(감금) 監査(감사) 監修(감수) 監視(감시) 監察(감찰)					
督	目 / 8획 (4급 II)						
	감독할 **독**	基督教(기독교) 提督(제독) 總督(총독)					
減	水(氵) / 9획 (4급 II)						
	덜 **감**:	減點(감점) 減量(감량) 減産(감산) 輕減(경감) 增減(증감)					
稅	禾 / 7획 (4급 II)						
	세금 **세**:	稅關(세관) 稅金(세금) 稅收(세수) 所得稅(소득세)					
甘	甘 / 0획 (4급)						
	달 **감**	甘味(감미) 甘言(감언) 甘酒(감주) 甘泉(감천) 甘草(감초)					
受	又 / 6획 (4급 II)						
	받을 **수**(:)	受難(수난) 受納(수납) 受動(수동) 受益(수익) 受精(수정)					
敢	攵 / 8획 (4급)						
	감히/구태여 **감**:	敢不生心(감불생심) 敢鬪(감투) 果敢(과감) 勇敢(용감)					
行	行 / 0획 (6급)						
	다닐 **행**(:) 항렬 **항**	行軍(행군) 行動(행동) 行步(행보) 行實(행실) 行列(항렬)					

甲	田 / 0획 (4급)						
	갑옷 **갑**	甲富(갑부) 同甲(동갑) 鐵甲(철갑) 回甲(회갑)					
板	木 / 4획 (5급)						
	널 **판**	板刻(판각) 板本(판본) 板子(판자) 看板(간판) 氷板(빙판)					
江	水(氵) / 3획 (7급)						
	강 **강**	江南(강남) 江山(강산) 江心(강심) 江村(강촌) 江湖(강호)					
邊	辶(辵) / 15획 (4급Ⅱ)						
	가 **변**	邊境(변경) 多邊化(다변화) 低邊(저변) 周邊(주변)					
強	弓 / 8획 (6급)						
	강할 **강(:)**	強勸(강권) 強度(강도) 強弱(강약) 強點(강점) 強調(강조)					
國	口 / 8획 (8급)						
	나라 **국**	國歌(국가) 國家(국가) 國境(국경) 國權(국권) 國旗(국기)					
康	广 / 8획 (4급Ⅱ)						
	편안 **강**	康國(강국) 康年(강년) 康福(강복) 小康(소강)					
健	亻(人) / 9획 (5급)						
	굳셀 **건:**	健勝(건승) 健實(건실) 健壯(건장) 健全(건전) 保健(보건)					
講	言 / 10획 (4급Ⅱ)						
	욀 **강:**	講壇(강단) 講論(강론) 講義(강의) 特講(특강) 休講(휴강)					
讀	言 / 15획 (6급)						
	읽을 **독** 구절 **두**	讀經(독경) 讀者(독자) 判讀(판독) 句讀點(구두점)					

降	阜(阝) / 6획 (4급)								
	내릴 **강**: 항복할 **항**	降等(강등) 降福(강복) 降神(강신) 下降(하강) 投降(투항)							
雨	雨 / 0획 (5급)								
	비 우:	雨期(우기) 雨天(우천) 降雨量(강우량) 暴雨(폭우)							
開	門 / 4획 (6급)								
	열 개	開講(개강) 開發(개발) 開放(개방) 開通(개통) 開學(개학)							
閉	門 / 3획 (4급)								
	닫을 폐:	閉講(폐강) 閉校(폐교) 閉業(폐업) 閉會(폐회) 密閉(밀폐)							
改	攵 / 3획 (5급)								
	고칠 개(:)	改良(개량) 改正(개정) 改築(개축) 改憲(개헌) 改革(개혁)							
造	辶(辵) / 7획 (4급Ⅱ)								
	만들 조:	造景(조경) 造船(조선) 造成(조성) 造花(조화) 構造(구조)							
個	人(亻) / 8획 (4급Ⅱ)								
	낱 개(:)	個別(개별) 個人(개인) 個體(개체) 別個(별개)							
性	心(忄) / 5획 (5급)								
	성품 성:	性格(성격) 性味(성미) 性別(성별)							
客	宀 / 6획 (5급)								
	손 객	客苦(객고) 客觀(객관) 客氣(객기) 客房(객방) 客舍(객사)							
室	宀 / 6획 (8급)								
	집 실	室內(실내) 敎室(교실) 密室(밀실) 病室(병실)							

車	馬 / 0획 (5급)						
	수레 **거/차**	急停車(급정거) 人力車(인력거) 列車(열차) 電動車(전동차)					
馬	馬 / 0획 (5급)						
	말 **마**	馬力(마력) 競馬(경마) 木馬(목마) 走馬看山(주마간산)					
擧	手 / 14획 (5급)						
	들 **거:**	擧名(거명) 擧動(거동) 擧事(거사) 科擧(과거) 選擧(선거)					
論	言 / 8획 (4급II)						
	논할 **론**	論壇(논단) 論理(논리) 論議(논의) 論題(논제) 論評(논평)					
去	厶 / 3획 (5급)						
	갈 **거:**	去處(거처) 去就(거취) 過去(과거) 收去(수거) 除去(제거)					
來	人 / 6획 (7급)						
	올 **래(:)**	來歷(내력) 來訪(내방) 來往(내왕) 從來(종래) 招來(초래)					
巨	工 / 2획 (4급)						
	클 **거:**	巨金(거금) 巨頭(거두) 巨物(거물) 巨視的(거시적)					
富	宀 / 9획 (4급II)						
	부자 **부:**	富強(부강) 富貴(부귀) 富者(부자) 富豪(부호) 豊富(풍부)					
據	扌(手) / 13획 (4급)						
	근거 **거:**	根據(근거) 論據(논거) 依據(의거) 占據(점거) 證據(증거)					
點	黑 / 5획 (4급)						
	점 **점(:)**	點檢(점검) 點線(점선) 點數(점수) 點火(점화) 觀點(관점)					

拒	扌(手) / 5획 (4급)						
	막을 **거**:	拒否(거부) 拒絶(거절) 抗拒(항거)					
逆	辶(辵) / 6획 (4급Ⅱ)						
	거스를 **역**	逆境(역경) 逆流(역류) 逆說(역설) 逆轉(역전) 逆潮(역조)					
居	尸 / 5획 (4급)						
	살 **거**	居留(거류) 居所(거소) 居住(거주) 起居(기거) 隱居(은거)					
處	虍 / 5획 (4급Ⅱ)						
	곳 **처**:	處理(처리) 處罰(처벌) 處世(처세) 處遇(처우) 傷處(상처)					
建	廴 / 6획 (5급)						
	세울 **건**:	建國(건국) 建議(건의) 建造(건조) 建築(건축)					
設	言 / 4획 (4급Ⅱ)						
	베풀 **설**	設計(설계) 設立(설립) 設問(설문) 設定(설정) 設置(설치)					
件	人(亻) / 4획 (5급)						
	물건 **건**	物件(물건) 事件(사건) 餘件(여건) 要件(요건) 用件(용건)					
數	攵 / 11획 (7급)						
	셈 **수**:	數量(수량) 數學(수학) 變數(변수) 額數(액수) 點數(점수)					
傑	人(亻) / 10획 (4급)						
	뛰어날 **걸**	傑物(걸물) 傑出(걸출) 女傑(여걸) 人傑(인걸)					
作	人(亻) / 5획 (6급)						
	지을 **작**	佳作(가작) 作家(작가) 作曲(작곡) 作動(작동) 作況(작황)					

檢	木 / 13획 (4급 II)							
	검사할 **검**: 檢擧(검거) 檢問(검문) 檢査(검사) 檢定(검정) 檢察(검찰)							
討	言 / 3획 (4급)							
	칠 **토**(:): 討論(토론) 討議(토의) 聲討(성토)							
儉	人(亻) / 15획 (4급)							
	검소할 **검**: 儉素(검소) 勤儉(근검)							
約	糸 / 3획 (5급)							
	맺을 **약**: 約束(약속) 約定(약정) 約婚(약혼) 豫約(예약) 條約(조약)							
擊	手 / 13획 (4급)							
	칠 **격**: 擊退(격퇴) 攻擊(공격) 反擊(반격) 射擊(사격) 銃擊(총격)							
破	石 / 5획 (4급 II)							
	깨뜨릴 **파**: 破格(파격) 破鏡(파경) 破産(파산) 破損(파손) 破紙(파지)							
激	水(氵) / 4획 (4급)							
	격할 **격**: 激減(격감) 激怒(격노) 激變(격변) 感激(감격) 急激(급격)							
烈	火(灬) / 6획 (4급)							
	매울 **렬**: 烈士(열사) 烈火(열화) 强烈(강렬) 熱烈(열렬)							
見	見 / 0획 (5급)							
	볼 **견**: 뵈올 **현**: 見聞(견문) 見本(견본) 見樣(견양) 豫見(예견) 異見(이견)							
解	角 / 6획 (4급 II)							
	풀 **해**: 解決(해결) 解毒(해독) 解明(해명) 解散(해산) 解脫(해탈)							

堅	土 / 8획 (4급)									
	굳을 **견**	堅決(견결) 堅實(견실) 中堅(중견)								
固	口 / 5획 (5급)									
	굳을 **고(:)**	固守(고수) 固有(고유) 固定(고정) 固着(고착) 固體(고체)								
決	水(氵) / 4획 (5급)									
	결단할 **결**	決算(결산) 決選(결선) 決意(결의) 決判(결판) 對決(대결)								
斷	斤 / 14획 (4급 II)									
	끊을 **단:**	斷念(단념) 斷面(단면) 斷線(단선) 斷續(단속) 斷層(단층)								
結	糸 / 6획 (5급)									
	맺을 **결**	結果(결과) 結局(결국) 結負(결부) 結束(결속) 結義(결의)								
實	宀 / 11획 (5급)									
	열매 **실**	實感(실감) 實技(실기) 實務(실무) 實狀(실상) 實勢(실세)								
潔	水(氵) / 12획 (4급 II)									
	깨끗할 **결**	簡潔(간결) 不潔(불결) 高潔(고결) 純潔(순결) 清潔(청결)								
白	白 / 0획 (8급)									
	흰 **백**	白金(백금) 白馬(백마) 白米(백미) 白髮(백발) 白雪(백설)								
缺	缶 / 4획 (4급 II)									
	이지러질 **결**	缺點(결점) 缺食(결식) 缺如(결여) 缺員(결원) 缺航(결항)								
席	巾 / 7획 (6급)									
	자리 **석**	席卷(석권) 席次(석차) 同席(동석) 私席(사석) 坐席(좌석)								

京	亠 / 6획 (6급)							
	서울 **경**	京觀(경관) 京察(경찰) 歸京(귀경) 上京(상경)						
鄕	邑(阝) / 10획 (4급Ⅱ)							
	시골 **향**	鄕里(향리) 鄕約(향약) 鄕村(향촌) 鄕土(향토) 歸鄕(귀향)						
慶	心 / 11획 (4급Ⅱ)							
	경사 **경**:	慶祝(경축) 國慶日(국경일) 大慶(대경)						
事	亅 / 7획 (7급)							
	일 **사**:	事件(사건) 事故(사고) 事例(사례) 事必歸正(사필귀정)						
警	言 / 13획 (4급Ⅱ)							
	경계할 **경**:	警覺(경각) 警報(경보) 警備(경비) 警察(경찰) 警護(경호)						
告	口 / 4획 (5급)							
	고할 **고**:	告白(고백) 告示(고시) 勸告(권고) 宣告(선고) 豫告(예고)						
驚	馬 / 13획 (4급)							
	놀랄 **경**	驚氣(경기) 驚歎(경탄) 大驚失色(대경실색)						
異	田 / 6획 (4급)							
	다를 **이**:	異見(이견) 異論(이론) 異變(이변) 異常(이상) 異性(이성)						
傾	人(亻) / 11획 (4급)							
	기울 **경**	傾度(경도) 傾注(경주) 傾聽(경청)						
向	口 / 3획 (6급)							
	향할 **향**:	向方(향방) 向上(향상) 動向(동향) 意向(의향) 趣向(취향)						

更	日 / 3획 (4급)						
	고칠 **경** 다시 **갱:**	更生(갱생)	更紙(갱지)	更張(경장)	三更(삼경)		
新	斤 / 9획 (6급)						
	새 **신**	新規(신규)	新綠(신록)	新聞(신문)	新鮮(신선)	新築(신축)	
景	日 / 8획 (5급)						
	볕 **경(:)**	景氣(경기)	景況(경황)	光景(광경)	絶景(절경)	造景(조경)	
致	至 / 4획 (5급)						
	이를 **치:**	致富(치부)	致誠(치성)	才致(재치)	筆致(필치)	理致(이치)	
輕	車 / 7획 (5급)						
	가벼울 **경**	輕量(경량)	輕油(경유)	輕快(경쾌)			
視	見 / 5획 (4급II)						
	볼 **시:**	視覺(시각)	視點(시점)	時差(시차)	亂視(난시)		
競	立 / 15획 (5급)						
	겨룰 **경:**	競買(경매)	競步(경보)	競演(경연)	競爭(경쟁)	競合(경합)	
技	手(扌) / 4획 (5급)						
	재주 **기**	技能(기능)	技術(기술)	技藝(기예)	妙技(묘기)	演技(연기)	
境	土 / 11획 (4급II)						
	지경 **경**	境內(경내)	境遇(경우)	困境(곤경)	邊境(변경)	環境(환경)	
界	田 / 4획 (6급)						
	지경 **계:**	各界(각계)	世界(세계)	視界(시계)	外界(외계)	學界(학계)	

相	目 / 4획 (5급)								
	서로 상	相關(상관) 相談(상담) 相對(상대) 相續(상속) 相應(상응)							
好	女 / 3획 (4급II)								
	좋을 호:	好感(호감) 好氣(호기) 好材(호재) 好況(호황) 友好(우호)							
商	口 / 8획 (5급)								
	장사 상	商街(상가) 商去來(상거래) 商店(상점) 商會(상회)							
術	行 / 5획 (6급)								
	재주 술	術法(술법) 術數(술수) 技術(기술) 仁術(인술) 戰術(전술)							
狀	犬 / 4획 (4급II)								
	형상 상 문서 장:	狀況(상황) 實狀(실상) 異狀(이상) 現狀(현상) 答狀(답장)							
態	心 / 10획 (4급II)								
	모습 태:	姿態(자태) 千態萬象(천태만상) 舊態依然(구태의연)							
常	巾 / 8획 (4급II)								
	떳떳할 상	常勤(상근) 常綠樹(상록수) 常識(상식) 非常(비상)							
溫	水(氵) / 10획 (6급)								
	따뜻할 온	溫冷(온냉) 溫帶(온대) 溫度(온도) 溫泉(온천) 溫厚(온후)							
序	广 / 4획 (5급)								
	차례 서:	序曲(서곡) 序頭(서두) 序論(서론) 序列(서열) 順序(순서)							
詩	言 / 6획 (4급II)								
	시 시	詩歌(시가) 詩論(시론) 詩人(시인) 詩篇(시편) 詩評(시평)							

古	口 / 2획 (6급)						
	옛 고:	古今(고금)	古代(고대)	古書(고서)	古典(고전)	古風(고풍)	
宮	宀 / 7획 (4급Ⅱ)						
	집 궁	宮城(궁성)	宮合(궁합)	王宮(왕궁)	龍宮(용궁)		
考	耂 / 2획 (5급)						
	생각할 고(:)	考究(고구)	考試(고시)	考證(고증)	思考(사고)	參考(참고)	
慮	心 / 11획 (4급)						
	생각할 려:	配慮(배려)	思慮(사려)	心慮(심려)	念慮(염려)		
故	攵 / 5획 (4급Ⅱ)						
	연고 고(:)	故事(고사)	故人(고인)	故障(고장)	故鄕(고향)	事故(사고)	
意	心 / 9획 (6급)						
	뜻 의:	意見(의견)	意圖(의도)	意味(의미)	意表(의표)	發意(발의)	
孤	子 / 5획 (4급)						
	외로울 고	孤高(고고)	孤島(고도)	孤立(고립)	孤兒(고아)		
獨	犬(犭) / 13획 (5급)						
	홀로 독	獨斷(독단)	獨立(독립)	獨白(독백)	獨善(독선)	獨走(독주)	
寶	宀 / 17획 (4급Ⅱ)						
	보배 보:	寶物(보물)	寶石(보석)	寶貨(보화)	家寶(가보)		
庫	广 / 7획 (4급)						
	곳집 고	國庫(국고)	金庫(금고)	文庫(문고)	書庫(서고)	在庫(재고)	

穀	禾 / 10획 (4급)						
	곡식 곡	穀氣(곡기) 穀物(곡물) 穀食(곡식) 糧穀(양곡) 雜穀(잡곡)					
類	頁 / 10획 (5급)						
	무리 류(:)	類別(유별) 類推(유추) 類型(유형) 部類(부류) 衣類(의류)					
困	口 / 4획 (4급)						
	곤할 곤:	困境(곤경) 勞困(노곤) 貧困(빈곤) 疲困(피곤)					
窮	穴 / 10획 (4급)						
	다할/궁할 궁	窮究(궁구) 窮極(궁극) 窮理(궁리) 窮地(궁지) 貧窮(빈궁)					
骨	骨 / 0획 (4급)						
	뼈 골	骨格(골격) 骨相(골상) 骨肉相殘(골육상잔) 骨材(골재)					
折	手(扌) / 4획 (4급)						
	꺾을 절	折半(절반) 曲折(곡절) 斷折(단절) 百折不屈(백절불굴)					
工	工 / 0획 (7급)						
	장인 공	工具(공구) 工夫(공부) 工事(공사) 工場(공장) 工學(공학)					
程	禾 / 7획 (4급II)						
	한도/길 정	路程(노정) 課程(과정) 規程(규정) 登程(등정) 日程(일정)					
空	穴 / 3획 (7급)						
	빌 공	空間(공간) 空氣(공기) 空想(공상) 空轉(공전) 領空(영공)					
虛	虍 / 6획 (4급II)						
	빌 허	虛構(허구) 虛實(허실) 虛點(허점) 虛張聲勢(허장성세)					

公	八 / 2획 (6급)						
	공평할 공	公論(공론)	公明(공명)	公私(공사)	公式(공식)	公約(공약)	
共	八 / 4획 (6급)						
	한가지 공	共同(공동)	共犯(공범)	共榮(공영)	共用(공용)	共有(공유)	
功	力 / 3획 (6급)						
	공 공	功過(공과)	功名(공명)	功臣(공신)	成功(성공)	恩功(은공)	
勞	力 / 10획 (5급)						
	일할 로	勞使(노사)	過勞(과로)	勤勞(근로)	慰勞(위로)	疲勞(피로)	
攻	攵 / 3획 (4급)						
	칠 공:	攻擊(공격)	攻守(공수)	專攻(전공)	侵攻(침공)		
略	田 / 6획 (4급)						
	간략할/약할 략	略圖(약도)	略語(약어)	略稱(약칭)	簡略(간략)	省略(생략)	
科	禾 / 4획 (6급)						
	과목 과	科擧(과거)	科目(과목)	敎科書(교과서)	眼科(안과)		
學	子 / 13획 (8급)						
	배울 학	學校(학교)	學群(학군)	學期(학기)	學問(학문)	學緣(학연)	
果	木 / 4획 (6급)						
	실과 과:	果敢(과감)	果實(과실)	果然(과연)	結果(결과)	因果(인과)	
樹	木 / 12획 (6급)						
	나무 수	樹立(수립)	樹木(수목)	樹液(수액)	果樹園(과수원)		

課	言 / 8획 (5급)						
	공부할/과정 과(:)	課業(과업) 課外(과외) 課程(과정) 日課(일과)					
題	頁 / 9획 (6급)						
	제목 제	題字(제자) 難題(난제) 命題(명제) 小題(소제) 宿題(숙제)					
觀	見 / 18획 (5급)						
	볼 관	觀客(관객) 觀望(관망) 觀覽(관람) 觀點(관점) 達觀(달관)					
光	儿 / 4획 (6급)						
	빛 광	光景(광경) 光明(광명) 光復(광복) 光線(광선) 光陰(광음)					
官	宀 / 5획 (4급Ⅱ)						
	벼슬 관	官家(관가) 官服(관복) 官廳(관청) 舊官(구관) 器官(기관)					
職	耳 / 12획 (4급Ⅱ)						
	직분 직	職權(직권) 職能(직능) 職務(직무) 職位(직위) 辭職(사직)					
管	竹 / 8획 (4급)						
	대롱/주관할 관	管内(관내) 配管(배관) 保管(보관) 主管(주관) 血管(혈관)					
理	玉 / 7획 (6급)						
	다스릴 리:	理念(이념) 理事(이사) 理想(이상) 理致(이치) 窮理(궁리)					
廣	广 / 12획 (5급)						
	넓을 광:	廣告(광고) 廣大(광대) 廣域(광역) 廣義(광의) 廣場(광장)					
野	里 / 4획 (6급)						
	들 야:	野球(야구) 野望(야망) 野營(야영) 野積(야적) 與野(여야)					

鑛	金 / 15획 (4급)						
	쇳돌 광:	鑛脈(광맥)	鑛夫(광부)	鑛石(광석)	金鑛(금광)	採鑛(채광)	
山	山 / 0획 (8급)						
	메 산	山林(산림)	山脈(산맥)	山寺(산사)	走馬看山(주마간산)		
校	木 / 6획 (8급)						
	학교 교:	校歌(교가)	校友(교우)	校訓(교훈)	開校(개교)	登校(등교)	
庭	广 / 7획 (6급)						
	뜰 정	庭園(정원)	家庭(가정)	親庭(친정)			
敎	攵 / 7획 (8급)						
	가르칠 교:	敎權(교권)	敎壇(교단)	敎理(교리)	敎師(교사)	敎育(교육)	
養	食 / 6획 (5급)						
	기를 양:	養成(양성)	奉養(봉양)	修養(수양)	營養(영양)	休養(휴양)	
交	亠 / 4획 (6급)						
	사귈 교	交代(교대)	交信(교신)	交易(교역)	交遊(교유)	交通(교통)	
際	阜(阝) / 11획 (4급Ⅱ)						
	즈음/가 제	國際(국제)	實際(실제)				
陸	阜(阝) / 8획 (5급)						
	뭍 륙	陸軍(육군)	陸路(육로)	陸送(육송)	陸地(육지)	離陸(이륙)	
橋	木 / 12획 (5급)						
	다리 교	石橋(석교)	人道橋(인도교)	鐵橋(철교)			

具	八 / 6획 (5급)								
	갖출 **구(:)**	具象(구상) 具色(구색) 具現(구현) 器具(기구) 道具(도구)							
備	人(亻) / 10획 (4급II)								
	갖출 **비:**	備考(비고) 備蓄(비축) 豫備(예비) 裝備(장비) 整備(정비)							
救	攵 / 7획 (5급)								
	구원할 **구:**	救急藥(구급약) 救命(구명) 救助(구조) 救護(구호)							
援	手(扌) / 9획 (4급)								
	도울 **원:**	援軍(원군) 援助(원조) 聲援(성원) 應援(응원) 支援(지원)							
求	水 / 2획 (4급II)								
	구할 **구**	求職(구직) 要求(요구) 求婚(구혼) 緣木求魚(연목구어)							
愛	心 / 9획 (6급)								
	사랑 **애(:)**	愛國(애국) 愛用(애용) 愛情(애정) 愛着(애착) 愛稱(애칭)							
究	穴 / 2획 (4급II)								
	연구할/ 궁구할 **구**	講究(강구) 窮究(궁구) 研究(연구) 學究熱(학구열)							
明	日 / 4획 (6급)								
	밝을 **명**	明堂(명당) 明朗(명랑) 明暗(명암) 明鏡止水(명경지수)							
文	文 / 0획 (7급)								
	글월 **문**	文庫(문고) 文段(문단) 文脈(문맥) 文明(문명) 文物(문물)							
句	口 / 2획 (4급II)								
	글귀 **구**	句讀點(구두점) 結句(결구) 警句(경구) 語句(어구) 字句(자구)							

構	木 / 10획 (4급)							
	얽을 구	構內(구내) 構圖(구도) 構想(구상) 構造(구조) 構築(구축)						
成	戈 / 3획 (6급)							
	이룰 성	成功(성공) 成果(성과) 成年(성년) 成長(성장) 成就(성취)						
軍	車 / 2획 (8급)							
	군사 군	軍紀(군기) 軍糧(군량) 軍備(군비) 軍事(군사) 軍縮(군축)						
隊	阜(阝) / 9획 (4급II)							
	무리 대	隊列(대열) 隊員(대원) 部隊(부대) 入隊(입대) 除隊(제대)						
郡	邑(阝) / 7획 (6급)							
	고을 군:	郡界(군계) 郡內(군내) 郡民(군민) 郡守(군수)						
廳	广 / 22획 (4급)							
	관청 청	廳舍(청사) 官廳(관청) 區廳(구청) 市廳(시청)						
君	口 / 4획 (4급)							
	임금 군	君臣有義(군신유의) 君子(군자) 檀君(단군) 夫君(부군)						
主	、 / 4획 (7급)							
	임금/주인 주	主格(주격) 主管(주관) 主流(주류) 主張(주장) 主從(주종)						
群	羊 / 7획 (4급)							
	무리 군	群島(군도) 群落(군락) 群小(군소) 魚群(어군) 學群(학군)						
衆	血 / 6획 (4급II)							
	무리 중:	衆論(중론) 衆生(중생) 衆智(중지) 觀衆(관중) 聽衆(청중)						

屈	尸 / 5획 (4급)						
	굽힐 굴	屈曲(굴곡) 屈伏(굴복) 屈折(굴절) 百折不屈(백절불굴)					
服	肉(月) / 4획 (6급)						
	웃 복	服色(복색) 服用(복용) 服裝(복장) 服從(복종) 感服(감복)					
窮	穴 / 10획 (4급)						
	다할/궁할 궁	窮極(궁극) 窮理(궁리) 窮色(궁색) 困窮(곤궁) 貧窮(빈궁)					
地	土 / 3획 (7급)						
	따 지	地價(지가) 地球(지구) 地理(지리) 地番(지번) 境地(경지)					
權	木 / 18획 (4급Ⅱ)						
	권세 권	權能(권능) 權力(권력) 權勢(권세) 權益(권익) 權限(권한)					
威	女 / 6획 (4급)						
	위엄 위	威力(위력) 威勢(위세) 威壓(위압) 威嚴(위엄) 威風(위풍)					
勸	力 / 18획 (4급)						
	권할 권:	勸告(권고) 勸勉(권면) 勸酒(권주) 勸學(권학) 强勸(강권)					
獎	犬 / 11획 (4급)						
	장려할 장(:)	獎學金(장학금)					
卷	卩 / 6획 (4급)						
	책 권(:)	卷頭(권두) 卷數(권수) 席卷(석권)					
末	木 / 1획 (5급)						
	끝 말	末期(말기) 末端(말단) 末伏(말복) 結末(결말) 粉末(분말)					

福	示(礻) / 9획 (5급)						
	복 복	福利(복리)　多福(다복)　萬福(만복)　祝福(축복)　幸福(행복)					
券	刀 / 6획 (4급)						
	문서 권	發券(발권)　旅券(여권)　入場券(입장권)　證券(증권)					
歸	止 / 14획 (4급)						
	돌아갈 귀	歸結(귀결)　歸農(귀농)　歸路(귀로)　歸屬(귀속)　歸化(귀화)					
省	目 / 4획 (6급)						
	살필 성 덜 생	省墓(성묘)　省察(성찰)　伴星(반성)　自省(자성)　省略(생략)					
規	見 / 4획 (5급)						
	법 규	規模(규모)　規範(규범)　規律(규율)　規程(규정)　規則(규칙)					
定	宀 / 5획 (6급)						
	정할 정:	定價(정가)　定量(정량)　定立(정립)　定額(정액)　定評(정평)					
均	土 / 4획 (4급)						
	고를 균	均配(균배)　均分(균분)　均質(균질)					
等	竹 / 6획 (6급)						
	무리 등:	等級(등급)　等位(등위)　降等(강등)　優等(우등)　差等(차등)					
極	木 / 8획 (4급Ⅱ)						
	극진할/다할 극	極秘(극비)　極烈(극렬)　極讚(극찬)　極致(극치)　窮極(궁극)					
盡	皿 / 9획 (4급)						
	다할 진:	盡力(진력)　盡心(진심)　賣盡(매진)　消盡(소진)　脫盡(탈진)					

劇	刀(刂) / 13획 (4급)							
	심할 극	劇本(극본)　劇作家(극작가)　演劇(연극)						
場	土 / 9획 (7급)							
	마당 장	場面(장면)　場所(장소)　場外(장외)　亂場(난장)　當場(당장)						
根	木 / 6획 (6급)							
	뿌리 근	根據(근거)　根本(근본)　根性(근성)　根絶(근절)						
源	水(氵) / 10획 (4급)							
	근원 원	源泉(원천)　起源(기원)　稅源(세원)　電源(전원)						
近	辶(辵) / 4획 (6급)							
	가까울 근:	近年(근년)　近來(근래)　近方(근방)　近海(근해)　接近(접근)						
況	水(氵) / 5획 (4급)							
	상황 황:	景況(경황)　不況(불황)　狀況(상황)　現況(현황)　好況(호황)						
筋	竹 / 6획 (4급)							
	힘줄 근	筋骨(근골)　筋力(근력)　鐵筋(철근)						
肉	肉 / 0획 (4급Ⅱ)							
	고기 육	肉感(육감)　肉類(육류)　肉聲(육성)　肉食(육식)　肉體(육체)						
勤	力 / 11획 (4급)							
	부지런할 근(:)	勤儉(근검)　勤勞(근로)　勤續(근속)　常勤(상근)　通勤(통근)						
勉	力 / 7획 (4급)							
	힘쓸 면:	勉學(면학)　勸勉(권면)						

今	人 / 2획 (6급)							
	이제 **금**	今年(금년) 今明間(금명간) 古今(고금) 昨今(작금)						
週	辶(辵) / 8획 (5급)							
	주일 **주**	週間(주간) 週末(주말) 來週(내주) 每週(매주)						
禁	示 / 8획 (4급II)							
	금할 **금:**	禁食(금식) 禁酒(금주) 禁止(금지) 嚴禁(엄금) 解禁(해금)						
煙	火 / 9획 (4급II)							
	연기 **연**	煙氣(연기) 砲煙(포연) 吸煙(흡연) 無煙炭(무연탄)						
金	金 / 0획 (8급)							
	쇠 **금** 성 **김**	金庫(금고) 金鑛(금광) 金髮(금발) 金賞(금상) 金品(금품)						
額	頁 / 9획 (4급)							
	이마 **액**	額數(액수) 高額(고액) 少額(소액) 殘額(잔액) 增額(증액)						
急	心 / 5획 (6급)							
	급할 **급**	急激(급격) 急落(급락) 急性(급성) 急造(급조) 危急(위급)						
增	土 / 12획 (4급II)							
	더할 **증**	增加(증가) 增强(증강) 增大(증대) 增設(증설) 增資(증자)						
級	糸 / 4획 (6급)							
	등급 **급**	級數(급수) 級訓(급훈) 高級(고급) 特級(특급) 學級(학급)						
友	又 / 2획 (5급)							
	벗 **우:**	友愛(우애) 友情(우정) 學友(학우) 竹馬故友(죽마고우)						

給	糸 / 6획 (5급)							
	줄 **급**	給食(급식) 給油(급유) 發給(발급) 支給(지급)						
料	斗 / 6획 (5급)							
	헤아릴 **료**(:)	料量(요량) 料理(요리) 無料(무료) 原料(원료) 資料(자료)						
氣	气 / 6획 (7급)							
	기운 **기**	氣孔(기공) 氣流(기류) 氣壓(기압) 氣運(기운) 氣候(기후)						
勢	力 / 11획 (4급II)							
	형세 **세**:	勢道(세도) 强勢(강세) 攻勢(공세) 大勢(대세) 優勢(우세)						
記	言 / 3획 (7급)							
	기록할 **기**	記念(기념) 記者(기자) 記號(기호) 登記(등기) 日記(일기)						
錄	金 / 8획 (4급II)							
	기록할 **록**	錄音(녹음) 錄畫(녹화) 登錄(등록) 目錄(목록) 採錄(채록)						
旗	方 / 10획 (7급)							
	기 **기**	校旗(교기) 國旗(국기) 白旗(백기) 太極旗(태극기)						
手	手 / 0획 (7급)							
	손 **수**(:)	手段(수단) 手續(수속) 手藝(수예) 手足(수족) 拍手(박수)						
自	自 / 0획 (7급)							
	스스로 **자**	自覺(자각) 自救(자구) 自動(자동) 自負(자부)						
己	己 / 0획 (5급)							
	몸/자기 **기**	利己主義(이기주의) 知己(지기)						

基	土 / 8획 (5급)						
	터 기	基本(기본) 基底(기저) 基調(기조) 基地(기지) 國基(국기)					
準	水(氵) / 10획 (4급Ⅱ)						
	준할 준:	準據(준거) 準備(준비) 準則(준칙) 水準(수준) 標準(표준)					
汽	水(氵) / 4획 (5급)						
	물끓는김 기	汽管(기관) 汽車(기차)					
船	舟 / 5획 (5급)						
	배 선	船員(선원) 船長(선장) 船積(선적) 商船(상선) 造船(조선)					
期	月 / 8획 (5급)						
	기약할 기	期間(기간) 期限(기한) 短期(단기) 定期(정기) 次期(차기)					
待	彳 / 6획 (6급)						
	기다릴 대:	待遇(대우) 優待(우대) 招待(초대) 歡待(환대) 厚待(후대)					
器	口 / 13획 (4급Ⅱ)						
	그릇 기	器官(기관) 器量(기량) 器物(기물) 計器(계기) 武器(무기)					
樂	木 / 11획 (6급)						
	즐길 락 노래 악 좋아할 요	樂觀(낙관) 樂園(낙원) 音樂(음악) 樂山樂水(요산요수)					
起	走 / 3획 (4급Ⅱ)						
	일어날 기	起居(기거) 起伏(기복) 起立(기립) 起用(기용) 提起(제기)					
案	木 / 6획 (5급)						
	책상 안:	案件(안건) 案內(안내) 考案(고안) 答案(답안) 法案(법안)					

演	水(氵) / 11획 (4급II)						
	펼 연:	演劇(연극) 演技(연기) 講演(강연) 熱演(열연) 協演(협연)					
說	言 / 7획 (5급)						
	말씀 설 달랠 세	說得(설득) 甘言利說(감언이설) 力說(역설) 遊說(유세)					
緣	糸 / 9획 (4급)						
	인연 연	緣故(연고) 結緣(결연) 因緣(인연) 地緣(지연) 血緣(혈연)					
由	田 / 0획 (6급)						
	말미암을 유	由來(유래) 經由(경유) 事由(사유) 自由(자유)					
熱	火(灬) / 11획 (5급)						
	더울 열	熱氣(열기) 熱望(열망) 熱愛(열애) 熱意(열의) 熱情(열정)					
誠	言 / 7획 (4급II)						
	정성 성	誠實(성실) 誠意(성의) 至誠(지성) 忠誠(충성) 孝誠(효성)					
永	水 / 1획 (6급)						
	길 영:	永生(영생) 永續(영속) 永住權(영주권)					
遠	辶(辵) / 10획 (6급)						
	멀 원:	遠近(원근) 遠大(원대) 遠洋(원양) 敬遠(경원) 深遠(심원)					
迎	辶(辵) / 4획 (4급)						
	맞을 영	迎入(영입) 迎合(영합) 歡迎(환영) 送舊迎新(송구영신)					
接	手(扌) / 8획 (4급II)						
	이을 접	接骨(접골) 接續(접속) 接點(접점) 接着(접착) 接合(접합)					

奇	大 / 5획 (4급)						
	기특할 기	奇談(기담) 奇緣(기연) 奇異(기이) 奇特(기특) 新奇(신기)					
妙	女 / 4획 (4급)						
	묘할 묘:	妙技(묘기) 妙味(묘미) 妙藥(묘약) 絶妙(절묘)					
機	木 / 12획 (4급)						
	틀 기	機關(기관) 機能(기능) 機先(기선) 機種(기종) 轉機(전기)					
會	日 / 9획 (6급)						
	모일 회:	會見(회견) 會計(회계) 會談(회담) 會同(회동) 會議(회의)					
紀	糸 / 3획 (4급)						
	벼리 기	紀念(기념) 紀律(기율) 軍紀(군기) 世紀(세기)					
元	儿 / 2획 (5급)						
	으뜸 원	元氣(원기) 元老(원로) 元素(원소) 次元(차원) 壯元(장원)					
寄	宀 / 8획 (4급)						
	부칠 기	寄居(기거) 寄生蟲(기생충) 寄與(기여) 寄港(기항)					
宿	宀 / 8획 (5급)						
	잘 숙 별자리 수:	宿命(숙명) 宿所(숙소) 宿怨(숙원) 投宿(투숙) 合宿(합숙)					
吉	口 / 3획 (5급)						
	길할 길	吉年(길년) 吉運(길운) 吉日(길일) 吉凶(길흉) 不吉(불길)					
鳥	鳥 / 0획 (4급Ⅱ)						
	새 조	鳥類(조류) 不死鳥(불사조) 鳥足之血(조족지혈)					

暖	日 / 9획 (4급II)								
	따뜻할 난:	暖帶(난대) 暖流(난류)							
房	戶 / 4획 (4급II)								
	방 방	文房四友(문방사우) 書房(서방) 藥房(약방) 冊房(책방)							
難	隹 / 11획 (4급II)								
	어려울 난(:)	難關(난관) 難局(난국) 難色(난색) 難易度(난이도) 難解(난해)							
聽	耳 / 16획 (4급)								
	들을 청	聽覺(청각) 聽衆(청중) 聽取(청취) 盜聽(도청) 視聽(시청)							
南	十 / 7획 (8급)								
	남녘 남	南男北女(남남북녀) 南部(남부) 南向(남향)							
風	風 / 0획 (6급)								
	바람 풍	風景(풍경) 風物(풍물) 風俗(풍속) 風習(풍습) 威風(위풍)							
男	田 / 2획 (7급)								
	사내 남	男妹(남매) 得男(득남) 美男(미남) 善男善女(선남선녀)							
兒	儿 / 6획 (5급)								
	아이 아	兒童(아동) 院兒(원아) 幼兒(유아) 育兒(육아)							
納	糸 / 4획 (4급)								
	들일 납	納得(납득) 歸納法(귀납법) 完納(완납) 出納(출납)							
品	口 / 6획 (5급)								
	물건 품:	品格(품격) 品貴(품귀) 品切(품절) 品質(품질) 部品(부품)							

農	辰 / 6획 (7급)						
	농사 **농**	農路(농로)	農樂(농악)	農藥(농약)	農場(농장)		
酒	水(氵) / 3획 (4급)						
	술 **주(:)**	酒道(주도)	酒量(주량)	酒類(주류)	藥酒(약주)	洋酒(양주)	
多	夕 / 3획 (6급)						
	많을 **다**	多量(다량)	多辯(다변)	多福(다복)	多分(다분)	多額(다액)	
樣	木 / 11획 (4급)						
	모양 **양**	樣式(양식)	模樣(모양)	文樣(문양)	外樣(외양)		
短	矢 / 7획 (6급)						
	짧을 **단(:)**	短期(단기)	短命(단명)	短身(단신)	短點(단점)	短篇(단편)	
縮	糸 / 11획 (4급)						
	줄일 **축**	縮小(축소)	減縮(감축)	軍縮(군축)	收縮(수축)	壓縮(압축)	
祭	示 / 6획 (4급II)						
	제사 **제:**	祭官(제관)	祭器(제기)	祭禮(제례)	祭物(제물)	祭服(제복)	
壇	土 / 13획 (5급)						
	단 **단**	壇上(단상)	講壇(강단)	登壇(등단)	文壇(문단)	演壇(연단)	
達	辶 / 9획 (4급II)						
	통달할 **달**	達觀(달관)	達辯(달변)	達成(달성)	到達(도달)	傳達(전달)	
筆	竹 / 6획 (5급)						
	붓 **필**	筆記(필기)	筆法(필법)	筆舌(필설)	粉筆(분필)	鉛筆(연필)	

談	言 / 8획 (5급)						
	말씀 **담**	談論(담론)	談笑(담소)	談話(담화)	談合(담합)	德談(덕담)	
判	刀(刂) / 5획 (4급)						
	판단할 **판**	判決(판결)	判斷(판단)	判讀(판독)	判別(판별)	判事(판사)	
擔	手(扌) / 13획 (4급Ⅱ)						
	멜 **담**	擔當(담당)	擔任(담임)	加擔(가담)	負擔(부담)	全擔(전담)	
保	人(亻) / 7획 (4급Ⅱ)						
	지킬 **보(:)**	保管(보관)	保守(보수)	保身(보신)	保溫(보온)	保障(보장)	
答	竹 / 6획 (7급)						
	대답 **답**	答訪(답방)	答辯(답변)	答信(답신)	答狀(답장)	答案(답안)	
禮	示(礻) / 13획 (6급)						
	예도 **례:**	禮訪(예방)	禮遇(예우)	禮儀(예의)	禮節(예절)	禮讚(예찬)	
堂	土 / 8획 (6급)						
	집 **당**	堂號(당호)	講堂(강당)	明堂(명당)	食堂(식당)	學堂(학당)	
叔	又 / 6획 (4급)						
	아재비 **숙**	叔父(숙부)	叔行(숙항)	外叔母(외숙모)			
當	田 / 8획 (5급)						
	마땅 **당**	當局(당국)	當代(당대)	當落(당락)	當選(당선)	當爲性(당위성)	
然	火(灬) / 8획 (7급)						
	그럴 **연**	然則(연즉)	然後(연후)	果然(과연)	肅然(숙연)	依然(의연)	

黨	黑 / 8획 (4급II)						
	무리 당	黨權(당권) 黨略(당략) 黨舍(당사) 黨籍(당적)					
憲	宀 / 12획 (4급)						
	법 헌	憲法(헌법) 憲章(헌장) 憲政(헌정) 改憲(개헌) 入憲(입헌)					
代	人(亻) / 3획 (6급)						
	대신 대:	代價(대가) 代納(대납) 代理(대리) 代用(대용) 代行(대행)					
表	衣 / 3획 (6급)						
	겉 표	表面(표면) 表象(표상) 表情(표정) 表題(표제) 表紙(표지)					
對	寸 / 11획 (6급)						
	대할 대:	對決(대결) 對立(대립) 對備(대비) 對象(대상) 對敵(대적)					
應	心 / 13획 (4급II)						
	응할 응:	應答(응답) 應試(응시) 應用(응용) 應援(응원) 適應(적응)					
帶	巾 / 8획 (4급II)						
	띠 대(:)	革帶(혁대) 暖帶(난대) 聲帶(성대) 眼帶(안대) 溫帶(온대)					
同	口 / 3획 (7급)						
	한가지 동	同格(동격) 同苦同樂(동고동락) 同名異人(동명이인)					
道	辶(辵) / 9획 (7급)						
	길 도:	道敎(도교) 道路(도로) 道理(도리) 道場(도장) 街道(가도)					
德	彳 / 12획 (5급)						
	큰 덕	德談(덕담) 德目(덕목) 德行(덕행) 厚德(후덕) 惡德(악덕)					

圖	口 / 11획 (6급)							
	그림 **도**	圖面(도면) 圖式(도식) 圖案(도안) 圖表(도표) 圖解(도해)						
形	彡 / 4획 (6급)							
	모양 **형**	形局(형국) 形狀(형상) 形容(형용) 形體(형체) 形便(형편)						
到	刀(刂) / 6획 (5급)							
	이를 **도:**	到達(도달) 到來(도래) 到處(도처) 當到(당도) 殺到(쇄도)						
着	目 / 6획 (5급)							
	붙을 **착**	着陸(착륙) 着服(착복) 着色(착색) 着手(착수) 歸着(귀착)						
都	邑(阝) / 9획 (5급)							
	도읍 **도**	都給(도급) 都心(도심) 都合(도합) 首都(수도)						
市	巾 / 2획 (7급)							
	저자 **시:**	市内(시내) 市立(시립) 市民(시민) 市長(시장)						
導	寸 / 13획 (4급II)							
	인도할 **도:**	導入(도입) 導火線(도화선) 引導(인도) 主導(주도)						
出	凵 / 3획 (7급)							
	날 **출**	出庫(출고) 出勤(출근) 出動(출동) 出發(출발) 出席(출석)						
徒	彳 / 7획 (4급)							
	무리 **도**	徒勞(도로) 無爲徒食(무위도식) 生徒(생도) 信徒(신도)						
步	止 / 3획 (4급II)							
	걸음 **보:**	步道(보도) 步調(보조) 散步(산보) 進步(진보) 初步(초보)						

逃	辶 / 6획 (4급)							
	도망할 **도**	逃亡(도망)　逃避(도피)						
走	走 / 0획 (4급II)							
	달릴 **주**	走者(주자)　走行(주행)　競走(경주)　獨走(독주)　脫走(탈주)						
盜	皿 / 7획 (4급)							
	도둑 **도(:)**	盜難(도난)　盜用(도용)　盜聽(도청)　强盜(강도)　大盜(대도)						
賊	貝 / 6획 (4급)							
	도둑 **적**	馬賊(마적)　山賊(산적)　義賊(의적)　海賊(해적)						
毒	毋 / 4획 (4급II)							
	독 **독**	毒氣(독기)　毒性(독성)　毒素(독소)　毒蟲(독충)　旅毒(여독)						
殺	殳 / 7획 (4급II)							
	죽일 **살** 감할 **쇄:**	殺身成仁(살신성인)　殺蟲(살충)　減殺(감쇄)　相殺(상쇄)						
冬	冫 / 3획 (7급)							
	겨울 **동(:)**	冬季(동계)　冬服(동복)　嚴冬雪寒(엄동설한)　立冬(입동)						
至	至 / 0획 (4급II)							
	이를 **지**	至極(지극)　至今(지금)　至當(지당)　至誠(지성)　至嚴(지엄)						
童	立 / 7획 (6급)							
	아이 **동(:)**	童詩(동시)　童心(동심)　童話(동화)　牧童(목동)　兒童(아동)						
謠	言 / 10획 (4급II)							
	노래 **요**	歌謠(가요)　農謠(농요)　民謠(민요)　俗謠(속요)						

東	木 / 4획 (8급)						
	동녘 동	東京(동경) 東國(동국) 東問西答(동문서답) 中東(중동)					
海	水(氵) / 7획 (7급)						
	바다 해:	海路(해로) 海流(해류) 海邊(해변) 海洋(해양) 海底(해저)					
洞	水(氵) / 6획 (7급)						
	골 동: 밝을 통:	洞口(동구) 洞長(동장) 洞達(통달) 洞察(통찰)					
里	里 / 0획 (7급)						
	마을 리:	里程標(이정표) 千里眼(천리안) 不遠千里(불원천리)					
銅	金 / 6획 (4급Ⅱ)						
	구리 동	銅鏡(동경) 靑銅器(청동기)					
錢	金 / 8획 (4급)						
	돈 전:	金錢(금전) 無錢旅行(무전여행) 守錢奴(수전노)					
豆	豆 / 0획 (4급Ⅱ)						
	콩 두	豆太(두태) 綠豆(녹두) 大豆(대두)					
乳	乙 / 7획 (4급)						
	젖 유	乳母(유모) 乳兒(유아) 母乳(모유) 授乳(수유) 牛乳(우유)					
頭	頁 / 7획 (6급)						
	머리 두	頭目(두목) 街頭(가두) 口頭(구두) 序頭(서두)					
髮	髟 / 5획 (4급)						
	터럭 발	金髮(금발) 短髮(단발) 理髮所(이발소) 毛髮(모발)					

斗	斗 / 0획 (4급II)								
	말 두	斗起(두기) 斗酒不辭(두주불사) 北斗七星(북두칠성)							
牛	牛 / 0획 (5급)								
	소 우	牛角(우각) 牛耳讀經(우이독경) 牛黃(우황) 鬪牛(투우)							
得	彳 / 8획 (4급II)								
	얻을 득	得達(득달) 得勢(득세) 得意(득의) 得點(득점) 得票(득표)							
失	大 / 2획 (6급)								
	잃을 실	失格(실격) 失機(실기) 失禮(실례) 失望(실망) 失點(실점)							
登	癶 / 7획 (7급)								
	오를 등	登校(등교) 登極(등극) 登記(등기) 登院(등원)							
用	用 / 0획 (6급)								
	쓸 용:	用件(용건) 用器(용기) 用例(용례) 用務(용무) 用語(용어)							
燈	火 / 12획 (4급II)								
	등 등	燈下不明(등하불명) 燈火可親(등화가친) 消燈(소등) 電燈(전등)							
油	水(氵) / 5획 (6급)								
	기름 유	油畵(유화) 給油(급유) 送油管(송유관) 揮發油(휘발유)							
羅	罒 / 14획 (4급II)								
	벌릴 라	羅城(나성) 羅漢(나한) 新羅(신라)							
列	刀(刂) / 4획 (4급II)								
	벌릴 렬	列强(열강) 列擧(열거) 列車(열차) 系列(계열) 陳列(진열)							

落	艹 / 9획 (5급)							
	떨어질 **락**	落島(낙도) 落傷(낙상) 落書(낙서) 落葉(낙엽) 落下(낙하)						
差	工 / 7획 (4급)							
	다를 **차**	差度(차도) 差異(차이) 差額(차액) 時差(시차) 誤差(오차)						
亂	乙 / 12획 (4급)							
	어지러울 **란:**	亂局(난국) 亂脈(난맥) 亂舞(난무) 亂世(난세) 亂場(난장)						
雜	隹 / 10획 (4급)							
	섞일 **잡**	雜穀(잡곡) 雜技(잡기) 雜念(잡념) 雜談(잡담) 雜音(잡음)						
遊	辶(辵) / 9획 (4급)							
	놀 **유**	遊星(유성) 遊說(유세) 遊學(유학) 交遊(교유) 外遊(외유)						
覽	見 / 14획 (4급)							
	볼 **람**	觀覽(관람) 博覽會(박람회) 要覽(요람) 展覽會(전람회)						
朗	月 / 7획 (5급)							
	밝을 **랑:**	朗讀(낭독) 朗朗(낭랑) 明朗(명랑)						
報	土 / 9획 (4급II)							
	갚을/알릴 **보:**	報答(보답) 報復(보복) 豫報(예보) 結草報恩(결초보은)						
冷	冫 / 5획 (5급)							
	찰 **랭:**	冷水(냉수) 冷嚴(냉엄) 冷溫(냉온) 冷靜(냉정) 冷害(냉해)						
笑	竹 / 4획 (4급II)							
	웃음 **소:**	苦笑(고소) 談笑(담소) 失笑(실소) 爆笑(폭소)						

良	艮 / 1획 (5급)					
	어질 **량**	良民(양민)	良書(양서)	良好(양호)	改良(개량)	不良(불량)
識	言 / 12획 (5급)					
	알 식 기록할 **지**	識見(식견)	識者(식자)	博識(박식)	智識(지식)	標識(표지)
量	里 / 5획 (5급)					
	헤아릴 **량**	檢量(검량)	計量(계량)	熱量(열량)	定量(정량)	質量(질량)
産	生 / 6획 (5급)					
	낳을 **산:**	産物(산물)	産業(산업)	工産品(공산품)	資産(자산)	
兩	入 / 6획 (4급Ⅱ)					
	두 **량:**	兩家(양가)	兩極(양극)	兩論(양론)	進退兩難(진퇴양난)	
親	見 / 9획 (6급)					
	친할 **친**	親家(친가)	親舊(친구)	親近(친근)	親切(친절)	親知(친지)
歷	止 / 12획 (5급)					
	지낼 **력**	歷代(역대)	歷任(역임)	經歷(경력)	略歷(약력)	前歷(전력)
史	口 / 2획 (5급)					
	사기 **사:**	史觀(사관)	史劇(사극)	史料(사료)	史學(사학)	國史(국사)
連	辶(辵) / 7획 (4급Ⅱ)					
	이을 **련**	連結(연결)	連發(연발)	連續(연속)	連打(연타)	連休(연휴)
勝	力 / 10획 (6급)					
	이길 **승**	勝利(승리)	勝負(승부)	勝算(승산)	勝敗(승패)	優勝(우승)

九	乙 / 1획 (8급)							
	아홉 구	九折羊腸(구절양장)　九死一生(구사일생)　九牛一毛(구우일모)						
泉	水 / 5획 (4급)							
	샘 천	鑛泉(광천)　冷泉(냉천)　溫泉(온천)　源泉(원천)　黃泉(황천)						
口	口 / 0획 (7급)							
	입 구(:)	口辯(구변)　口頭(구두)　口語(구어)　口演(구연)　口號(구호)						
傳	人(亻) / 11획 (5급)							
	전할 전	傳達(전달)　傳說(전설)　宣傳(선전)　遺傳(유전)　評傳(평전)						
球	玉 / 7획 (6급)							
	공 구	球根(구근)　球技(구기)　氣球(기구)　電球(전구)　地球(지구)						
團	口 / 11획 (5급)							
	둥글 단	團結(단결)　團束(단속)　團體(단체)　財團(재단)　集團(집단)						
區	匚 / 9획 (6급)							
	구분할/지경 구	區間(구간)　區內(구내)　區分(구분)　區域(구역)　區廳(구청)						
別	刀(刂) / 5획 (6급)							
	다를/나눌 별	別個(별개)　別納(별납)　別名(별명)　別味(별미)　別世(별세)						
舊	臼 / 12획 (5급)							
	예 구:	舊面(구면)　舊習(구습)　新舊(신구)　親舊(친구)						
式	弋 / 3획 (6급)							
	법 식	格式(격식)　圖式(도식)　新式(신식)　樣式(양식)　儀式(의식)						

練	糸 / 9획 (5급)						
	익힐 **련**:	洗練(세련) 修練(수련) 調練師(조련사) 訓練(훈련)					
習	羽 / 5획 (6급)						
	익힐 **습**:	習得(습득) 習字(습자) 講習(강습) 復習(복습) 風習(풍습)					
命	口 / 5획 (7급)						
	목숨 **명**:	命題(명제) 嚴命(엄명) 延命(연명) 致命傷(치명상) 革命(혁명)					
令	人 / 3획 (5급)						
	하여금 **령(:)**	假令(가령) 待令(대령) 發令(발령) 法令(법령) 設令(설령)					
領	頁 / 5획 (5급)						
	거느릴 **령**	領空(영공) 要領(요령) 占領(점령) 大統領(대통령)					
域	土 / 8획 (4급)						
	지경 **역**	域內(역내) 區域(구역) 聖域(성역) 異域(이역) 地域(지역)					
例	人(亻) / 6획 (6급)						
	법식 **례**:	例規(예규) 例題(예제) 比例(비례) 異例(이례) 條例(조례)					
示	示 / 0획 (5급)						
	보일 **시**:	示範(시범) 示威(시위) 公示(공시) 暗示(암시) 標示(표시)					
禮	示 / 13획 (6급)						
	예도 **례**:	禮法(예법) 禮儀(예의) 禮讚(예찬) 缺禮(결례)					
訪	言 / 4획 (4급Ⅱ)						
	찾을 **방**:	訪問(방문) 訪韓(방한) 來訪(내방) 答訪(답방)					

綠	糸 / 8획 (6급)							
	푸를 록	綠豆(녹두)	綠末(녹말)	綠色(녹색)	綠地(녹지)	新綠(신록)		
陰	阜(阝) / 8획 (4급II)							
	그늘 음	陰刻(음각)	陰德(음덕)	陰散(음산)	陰害(음해)	光陰(광음)		
留	田 / 5획 (4급II)							
	머무를 류	留保(유보)	留意(유의)	留學(유학)	居留(거류)	拘留(구류)		
任	人(亻) / 4획 (5급)							
	맡길 임(:)	任期(임기)	任意(임의)	辭任(사임)	委任(위임)	離任(이임)		
利	刀(刂) / 5획 (6급)							
	이할 리:	利得(이득)	利點(이점)	利害(이해)	權利(권리)	營利(영리)		
益	皿 / 5획 (4급II)							
	더할 익	公益(공익)	國益(국익)	無益(무익)	損益(손익)	差益(차익)		
離	隹 / 11획 (4급)							
	떠날 리:	離散(이산)	離籍(이적)	亂離(난리)	遊離(유리)			
婚	女 / 8획 (4급)							
	혼인할 혼	婚談(혼담)	婚禮(혼례)	結婚(결혼)	新婚(신혼)	約婚(약혼)		
立	立 / 0획 (7급)							
	설 립	立件(입건)	立憲(입헌)	孤立(고립)	對立(대립)	私立(사립)		
證	言 / 12획 (12획)							
	증거 증	證據(증거)	證券(증권)	證明(증명)	證言(증언)	檢證(검증)		

滿	水(氵) / 11획 (4급 II)					
	찰 만(:)	滿開(만개)	滿船(만선)	滿點(만점)	不滿(불만)	圓滿(원만)
足	足 / 0획 (7급)					
	발 족	發足(발족)	不足(부족)	手足(수족)	長足(장족)	豊足(풍족)
萬	艹 / 9획 (8급)					
	일만 만:	萬感(만감)	萬能(만능)	萬物(만물)	萬福(만복)	萬石(만석)
病	疒 / 5획 (6급)					
	병 병:	病暇(병가)	病缺(병결)	病床(병상)	病院(병원)	病患(병환)
每	母 / 3획 (7급)					
	매양 매(:)	每年(매년)	每樣(매양)	每事(매사)	每週(매주)	
回	口 / 3획 (4급 II)					
	돌아올 회	回歸(회귀)	回覽(회람)	回遊(회유)	回轉(회전)	回避(회피)
賣	貝 / 8획 (5급)					
	팔 매(:)	賣物(매물)	賣店(매점)	賣盡(매진)	專賣(전매)	投賣(투매)
買	貝 / 5획 (5급)					
	살 매:	買收(매수)	買受(매수)	買票(매표)	收買(수매)	豫買(예매)
夫	大 / 1획 (7급)					
	지아비 부	夫君(부군)	夫婦有別(부부유별)		夫人(부인)	夫婦(부부)
婦	女 / 8획 (4급 II)					
	며느리 부	婦德(부덕)	婦人(부인)	新婦(신부)	主婦(주부)	孝婦(효부)

水	水 / 0획 (8급)							
	물 수	水冷式(수냉식) 水道(수도) 手續(수속) 水魚之交(수어지교)						
脈	肉(月) / 6획 (4급II)							
	줄기 맥	山脈(산맥) 人脈(인맥) 一脈相通(일맥상통) 氣盡脈盡(기진맥진)						
名	口 / 3획 (7급)							
	이름 명	名家(명가) 名單(명단) 名答(명답) 名物(명물) 名分(명분)						
色	色 / 0획 (7급)							
	빛 색	色眼鏡(색안경) 各樣各色(각양각색) 大驚失色(대경실색)						
悲	心 / 8획 (4급II)							
	슬플 비:	悲劇(비극) 悲壯(비장) 悲痛(비통) 喜悲(희비)						
鳴	鳥 / 3획 (4급)							
	울 명	鷄鳴(계명) 共鳴(공명) 百家爭鳴(백가쟁명) 自鳴鐘(자명종)						
毛	毛 / 0획 (4급II)							
	터럭 모	毛骨(모골) 毛細血管(모세혈관) 九牛一毛(구우일모)						
織	糸 / 12획 (4급)							
	짤 직	織物(직물) 織造(직조) 組織(조직) 織女星(직녀성)						
母	母 / 1획 (8급)							
	어미 모:	母校(모교) 母性愛(모성애) 母乳(모유) 母情(모정)						
體	骨 / 13획 (6급)							
	몸 체	體系(체계) 體格(체격) 體得(체득) 體罰(체벌) 體溫(체온)						

戒	戈 / 3획 (4급)							
	경계할 계:	戒名(계명) 戒世(계세) 戒嚴(계엄) 戒責(계책) 警戒(경계)						
律	彳 / 6획 (4급 II)							
	법칙 률	律動(율동) 規律(규율) 法律(법률) 音律(음률) 調律(조율)						
季	子 / 5획 (4급)							
	계절 계:	冬季(동계) 四季(사계) 秋季(추계) 春季(춘계) 夏季(하계)						
節	竹 / 9획 (5급)							
	마디 절	節減(절감) 節氣(절기) 節約(절약) 節電(절전) 節次(절차)						
鷄	鳥 / 10획 (4급)							
	닭 계	鷄口(계구) 鷄卵有骨(계란유골) 養鷄場(양계장) 鬪鷄(투계)						
卵	卩 / 5획 (4급)							
	알 란:	卵管(난관) 明卵(명란) 産卵(산란) 無精卵(무정란)						
系	糸 / 1획 (4급)							
	이어맬 계:	系列(계열) 家系(가계) 母系(모계) 父系(부계) 直系(직계)						
統	糸 / 6획 (4급 II)							
	거느릴 통:	統計(통계) 統制(통제) 統治(통치) 統合(통합) 傳統(전통)						
高	高 / 0획 (6급)							
	높을 고	高見(고견) 高潔(고결) 高空(고공) 高級(고급) 高度(고도)						
貴	貝 / 5획 (5급)							
	귀할 귀:	金屬(귀금속) 貴族(귀족) 貴下(귀하) 富貴榮華(부귀영화)						

模	木 / 11획 (4급)						
	본뜰 모	模寫(모사) 模造品(모조품) 模唱(모창) 規模(규모)					
範	竹 / 9획 (4급)						
	법 범:	範圍(범위) 教範(교범) 規範(규범) 示範(시범)					
木	木 / 0획 (8급)						
	나무 목	木造(목조) 木草(목초) 木板(목판) 巨木(거목) 雜木(잡목)					
材	木 / 3획 (5급)						
	재목 재	材料(재료) 素材(소재) 資材(자재) 適材適所(적재적소)					
目	目 / 0획 (6급)						
	눈 목	目擊(목격) 目錄(목록) 目標(목표) 眼目(안목) 條目(조목)					
次	欠 / 2획 (4급II)						
	버금 차	次官(차관) 次期(차기) 次善(차선) 次元(차원) 年次(연차)					
牧	牛 / 4획 (4급II)						
	칠 목	牧童(목동) 牧師(목사) 牧場(목장) 放牧(방목)					
草	艹 / 6획 (7급)						
	풀 초	草綠(초록) 草食(초식) 草案(초안) 草原(초원) 草地(초지)					
妙	女 / 4획 (4급)						
	묘할 묘:	妙計(묘계) 妙技(묘기) 妙案(묘안) 奇妙(기묘) 絶妙(절묘)					
方	方 / 0획 (7급)						
	모 방	方面(방면) 方法(방법) 方式(방식) 方案(방안) 方向(방향)					

墓	土 / 11획 (4급)						
	무덤 **묘**:	墓所(묘소) 墓域(묘역) 墓地(묘지) 省墓(성묘)					
碑	石 / 8획 (4급)						
	비석 **비**	碑文(비문) 碑石(비석) 記念碑(기념비) 頌德碑(송덕비)					
法	水(氵) / 5획 (5급)						
	법 **법**	法官(법관) 法規(법규) 法律(법률) 法案(법안) 法院(법원)					
務	力 / 9획 (4급II)						
	힘쓸 **무**:	務實力行(무실역행) 激務(격무) 勞務(노무) 事務室(사무실)					
武	止 / 4획 (4급II)						
	호반 **무**:	武器(무기) 武斷(무단) 武術(무술) 武將(무장) 文武(문무)					
藝	艹 / 15획 (4급II)						
	재주 **예**:	藝能(예능) 藝術(예술) 工藝(공예) 技藝(기예) 文藝(문예)					
無	火(灬) / 8획 (5급)						
	없을 **무**	無謀(무모) 無顔(무안) 無盡藏(무진장) 傍若無人(방약무인)					
心	心 / 0획 (7급)						
	마음 **심**	心理(심리) 心性(심성) 心證(심증) 私心(사심) 核心(핵심)					
問	口 / 8획 (7급)						
	물을 **문**:	問答(문답) 問議(문의) 問招(문초) 慰問(위문) 疑問(의문)					
安	宀 / 3획 (7급)						
	편안 **안**	安否(안부) 安危(안위) 安易(안이) 安全(안전) 安靜(안정)					

門	門 / 0획 (8급)							
	문 문	門外漢(문외한) 門前成市(문전성시) 家門(가문) 關門(관문)						
中	丨 / 3획 (8급)							
	가운데 중	中間(중간) 中繼(중계) 中古(중고) 中國(중국) 中級(중급)						
物	牛 / 4획 (7급)							
	물건 물	物件(물건) 物權(물권) 物議(물의) 物證(물증)						
望	月 / 7획 (5급)							
	바랄 망:	望遠鏡(망원경) 觀望(관망) 德望(덕망) 落望(낙망) 信望(신망)						
米	米 / 0획 (6급)							
	쌀 미	米穀(미곡) 米作(미작) 精米所(정미소) 軍糧米(군량미)						
飮	食 / 4획 (6급)							
	마실 음(:)	飮料(음료) 飮福(음복) 飮食(음식) 飮酒(음주) 試飮(시음)						
未	木 / 1획 (4급Ⅱ)							
	아닐 미(:)	未納(미납) 未達(미달) 未練(미련) 未明(미명) 未備(미비)						
聞	耳 / 8획 (6급)							
	들을 문(:)	見聞(견문) 今時初聞(금시초문) 新聞(신문) 探聞(탐문)						
美	羊 / 3획 (6급)							
	아름다울 미(:)	美觀(미관) 美國(미국) 美談(미담) 美德(미덕) 美術(미술)						
麗	鹿 / 8획 (4급Ⅱ)							
	고울 려	高句麗(고구려) 流麗(유려) 美麗(미려) 秀麗(수려)						

民	氏 / 1획 (8급)					
	백성 민	民家(민가) 民間(민간) 民權(민권) 民法(민법)				
怨	心 / 5획 (4급)					
	원망할 원(:)	怨望(원망) 怨聲(원성) 怨恨(원한) 宿怨(숙원)				
博	十 / 10획 (4급Ⅱ)					
	넓을 박	博覽會(박람회) 博愛主義(박애주의) 博學多識(박학다식)				
士	士 / 0획 (5급)					
	선비 사:	士農工商(사농공상) 士大夫(사대부) 辯護士(변호사)				
拍	手(扌) / 5획 (4급Ⅱ)					
	칠 박	拍動(박동) 拍手(박수) 拍車(박차)				
子	子 / 0획 (7급)					
	아들 자	子女(자녀) 子孫(자손) 子息(자식) 子弟(자제) 利子(이자)				
反	又 / 2획 (6급)					
	돌이킬/돌아올 반:	反感(반감) 反擊(반격) 反對(반대) 反論(반론) 反復(반복)				
射	寸 / 7획 (4급)					
	쏠 사(:)	射擊(사격) 發射(발사) 放射線(방사선) 投射(투사)				
半	十 / 3획 (6급)					
	반 반:	半球(반구) 半年(반년) 半導體(반도체) 半切(반절)				
島	山 / 7획 (5급)					
	섬 도	群島(군도) 落島(낙도) 三多島(삼다도)				

班	玉 / 6획 (6급)							
	나눌 **반**	班常會(반상회) 武班(무반) 文班(문반) 首班(수반) 兩班(양반)						
長	長 / 0획 (8급)							
	긴 **장**(:)	長官(장관) 長短(장단) 長點(장점) 家長(가장) 校長(교장)						
發	癶 / 7획 (6급)							
	필 **발**	發覺(발각) 發券(발권) 發給(발급) 發達(발달) 發令(발령)						
端	立 / 9획 (4급II)							
	끝 **단**	端午(단오) 端的(단적) 極端(극단) 一端(일단)						
妨	女 / 4획 (4급)							
	방해할 **방**	無妨(무방)						
害	宀 / 7획 (5급)							
	해할 **해**:	害蟲(해충) 公害(공해) 傷害(상해) 損害(손해)						
放	攵 / 4획 (6급)							
	놓을 **방**(:)	放流(방류) 放牧(방목) 放送(방송) 放任(방임) 放置(방치)						
映	日 / 5획 (4급)							
	비칠 **영**(:)	映畵(영화) 反映(반영) 上映(상영) 終映(종영)						
背	肉(月) / 5획 (4급II)							
	등 **배**:	背景(배경) 背反(배반) 背書(배서) 背任(배임) 背後(배후)						
信	人(亻) / 7획 (6급)							
	믿을 **신**:	信念(신념) 信奉(신봉) 信用(신용) 信條(신조) 信標(신표)						

配	酉 / 3획 (4급 II)							
	나눌/짝 배:	配管(배관) 配給(배급) 配慮(배려) 配達(배달) 配列(배열)						
置	四 / 8획 (4급 II)							
	둘 치:	置中(치중) 代置(대치) 放置(방치) 設置(설치) 裝置(장치)						
百	白 / 1획 (7급)							
	일백 백	百穀(백곡) 百科事典(백과사전) 百年河淸(백년하청)						
倍	人(亻) / 8획 (5급)							
	곱 배(:)	倍加(배가) 勇氣百倍(용기백배)						
番	田 / 7획 (6급)							
	차례 번	番外(번외) 番地(번지) 缺番(결번) 當番(당번) 順番(순번)						
號	虍 / 7획 (6급)							
	이름 호(:)	號令(호령) 記號(기호) 商號(상호) 略號(약호) 稱號(칭호)						
罰	四 / 9획 (4급 II)							
	벌할 벌	罰金(벌금) 罰點(벌점) 賞罰(상벌) 嚴罰(엄벌) 處罰(처벌)						
則	刀(刂) / 7획 (5급)							
	법칙 칙 곧 즉	規則(규칙) 法則(법칙) 稅則(세칙) 守則(수칙) 原則(원칙)						
伐	人(亻) / 4획 (4급 II)							
	칠 벌	伐草(벌초) 間伐(간벌) 北伐(북벌) 殺伐(살벌) 討伐(토벌)						
採	手(扌) / 8획 (4급)							
	캘 채:	採錄(채록) 採算(채산) 採用(채용) 採集(채집) 採取(채취)						

犯	犬 / 2획 (4급)							
	범할 **범**:	犯法(범법) 犯則金(범칙금) 重犯(중범) 侵犯(침범)						
罪	罒 / 8획 (5급)							
	허물 **죄**:	罪過(죄과) 罪狀(죄상) 罪質(죄질) 斷罪(단죄) 無罪(무죄)						
壁	土 / 13획 (4급Ⅱ)							
	벽 **벽**:	壁報(벽보) 壁紙(벽지) 氷壁(빙벽) 障壁(장벽) 絶壁(절벽)						
畵	田 / 7획 (6급)							
	그림 **화**: 그을 **획**	畵家(화가) 畵面(화면) 畵室(화실) 名畵(명화) 外畵(외화)						
變	言 / 16획 (5급)							
	변할 **변**:	變更(변경) 變德(변덕) 變速(변속) 變移(변이)						
質	貝 / 8획 (5급)							
	바탕 **질**:	質量(질량) 質疑(질의) 均質(균질) 異質(이질) 資質(자질)						
辯	辛 / 14획 (4급)							
	말씀 **변**:	辯論(변론) 強辯(강변) 達辯(달변) 答辯(답변) 熱辯(열변)						
護	言 / 14획 (4급Ⅱ)							
	도울 **호**:	護國(호국) 護衛(호위) 看護(간호) 救護(구호) 保護(보호)						
兵	八 / 5획 (5급)							
	병사 **병**:	兵力(병력) 兵務廳(병무청) 兵籍(병적) 伏兵(복병)						
營	火 / 13획 (4급)							
	경영할 **영**:	營農(영농) 營利(영리) 營養(영양) 經營(경영) 運營(운영)						

普	日 / 8획 (4급)							
	넓을 보:	普及(보급) 普遍(보편) 普通(보통)						
通	辶(辵) / 7획 (6급)							
	통할 통	通過(통과) 通勤(통근) 通念(통념) 通路(통로) 通貨(통화)						
寶	宀 / 12획 (4급Ⅱ)							
	보배 보:	寶庫(보고) 寶物(보물) 寶石(보석) 家寶(가보)						
貨	貝 / 4획 (4급Ⅱ)							
	재물 화:	貨物(화물) 金貨(금화) 財貨(재화) 百貨店(백화점)						
伏	人(亻) / 4획 (4급)							
	엎드릴 복	伏地不動(복지부동) 屈伏(굴복) 起伏(기복)						
線	糸 / 9획 (6급)							
	줄 선	線路(선로) 導火線(도화선) 等高線(등고선) 無線(무선)						
複	衣 / 9획 (4급)							
	겹칠 복	複道(복도) 複線(복선) 複雜(복잡) 複合(복합)						
寫	宀 / 12획 (5급)							
	베낄 사	寫本(사본) 寫實主義(사실주의) 寫眞(사진) 映寫機(영사기)						
本	木 / 1획 (6급)							
	근본 본	本家(본가) 本國(본국) 本能(본능) 本來(본래) 本源(본원)						
社	示 / 3획 (6급)							
	모일 사	社交(사교) 社屋(사옥) 社員(사원) 社長(사장) 社會(사회)						

奉	大 / 5획 (5급)						
	받들 봉:	奉事(봉사) 奉行(봉행) 信奉(신봉)					
仕	人(亻) / 3획 (5급)						
	섬길 사(:)	仕官(사관)					
父	父 / 0획 (8급)						
	아비 부	父系(부계) 夫權(부권) 父女(부녀) 父母(부모) 神父(신부)					
兄	儿 / 3획 (8급)						
	형 형	難兄難弟(난형난제) 呼兄呼弟(호형호제)					
副	刀 / 9획 (4급Ⅱ)						
	버금 부:	副産物(부산물) 副作用(부작용) 副業(부업) 副題(부제)					
賞	貝 / 8획 (5급)						
	상줄 상	賞金(상금) 賞狀(상장) 賞品(상품) 受賞(수상) 施賞(시상)					
否	口 / 4획 (4급)						
	아닐 부	否決(부결) 否定(부정) 拒否(거부) 與否(여부) 眞否(진부)					
認	言 / 7획 (4급Ⅱ)						
	알 인	認可(인가) 認定(인정) 認知(인지) 公認(공인) 承認(승인)					
負	貝 / 2획 (4급)						
	질 부:	勝負手(승부수) 自負心(자부심) 請負(청부)					
傷	人(亻) / 11획 (4급)						
	다칠 상	傷心(상심) 傷處(상처) 落傷(낙상) 損傷(손상) 食傷(식상)					

北	匕 / 3획 (8급)							
	북녘 **북** 달아날 **배**	北極(북극) 北端(북단) 北斗七星(북두칠성) 北風(북풍)						
部	邑(⻖) / 8획 (6급)							
	떼 **부**	部隊(부대) 部落(부락) 部屬(부속) 部族(부족) 全部(전부)						
分	刀 / 2획 (6급)							
	나눌 **분**(:)	分權(분권) 分納(분납) 分斷(분단) 分量(분량) 分離(분리)						
擔	手(扌) / 13획 (4급Ⅱ)							
	멜 **담**	擔當(담당) 擔任(담임) 加擔(가담) 負擔(부담) 全擔(전담)						
比	比 / 0획 (5급)							
	견줄 **비**:	比等(비등) 比例(비례) 對比(대비)						
重	里 / 2획 (7급)							
	무거울 **중**:	重病(중병) 重複(중복) 重傷(중상) 重要(중요) 重罪(중죄)						
批	手(扌) / 4획 (4급)							
	비평할 **비**:	批點(비점) 批判(비판)						
評	言 / 5획 (4급)							
	평할 **평**:	評價(평가) 評論(평론) 評判(평판) 論評(논평) 時評(시평)						
祕	示 / 8획 (4급)							
	숨길 **비**:	祕境(비경) 祕方(비방) 祕法(비법) 祕書(비서) 極祕(극비)						
話	言 / 6획 (7급)							
	말씀 **화**	話法(화법) 話術(화술) 話者(화자) 話題(화제) 神話(신화)						

鼻	鼻 / 0획 (5급)						
	코 비:	鼻孔(비공) 耳目口鼻(이목구비)					
祖	示(ネ) / 5획 (7급)						
	할아비 조	祖國(조국) 祖母(조모) 祖父(조부) 祖上(조상) 先祖(선조)					
貧	貝 / 4획 (4급Ⅱ)						
	가난할 빈	貧困(빈곤) 貧國(빈국) 貧窮(빈궁) 外華內貧(외화내빈)					
寒	宀 / 9획 (5급)						
	찰 한	寒暖(한난) 嚴冬雪寒(엄동설한) 凍氷寒雪(동빙한설)					
氷	水 / 1획 (5급)						
	얼음 빙	氷球(빙구) 氷壁(빙벽) 氷點(빙점) 氷板(빙판) 解氷(해빙)					
河	水(氵) / 5획 (5급)						
	물 하	河口(하구) 河上(하상) 河川(하천) 山河(산하) 運河(운하)					
使	人(亻) / 6획 (6급)						
	하여금/부릴 사:	使動(사동) 使命(사명) 勞使(노사) 外交使節(외교사절)					
臣	臣 / 0획 (5급)						
	신하 신	臣下(신하) 君臣(군신) 功臣(공신) 忠臣(충신)					
死	歹 / 2획 (6급)						
	죽을 사:	死境(사경) 死別(사별) 死色(사색) 死線(사선) 死守(사수)					
生	生 / 0획 (8급)						
	날 생	生命(생명) 生産(생산) 生成(생성) 生長(생장) 派生(파생)					

查	木 / 5획 (5급)								
	조사할 사	查正(사정) 查證(사증) 内查(내사) 調査(조사)							
察	宀 / 11획 (4급Ⅱ)								
	살필 찰	監察(감찰) 檢察(검찰) 警察(경찰) 考察(고찰) 省察(성찰)							
謝	言 / 10획 (4급Ⅱ)								
	사례할 사	謝過(사과) 謝禮(사례) 謝恩(사은) 謝罪(사죄) 感謝(감사)							
絶	糸 / 6획 (4급Ⅱ)								
	끊을 절	絶對(절대) 絶壁(절벽) 絶緣(절연) 絶讚(절찬) 拒絶(거절)							
師	巾 / 7획 (4급Ⅱ)								
	스승 사	師團(사단) 師表(사표) 教師(교사) 恩師(은사) 醫師(의사)							
弟	弓 / 4획 (8급)								
	아우 제	弟子(제자) 兄弟(형제)							
舍	舌 / 2획 (4급Ⅱ)								
	집 사	客舍(객사) 校舍(교사) 寄宿舍(기숙사) 廳舍(청사)							
宅	宀 / 3획 (5급)								
	집 택	宅地(택지) 家宅(가택) 自宅(자택) 住宅(주택)							
寺	寸 / 3획 (4급Ⅱ)								
	절 사	山寺(산사)							
院	阜(阝) / 7획 (5급)								
	집 원	開院(개원) 登院(등원) 法院(법원) 病院(병원) 議院(의원)							

私	禾 / 2획 (4급)						
	사사 사	私見(사견) 私談(사담) 私生活(사생활) 私席(사석)					
有	肉(月) / 2획 (7급)						
	있을 유:	有感(유감) 有故(유고) 有數(유수) 有意(유의) 有情(유정)					
思	心 / 5획 (5급)						
	생각 사(:)	思慮(사려) 思慕(사모) 意思(의사) 易地思之(역지사지)					
想	心 / 9획 (4급Ⅱ)						
	생각 상:	假想(가상) 空想(공상) 構想(구상) 發想(발상) 豫想(예상)					
辭	辛 / 12획 (4급)						
	말씀 사	辭說(사설) 辭意(사의) 辭任(사임) 辭職(사직) 辭退(사퇴)					
典	八 / 6획 (5급)						
	법 전:	經典(경전) 古典(고전) 法典(법전) 典範(전범) 典籍(전적)					
散	攵 / 8획 (4급)						
	흩을 산:	散亂(산란) 散發(산발) 散花(산화) 離合集散(이합집산)					
在	土 / 3획 (6급)						
	있을 재:	在野(재야) 在學(재학) 健在(건재) 實在(실재) 殘在(잔재)					
上	一 / 2획 (7급)						
	윗 상:	上告(상고) 上卷(상권) 上納(상납) 上映(상영) 上演(상연)					
府	广 / 5획 (4급Ⅱ)						
	마을(관청) 부	府庫(부고) 府君(부군) 立法府(입법부) 行政府(행정부)					

西	襾 / 0획 (8급)									
	서녘 **서**	西紀(서기) 西風(서풍) 西海(서해) 東問西答(동문서답)								
洋	水(氵) / 6획 (6급)									
	큰바다 **양**	洋服(양복) 洋式(양식) 洋酒(양주) 洋屋(양옥) 東洋(동양)								
夕	夕 / 0획 (7급)									
	저녁 **석**	秋夕(추석) 七夕(칠석) 朝變夕改(조변석개)								
陽	阜(阝) / 9획 (6급)									
	볕 **양**	陽光(양광) 陽極(양극) 陽地(양지) 陰陽(음양) 太陽(태양)								
石	石 / 0획 (6급)									
	돌 **석**	石器(석기) 石燈(석등) 石佛(석불) 石油(석유) 石材(석재)								
炭	火 / 5획 (5급)									
	숯 **탄:**	炭鑛(탄광) 炭素(탄소) 炭層(탄층) 採炭(채탄)								
選	辵(辶) / 12획 (5급)									
	가릴 **선:**	選擧(선거) 選別(선별) 選任(선임) 嚴選(엄선) 豫選(예선)								
擇	手(扌) / 13획 (4급)									
	가릴 **택**	擇一(택일) 擇日(택일) 採擇(채택)								
宣	宀 / 6획 (4급)									
	베풀 **선**	宣告(선고) 宣明(선명) 宣言(선언) 宣傳(선전)								
布	巾 / 2획 (4급Ⅱ)									
	베/펼 **포(:)** 보시 **보**	布告(포고) 公布(공포) 流布(유포) 配布(배포) 分布(분포)								

善	口 / 9획 (5급)							
	착할 선:	善導(선도) 善良(선량) 積善(적선) 善戰(선전) 善政(선정)						
惡	心 / 8획 (5급)							
	악할 악 미워할 오	惡談(악담) 惡黨(악당) 惡德(악덕) 惡名(악명) 惡評(악평)						
鮮	魚 / 6획 (5급)							
	고울 선	鮮明(선명) 鮮度(선도) 鮮血(선혈) 生鮮(생선)						
魚	魚 / 0획 (5급)							
	고기/물고기 어	魚類(어류) 魚物(어물) 養魚(양어) 緣木求魚(연목구어)						
舌	舌 / 0획 (4급)							
	혀 설	舌端(설단) 舌音(설음) 口舌數(구설수) 毒舌(독설)						
戰	戈 / 12획 (6급)							
	싸움 전:	戰果(전과) 戰略(전략) 戰勢(전세) 戰鬪(전투) 激戰(격전)						
姓	女 / 5획 (7급)							
	성 성:	姓名(성명) 同姓同本(동성동본) 百姓(백성) 他姓(타성)						
氏	氏 / 0획 (4급)							
	각시/성씨 씨	氏族社會(씨족사회) 無名氏(무명씨)						
聖	耳 / 7획 (4급II)							
	성인 성:	聖君(성군) 聖域(성역) 聖職(성직) 聖賢(성현)						
人	人 / 0획 (8급)							
	사람 인	人間(인간) 人傑(인걸) 人格(인격) 人權(인권) 人類(인류)						

聲	耳 / 11획 (4급II)							
	소리 성	聲量(성량) 聲明(성명) 聲援(성원) 聲討(성토) 怨聲(원성)						
優	人(亻) / 15획 (4급)							
	넉넉할 우	優待(우대) 優等(우등) 優良(우량) 優勢(우세) 優秀(우수)						
星	日 / 5획 (4급II)							
	별 성	星座(성좌) 星火(성화) 衛星(위성) 流星(유성)						
雲	雨 / 4획 (5급)							
	구름 운	雲集(운집) 雲海(운해) 暗雲(암운) 戰雲(전운) 靑雲(청운)						
歲	止 / 9획 (5급)							
	해 세:	歲拜(세배) 歲月(세월) 歲入(세입) 歲出(세출) 年歲(연세)						
時	日 / 6획 (7급)							
	때 시	時刻(시각) 時局(시국) 時代(시대) 時事(시사) 時點(시점)						
洗	水 / 6획 (5급)							
	씻을 세:	洗手(세수) 洗車(세차) 水洗式(수세식)						
練	糸 / 9획 (5급)							
	익힐 련:	修練(수련) 調練師(조련사) 訓練(훈련)						
細	糸 / 5획 (4급II)							
	가늘 세:	細工(세공) 細密(세밀) 細心(세심) 細則(세칙) 明細書(명세서)						
胞	肉(月) / 5획 (4급)							
	세포 포(:)	胞子(포자) 同胞(동포)						

素	糸 / 4획 (4급 II)							
	본디/흴 소(:)	素望(소망)	素食(소식)	素養(소양)	素材(소재)	儉素(검소)		
朴	木 / 2획 (6급)							
	성 박	質朴(질박)						
掃	手(扌) / 8획 (4급 II)							
	쓸 소(:)	掃滅(소멸)	掃地(소지)	一掃(일소)	淸掃(청소)			
除	阜(阝) / 7획 (4급 II)							
	덜 제	除去(제거)	除名(제명)	除雪(제설)	除夜(제야)	除籍(제적)		
消	水(氵) / 7획 (6급)							
	사라질 소	消極的(소극적)	消毒(소독)	消滅(소멸)	消盡(소진)			
火	火 / 0획 (8급)							
	불 화(:)	火傷(화상)	火藥(화약)	防火(방화)	聖火(성화)	點火(점화)		
所	戶 / 4획 (7급)							
	바 소:	所感(소감)	所得(소득)	所信(소신)	所要(소요)			
爲	爪 / 8획 (4급 II)							
	하/할 위	爲民(위민)	爲主(위주)	當爲(당위)	無爲(무위)	營爲(영위)		
損	手(扌) / 10획 (4급)							
	덜 손:	損傷(손상)	損失(손실)	損害(손해)	缺損(결손)	破損(파손)		
財	貝 / 3획 (5급)							
	재물 재	財界(재계)	財團(재단)	財源(재원)	財政(재정)	私財(사재)		

假	人(亻) / 9획 (4급Ⅱ)								
	거짓 가:	假建物(가건물) 假名(가명) 假髮(가발) 假裝(가장)							
面	面 / 0획 (7급)								
	낯 면:	面談(면담) 面目(면목) 面識(면식) 面接(면접) 面會(면회)							
街	行 / 6획 (4급Ⅱ)								
	거리 가(:)	街道(가도) 大學街(대학가) 商街(상가) 市街(시가)							
路	足 / 6획 (6급)								
	길 로:	路面(노면) 路線(노선) 經路(경로) 道路(도로) 險路(험로)							
閑	門 / 4획 (4급)								
	한가할 한	閑散(한산) 閑職(한직) 等閑視(등한시) 有閑階級(유한계급)							
暇	日 / 9획 (4급)								
	틈/겨를 가:	公暇(공가) 病暇(병가) 餘暇(여가) 休暇(휴가)							
角	角 / 0획 (6급)								
	뿔 각	角質(각질) 對角線(대각선) 直角(직각)							
度	广 / 6획 (6급)								
	법도 도(:) 헤아릴 탁	度量(도량) 强度(강도) 法度(법도) 難易度(난이도)							
各	口 / 3획 (6급)								
	각각 각	各個(각개) 各界(각계) 各自(각자) 各處(각처)							
種	禾 / 9획 (5급)								
	씨 종(:)	種子(종자) 種類(종류) 變種(변종) 別種(별종) 新種(신종)							

松	木 / 4획 (4급)						
	소나무 송	松林(송림) 松花(송화) 落落長松(낙락장송) 赤松(적송)					
葉	艹 / 9획 (5급)						
	잎 엽	葉書(엽서) 葉綠素(엽록소) 觀葉植物(관엽식물)					
頌	頁 / 4획 (4급)						
	칭송할/기릴 송:	頌德碑(송덕비) 讚頌(찬송) 稱頌(칭송)					
祝	示(礻) / 5획 (5급)						
	빌 축	祝文(축문) 祝福(축복) 祝壽(축수) 祝辭(축사) 祝願(축원)					
守	宀 / 3획 (4급Ⅱ)						
	지킬 수	守備(수비) 守則(수칙) 守護(수호) 固守(고수)					
衛	行 / 9획 (4급Ⅱ)						
	지킬 위	衛生(위생) 衛星(위성) 防衛(방위) 自衛(자위) 護衛(호위)					
收	攵 / 2획 (4급Ⅱ)						
	거둘 수	收去(수거) 收錄(수록) 收納(수납) 收益(수익) 收縮(수축)					
支	支 / 0획 (4급Ⅱ)						
	지탱할 지	支給(지급) 支配(지배) 支援(지원) 支持(지지) 支出(지출)					
秀	禾 / 2획 (4급)						
	빼어날 수	秀才(수재) 優秀(우수)					
英	艹 / 5획 (6급)						
	꽃부리 영	英國(영국) 英數(영수) 英雄(영웅) 育英(육영)					

首	首 / 0획 (5급)						
	머리 **수**	首都(수도)	首相(수상)	首席(수석)	部首(부수)	元首(원수)	
位	人(亻) / 5획 (5급)						
	자리 **위**	位相(위상)	位置(위치)	單位(단위)	在位(재위)	職位(직위)	
授	手(扌) / 8획 (4급Ⅱ)						
	줄 **수**	授賞(수상)	授業(수업)	授與(수여)	敎授(교수)	傳授(전수)	
受	又 / 6획 (4급Ⅱ)						
	받을 **수(:)**	受給(수급)	受納(수납)	受信(수신)	受容(수용)	受惠(수혜)	
修	人(亻) / 8획 (4급Ⅱ)						
	닦을 **수**	修練(수련)	修理(수리)	監修(감수)	嚴修(엄수)		
正	止 / 1획 (7급)						
	바를 **정(:)**	正答(정답)	正當(정당)	正常(정상)	正體(정체)	正統(정통)	
肅	聿 / 7획 (4급)						
	엄숙할 **숙**	肅拜(숙배)	肅正(숙정)	嚴肅(엄숙)	自肅(자숙)	靜肅(정숙)	
淸	水(氵) / 8획 (6급)						
	맑을 **청**	淸潔(청결)	淸明(청명)	淸貧(청빈)	淸掃(청소)	淸純(청순)	
順	頁 / 3획 (5급)						
	순할 **순:**	順理(순리)	順番(순번)	順列(순열)	順應(순응)	順從(순종)	
延	廴 / 4획 (4급)						
	늘일 **연**	延期(연기)	延命(연명)	延長(연장)	延着(연착)		

純	糸 / 4획 (4급II)							
	순수할 **순**	純潔(순결) 純度(순도) 純眞(순진) 單純(단순) 淸純(청순)						
情	心(忄) / 8획 (5급)							
	뜻 **정**	情感(정감) 情景(정경) 情報(정보) 情熱(정열) 情表(정표)						
崇	山 / 8획 (4급)							
	높을 **숭**	崇高(숭고)						
拜	手 / 5획 (4급II)							
	절 **배:**	拜金思想(배금사상) 拜禮(배례) 敬拜(경배) 歲拜(세배)						
承	手 / 4획 (4급II)							
	이을 **승**	承繼(승계) 起承轉結(기승전결) 承服(승복) 傳承(전승)						
前	刀(刂) / 7획 (7급)							
	앞 **전**	前景(전경) 前歷(전력) 前生(전생) 前衛(전위) 前篇(전편)						
始	女 / 5획 (6급)							
	비로소 **시:**	始動(시동) 始作(시작) 始祖(시조) 始初(시초) 原始(원시)						
終	糸 / 5획 (5급)							
	마칠 **종**	終講(종강) 終末(종말) 終日(종일) 終點(종점) 最終(최종)						
施	方 / 5획 (4급II)							
	베풀 **시:**	施工(시공) 施賞(시상) 施設(시설) 施行(시행)						
政	攵 / 4획 (4급II)							
	정사 **정**	政經(정경) 政權(정권) 政府(정부) 政策(정책) 政治(정치)						

試	言 / 6획 (4급II)							
	시험 시(:)	試圖(시도) 試料(시료) 試食(시식) 試藥(시약) 試飮(시음)						
驗	馬 / 13획 (4급II)							
	시험 험:	經驗(경험) 受驗(수험) 實驗(실험) 證驗(증험) 體驗(체험)						
植	木 / 8획 (7급)							
	심을 식	植木(식목) 植物(식물) 植樹(식수) 移植(이식)						
字	子 / 3획 (7급)							
	글자 자	字母(자모) 字源(자원) 字形(자형) 略字(약자) 點字(점자)						
申	田 / 0획 (4급II)							
	납[猿] 신	申告(신고) 內申(내신) 甲申政變(갑신정변)						
請	言 / 8획 (4급II)							
	청할 청	請求(청구) 請約(청약) 請負(청부) 請願(청원) 招請(초청)						
神	示(礻) / 5획 (6급)							
	귀신 신	神奇(신기) 神明(신명) 神聖(신성) 神主(신주) 失神(실신)						
仙	人(亻) / 3획 (5급)							
	신선 선	仙境(선경) 仙人(선인) 仙風道骨(선풍도골)						
深	水(氵) / 8획 (4급II)							
	깊을 심	深刻(심각) 深度(심도) 深趣(심취) 深層(심층) 深海(심해)						
夜	夕 / 5획 (6급)							
	밤 야:	夜勤(야근) 夜食(야식) 夜學(야학) 除夜(제야) 晝夜(주야)						

暗	日 / 9획 (4급II)							
	어두울 **암**:	暗示(암시) 暗室(암실) 暗鬪(암투) 暗標(암표) 暗號(암호)						
黑	黑 / 0획 (5급)							
	검을 **흑**	黑白(흑백) 黑心(흑심) 黑鉛(흑연) 黑子(흑자) 黑板(흑판)						
液	水(氵) / 8획 (4급II)							
	진 **액**	液體(액체) 水液(수액) 樹液(수액) 血液(혈액)						
化	匕 / 2획 (5급)							
	될 **화**(:)	化石(화석) 化學(화학) 化合(화합) 老化(노화) 文化(문화)						
漁	水(氵) / 11획 (5급)							
	고기잡을 **어**	漁夫(어부) 漁父(어부) 漁船(어선) 漁場(어장) 出漁(출어)						
港	水(氵) / 9획 (4급II)							
	항구 **항**:	港都(항도) 空港(공항) 寄港(기항) 入港(입항) 出港(출항)						
言	言 / 0획 (6급)							
	말씀 **언**	言論(언론) 言辯(언변) 言辭(언사) 宣言(선언) 言爭(언쟁)						
語	言 / 7획 (7급)							
	말씀 **어**:	語根(어근) 語錄(어록) 語源(어원) 略語(약어) 隱語(은어)						
業	木 / 9획 (6급)							
	업 **업**	業務(업무) 業種(업종) 業體(업체) 課業(과업)						
績	糸 / 11획 (4급)							
	길쌈 **적**	功績(공적) 成績(성적) 實績(실적) 治績(치적) 行績(행적)						

如	女 / 3획 (4급 II)								
	같을 **여**	缺如(결여) 萬事如意(만사여의)							
干	干 / 0획 (4급)								
	방패 **간**	干城(간성) 干潮(간조) 干支(간지)							
餘	食 / 7획 (4급 II)								
	남을 **여**	餘暇(여가) 餘念(여념) 餘罪(여죄) 餘恨(여한) 殘餘(잔여)							
波	水(氵) / 5획 (4급 II)								
	물결 **파**	波高(파고) 波動(파동) 波長(파장) 世波(세파) 寒波(한파)							
易	日 / 4획 (4급)								
	바꿀 **역** 쉬울 **이**	易書(역서) 周易(주역) 簡易(간이) 安易(안이) 容易(용이)							
經	糸 / 7획 (4급 II)								
	지날/글 **경**	經歷(경력) 經路(경로) 經費(경비) 經由(경유) 經濟(경제)							
逆	辵(辶) / 6획 (4급 II)								
	거스를 **역**	逆境(역경) 逆流(역류) 逆戰(역전) 逆賊(역적) 拒逆(거역)							
轉	車 / 11획 (4급)								
	구를 **전:**	轉業(전업) 轉職(전직) 移轉(이전) 回轉(회전)							
研	石 / 6획 (4급 II)								
	갈 **연:**	研修(연수)							
究	穴 / 2획 (4급 II)								
	연구할/ 궁구할 **구**	講究(강구) 窮究(궁구) 學究熱(학구열)							

稱	禾 / 9획 (4급)						
	일컬을 칭	稱頌(칭송) 改稱(개칭) 略稱(약칭) 俗稱(속칭)					
讚	言 / 19획 (4급)						
	기릴 찬:	讚美(찬미) 讚辭(찬사) 禮讚(예찬) 自讚(자찬) 絶讚(절찬)					
冊	冂 / 3획 (4급)						
	책 책	冊名(책명) 冊房(책방) 分冊(분책) 書冊(서책)					
張	弓 / 8획 (4급)						
	베풀 장	張數(장수) 主張(주장) 出張(출장)					
千	十 / 1획 (7급)						
	일천 천	千古(천고) 千慮一失(천려일실) 千篇一律(천편일률)					
秋	禾 / 4획 (7급)						
	가을 추	秋季(추계) 秋穀(추곡) 秋夕(추석) 秋收(추수) 秋波(추파)					
天	大 / 1획 (7급)						
	하늘 천	天國(천국) 天氣(천기) 天倫(천륜) 天理(천리) 天命(천명)					
眞	目 / 5획 (4급Ⅱ)						
	참 진	眞價(진가) 眞理(진리) 眞心(진심) 眞意(진의) 寫眞(사진)					
靑	靑 / 0획 (8급)						
	푸를 청	靑果(청과) 靑史(청사) 靑山(청산) 靑年(청년)					
春	日 / 5획 (7급)						
	봄 춘	春季(춘계) 春困(춘곤) 春秋(춘추) 春風(춘풍) 新春(신춘)					

午	十 / 2획 (7급)						
	낮 오:	午前(오전) 端午(단오) 正午(정오) 子午線(자오선)					
後	彳 / 6획 (7급)						
	뒤 후:	後記(후기) 後輪(후륜) 後送(후송) 後食(후식) 後援(후원)					
誤	言 / 7획 (4급II)						
	그르칠 오:	誤答(오답) 誤報(오보) 誤算(오산) 誤用(오용) 誤差(오차)					
導	寸 / 13획 (4급II)						
	인도할 도:	導入(도입) 導火線(도화선) 引導(인도) 主導(주도)					
玉	玉 / 0획 (4급II)						
	구슬 옥	玉篇(옥편) 玉體(옥체) 紅玉(홍옥) 金科玉條(금과옥조)					
座	广 / 7획 (4급)						
	자리 좌:	座談(좌담) 座中(좌중) 座標(좌표) 坐向(좌향) 計座(계좌)					
屋	尸 / 6획 (5급)						
	집 옥	屋內(옥내) 屋上(옥상) 家屋(가옥) 社屋(사옥) 草屋(초옥)					
外	夕 / 2획 (8급)						
	바깥 외:	外科(외과) 外勤(외근) 外面(외면) 外傷(외상) 外遊(외유)					
完	宀 / 4획 (5급)						
	완전할 완	完結(완결) 完納(완납) 完備(완비) 完成(완성) 完治(완치)					
全	入 / 4획 (7급)						
	온전 전	全擔(전담) 全量(전량) 全身(전신) 全域(전역) 健全(건전)					

往	彳 / 9획 (4급Ⅱ)							
	갈 **왕**	往年(왕년) 往來(왕래) 說往說來(설왕설래)						
復	彳 / 9획 (4급Ⅱ)							
	회복할 **복** 다시 **부**	復舊(복구) 復歸(복귀) 復習(복습) 復元(복원) 復學(복학)						
王	王 / 0획 (8급)							
	임금 **왕**	王宮(왕궁) 王命(왕명) 王室(왕실) 王政(왕정) 帝王(제왕)						
朝	月 / 8획 (6급)							
	아침 **조**	朝廷(조정) 朝三暮四(조삼모사) 朝令暮改(조령모개)						
要	襾 / 3획 (5급)							
	요긴할 **요(:)**	要件(요건) 要求(요구) 要覽(요람) 要點(요점) 要約(요약)						
因	口 / 3획 (5급)							
	인할 **인**	因果(인과) 因習(인습) 因緣(인연) 原因(원인) 火因(화인)						
郵	邑(阝) / 8획 (4급)							
	우편 **우**	郵送(우송) 郵便(우편)						
票	示 / 6획 (4급Ⅱ)							
	표 **표**	票決(표결) 開票(개표) 得票(득표) 暗票(암표) 投票(투표)						
運	辶(辵) / 9획 (6급)							
	옮길 **운:**	運動(운동) 運命(운명) 運輸(운수) 運轉(운전) 運航(운항)						
送	辵(辶) / 6획 (4급Ⅱ)							
	보낼 **송:**	送水管(송수관) 送信(송신) 發送(발송) 郵送(우송) 電送(전송)						

雄	隹 / 4획 (5급)							
	수컷 **웅**	雄據(웅거)	雄大(웅대)	雄辯(웅변)	雄壯(웅장)	英雄(영웅)		
飛	飛 / 0획 (4급II)							
	날 **비**	飛上(비상)	飛行機(비행기)	飛火(비화)				
原	厂 / 8획 (5급)							
	언덕 **원**	原價(원가)	原木(원목)	原告(원고)	原文(원문)	原本(원본)		
音	音 / 0획 (6급)							
	소리 **음**	音階(음계)	音速(음속)	音域(음역)	音標(음표)	雜音(잡음)		
邑	邑 / 0획 (7급)							
	고을 **읍**	邑內(읍내)	邑民(읍민)	邑長(읍장)	都邑(도읍)	小邑(소읍)		
村	木 / 3획 (7급)							
	마을 **촌:**	村落(촌락)	江村(강촌)	農村(농촌)	山村(산촌)	漁村(어촌)		
曜	日 / 14획 (5급)							
	빛날 **요:**	曜曜(요요)						
日	日 / 0획 (8급)							
	날 **일**	日課(일과)	日記(일기)	日誌(일지)	日就月將(일취월장)			
浴	水(氵) / 7획 (5급)							
	목욕할 **욕**	日光浴(일광욕)	海水浴場(해수욕장)					
室	宀 / 6획 (8급)							
	집 **실**	室內(실내)	敎室(교실)	密室(밀실)	病室(병실)			

勇	力 / 7획 (6급)								
	날랠 **용**:	勇敢(용감) 勇氣(용기) 勇士(용사) 武勇談(무용담)							
退	辶(辵) / 6획 (4급II)								
	물러날 **퇴**:	退步(퇴보) 退潮(퇴조) 退陣(퇴진) 辭退(사퇴) 隱退(은퇴)							
圓	口 / 10획 (6급)								
	둥글 **원**:	圓光(원광) 圓滿(원만) 圓卓(원탁) 團圓(단원)							
舞	舛 / 8획 (4급)								
	춤출 **무**:	舞曲(무곡) 群舞(군무) 亂舞(난무)							
危	卩 / 4획 (4급)								
	위태할 **위**:	危急(위급) 危機(위기) 危重(위중) 危害(위해) 安危(안위)							
險	阜(阝) / 13획 (4급)								
	험할 **험**:	險難(험난) 險談(험담) 險路(험로) 險狀(험상) 保險(보험)							
偉	人(亻) / 9획 (5급)								
	클 **위**:	偉大(위대) 偉業(위업) 偉人(위인)							
容	宀 / 7획 (4급II)								
	얼굴 **용**:	容納(용납) 容易(용이) 容認(용인) 容積(용적) 包容(포용)							
慰	心 / 11획 (4급)								
	위로할 **위**:	慰問(위문) 慰安(위안)							
勞	力 / 10획 (5급)								
	일할 **로**:	勞使(노사) 過勞(과로) 勤勞(근로) 疲勞(피로)							

遺	辶(辵) / 12획 (4급)							
	남길 **유**	遺物(유물) 遺産(유산) 遺業(유업) 遺作(유작) 遺傳(유전)						
訓	言 / 3획 (6급)							
	가르칠 **훈**	訓戒(훈계) 訓練(훈련) 訓示(훈시) 家訓(가훈) 敎訓(교훈)						
儒	人(亻) / 14획 (4급)							
	선비 **유**	儒家思想(유가사상) 儒敎(유교) 儒生(유생) 儒學(유학)						
林	木 / 4획 (7급)							
	수풀 **림**	林業(임업) 密林(밀림) 山林(산림) 造林(조림)						
育	肉(月) / 4획 (7급)							
	기를 **육**	育兒(육아) 敎育(교육) 發育(발육) 保育(보육) 體育(체육)						
成	戈 / 3획 (6급)							
	이룰 **성**	成功(성공) 成果(성과) 成年(성년) 成長(성장) 成就(성취)						
銀	金 / 6획 (6급)							
	은 **은**	銀髮(은발) 銀錢(은전) 銀魚(은어) 銀貨(은화) 水銀(수은)						
製	衣 / 8획 (4급Ⅱ)							
	지을 **제:**	製粉(제분) 製本(제본) 制弱(제약) 製造(제조) 複製(복제)						
隱	阜(阝) / 14획 (4급)							
	숨을 **은**	隱居(은거) 隱密(은밀) 隱身(은신) 隱語(은어) 隱然(은연)						
者	老(耂) / 5획 (6급)							
	놈 **자**	强者(강자) 記者(기자) 讀者(독자) 富者(부자) 勝者(승자)						

恩	心 / 6획 (4급 II)						
	은혜 은	恩功(은공) 恩德(은덕) 恩人(은인) 恩情(은정) 報恩(보은)					
惠	心 / 8획 (4급 II)						
	은혜 혜:	惠存(혜존) 施惠(시혜) 天惠(천혜)					
依	人(亻) / 6획 (4급)						
	의지할 의	依據(의거) 依舊(의구) 依然(의연) 依支(의지) 歸依(귀의)					
存	子 / 3획 (4급)						
	있을 존	存立(존립) 存亡(존망) 存續(존속) 共存(공존) 實存(실존)					
儀	人(亻) / 13획 (4급)						
	거동 의	儀式(의식) 儀表(의표)					
禮	示(礻) / 13획 (6급)						
	예도 례:	禮訪(예방) 禮遇(예우) 禮儀(예의) 禮節(예절) 禮讚(예찬)					
移	禾 / 4획 (4급 II)						
	옮길 이	移動(이동) 移送(이송) 移植(이식) 移轉(이전) 移行(이행)					
住	人(亻) / 5획 (7급)						
	살 주:	住民(주민) 住所(주소) 住宅(주택) 居住(거주) 入住(입주)					
仁	人(亻) / 2획 (4급)						
	어질 인	仁術(인술) 仁者(인자) 殺身成仁(살신성인)					
義	羊 / 7획 (4급 II)						
	옳을 의:	義擧(의거) 義理(의리) 義務(의무) 義人(의인) 主義(주의)					

引	弓 / 1획 (4급II)						
	끌 인	引繼(인계) 引導(인도) 引上(인상) 引用(인용) 引出(인출)					
責	貝 / 4획 (5급)						
	꾸짖을 책	責望(책망) 責任(책임) 問責(문책) 自責(자책) 重責(중책)					
印	卩 / 4획 (4급II)						
	도장 인	印象(인상) 印稅(인세) 印朱(인주) 刻印(각인) 職印(직인)					
章	立 / 6획 (6급)						
	글 장	旗章(기장) 文章(문장) 初章(초장) 終章(종장) 憲章(헌장)					
姉	女 / 5획 (4급)						
	손위누이 자	姉兄(자형)					
妹	女 / 5획 (4급)						
	누이 매	妹夫(매부) 妹兄(매형) 男妹(남매)					
姿	女 / 6획 (4급)						
	모양 자:	姿色(자색) 姿態(자태) 雄姿(웅자)					
質	貝 / 8획 (5급)						
	바탕 질	質量(질량) 質疑(질의) 均質(균질) 異質(이질)					
昨	日 / 5획 (6급)						
	어제 작	昨今(작금) 昨日(작일)					
年	干 / 3획 (8급)						
	해 년	年金(연금) 年例(연례) 年齒(연치) 來年(내년) 新年(신년)					

殘	歹 / 8획 (4급)							
	남을 잔	殘高(잔고) 殘命(잔명) 殘額(잔액) 殘忍(잔인) 殘存(잔존)						
雪	雨 / 3획 (6급)							
	눈 설	雪景(설경) 嚴冬雪寒(엄동설한) 積雪(적설) 暴雪(폭설)						
壯	士 / 4획 (4급)							
	장할 장:	壯年(장년) 壯談(장담) 壯烈(장렬) 壯快(장쾌) 健壯(건장)						
丁	一 / 1획 (4급)							
	고무래/장정 정	兵丁(병정) 園丁(원정)						
障	阜(阝) / 11획 (4급Ⅱ)							
	막을 장	障害(장해) 故障(고장) 保障(보장) 支障(지장)						
壁	土 / 13획 (4급Ⅱ)							
	벽 벽	壁報(벽보) 壁紙(벽지) 氷壁(빙벽) 絶壁(절벽)						
再	冂 / 4획 (5급)							
	두 재:	再考(재고) 再起(재기) 再生(재생) 再演(재연) 再現(재현)						
活	水(氵) / 6획 (7급)							
	살 활	活氣(활기) 活動(활동) 活用(활용) 活況(활황) 生活(생활)						
災	火 / 3획 (5급)							
	재앙 재	災害(재해) 水災(수재) 火災(화재) 天災地變(천재지변)						
難	隹 / 11획 (4급Ⅱ)							
	어려울 난(:)	難關(난관) 難局(난국) 難色(난색) 難易度(난이도) 難解(난해)						

爭	爫 / 4획 (5급)							
	다툴 쟁	爭議(쟁의) 爭點(쟁점) 競爭(경쟁) 論爭(논쟁) 抗爭(항쟁)						
取	又 / 6획 (4급Ⅱ)							
	가질 취:	取得(취득) 取消(취소) 取材(취재) 採取(채취) 聽取(청취)						
低	人(亻) / 5획 (4급Ⅱ)							
	낮을 저:	低價(저가) 低空(저공) 低利(저리) 低溫(저온) 高低(고저)						
下	一 / 2획 (7급)							
	아래 하:	下降(하강) 下級(하급) 下達(하달) 下落(하락) 下流(하류)						
貯	貝 / 5획 (5급)							
	쌓을 저:	貯金(저금) 貯水(저수) 貯炭(저탄)						
蓄	艹 / 10획 (4급Ⅱ)							
	모을 축	蓄財(축재) 蓄積(축적) 備蓄(비축) 電蓄(전축)						
赤	赤 / 0획 (5급)							
	붉을 적	赤旗(적기) 赤色(적색) 赤潮(적조) 赤外線(적외선)						
字	子 / 3획 (7급)							
	글자 자	字母(자모) 字源(자원) 字形(자형) 略字(약자) 點字(점자)						
的	白 / 3획 (5급)							
	과녁 적	的中(적중) 劇的(극적) 目的(목적) 標的(표적)						
確	石 / 10획 (4급Ⅱ)							
	굳을 확	確固(확고) 確立(확립) 確信(확신) 確言(확언) 確證(확증)						

敵	攵 / 11획 (4급II)						
	대적할 **적**	敵國(적국)	敵地(적지)	强敵(강적)	對敵(대적)	無敵(무적)	
陣	阜(阝) / 7획 (4급)						
	진칠 **진**	陣營(진영)	陣地(진지)	陣痛(진통)	對陣(대진)	布陣(포진)	
適	辶(辵) / 11획 (4급)						
	맞을 **적**	適格(적격)	適性(적성)	適應(적응)	適任(적임)	適正(적정)	
切	刀 / 2획 (5급)						
	끊을 **절** 온통 **체**	切感(절감)	切開(절개)	切斷(절단)	切實(절실)	切親(절친)	
田	田 / 0획 (4급II)						
	밭 **전**	田地(전지)	火田民(화전민)				
園	口 / 10획 (6급)						
	동산 **원**	園藝(원예)	公園(공원)	樂園(낙원)	農園(농원)	庭園(정원)	
進	辶(辵) / 8획 (4급II)						
	나아갈 **진:**	進級(진급)	進路(진로)	進步(진보)	進出(진출)	進化(진화)	
展	尸 / 7획 (5급)						
	펼 **전:**	展開(전개)	展示(전시)	國展(국전)	展望(전망)	發展(발전)	
專	寸 / 8획 (4급)						
	오로지 **전**	專攻(전공)	專門(전문)	專屬(전속)	專用(전용)	專任(전임)	
制	刀(刂) / 6획 (4급II)						
	절제할 **제:**	制動(제동)	制服(제복)	制定(제정)	制限(제한)	强制(강제)	

電	雨 / 5획 (7급)						
	번개 전:	電球(전구) 電擊(전격) 電燈(전등) 電源(전원) 電話(전화)					
鐵	金 / 13획 (5급)						
	쇠 철	鐵鑛(철광) 鐵筋(철근) 鐵道(철도) 鐵則(철칙) 鋼鐵(강철)					
占	卜 / 3획 (4급)						
	점령할 점: 점칠 점	占據(점거) 占術(점술) 占用(점용) 占有(점유) 獨占(독점)					
領	頁 / 5획 (5급)						
	거느릴 령	領空(영공) 要領(요령) 大統領(대통령)					
店	广 / 5획 (5급)						
	가게 점:	開店(개점) 賣店(매점) 商店(상점) 酒店(주점)					
員	口 / 7획 (4급II)						
	인원 원	減員(감원) 缺員(결원) 教員(교원) 隊員(대원) 委員(위원)					
精	米 / 8획 (4급II)						
	정할 정	精潔(정결) 精讀(정독) 精密(정밀) 精算(정산) 精神(정신)					
華	艹 / 8획 (4급)						
	빛날 화	散華(산화) 榮華(영화) 中華(중화) 華甲(화갑) 華婚(화혼)					
靜	青 / 8획 (4급)						
	고요할 정	靜脈(정맥) 靜物(정물) 靜肅(정숙) 動靜(동정) 安靜(안정)					
止	止 / 0획 (5급)						
	그칠 지	止血(지혈) 禁止(금지) 防止(방지) 終止(종지) 閉止(폐지)					

眼	目 / 6획 (4급Ⅱ)								
	눈 안:	眼科(안과)　眼目(안목)　眼藥(안약)　肉眼(육안)　着眼(착안)							
鏡	金 / 11획 (4급)								
	거울 경:	望遠鏡(망원경)　明鏡止水(명경지수)　水鏡(수경)							
計	言 / 2획 (6급)								
	셀 계:	計略(계략)　計量(계량)　計測(계측)　統計(통계)　會計(회계)							
算	竹 / 8획 (7급)								
	셈 산:	算數(산수)　算術(산술)　決算(결산)　豫算(예산)　推算(추산)							
關	門 / 11획 (5급)								
	관계할 관:	關稅(관세)　關與(관여)　難關(난관)　稅關(세관)　通關(통관)							
係	人(亻) / 7획 (4급Ⅱ)								
	맬 계:	係員(계원)　係長(계장)							
繼	糸 / 14획 (4급)								
	이을 계:	繼承(계승)　繼走(계주)　中繼放送(중계방송)　後繼者(후계자)							
續	糸 / 15획 (4급Ⅱ)								
	이을 속:	續出(속출)　勤續(근속)　相續(상속)　存續(존속)　持續(지속)							
階	阜(阝) / 9획 (4급)								
	섬돌 계:	階級(계급)　階層(계층)　位階(위계)　層階(층계)　品階(품계)							
段	殳 / 5획 (4급)								
	층계 단:	段落(단락)　文段(문단)　三段論法(삼단논법)　手段(수단)							

等	竹 / 6획 (6급)					
	무리 **등**:	等級(등급)	等位(등위)	降等(강등)	優等(우등)	差等(차등)
第	竹 / 5획 (6급)					
	차례 **제**:	第宅(제택)	及第(급제)	落第(낙제)		
提	手(扌) / 9획 (4급Ⅱ)					
	끌 **제**	提高(제고)	提起(제기)	提示(제시)	提言(제언)	提請(제청)
議	言 / 13획 (4급Ⅱ)					
	의논할 **의**(:)	議席(의석)	議案(의안)	議題(의제)	問議(문의)	發議(발의)
濟	水(氵) / 17획 (4급Ⅱ)					
	건널 **제**	濟度(제도)	濟民(제민)	決濟(결제)	經濟(경제)	
世	一 / 4획 (7급)					
	인간 **세**:	世界(세계)	世代(세대)	世稱(세칭)	世評(세평)	來世(내세)
條	木 / 7획 (4급)					
	가지 **조**	條件(조건)	條理(조리)	條目(조목)	條文(조문)	信條(신조)
約	糸 / 3획 (5급)					
	맺을 **약**	約束(약속)	約定(약정)	約婚(약혼)	豫約(예약)	
組	糸 / 5획 (4급)					
	짤 **조**	組立(조립)	組成(조성)	組織(조직)		
合	口 / 3획 (6급)					
	합할 **합**	合格(합격)	合計(합계)	合當(합당)	合理(합리)	合算(합산)

調	言 / 8획 (5급)						
	고를 조	調練(조련) 調査(조사) 調律(조율) 調整(조정) 格調(격조)					
和	口 / 5획 (6급)						
	화할 화	和色(화색) 和親(화친) 和平(화평) 和解(화해) 溫和(온화)					
尊	寸 / 9획 (4급Ⅱ)						
	높을 존	尊貴(존귀) 尊嚴(존엄) 尊重(존중) 尊稱(존칭)					
敬	攵 / 9획 (5급)						
	공경 경:	敬老(경로) 敬禮(경례) 敬愛(경애) 敬語(경어)					
宗	宀 / 5획 (4급Ⅱ)						
	마루 종	宗家(종가) 宗敎(종교) 宗族(종족) 宗氏(종씨) 宗派(종파)					
孫	子 / 7획 (6급)						
	손자 손(:)	孫子(손자) 外孫(외손) 後孫(후손)					
從	彳 / 8획 (4급)						
	좇을 종(:)	從來(종래) 從前(종전) 服從(복종) 相從(상종) 順從(순종)					
屬	尸 / 18획 (4급)						
	붙일 속	貴金屬(귀금속) 歸屬(귀속) 配屬(배속) 所屬(소속) 專屬(전속)					
早	日 / 2획 (4급Ⅱ)						
	이를 조:	早期(조기) 早産(조산) 早速(조속) 早退(조퇴)					
老	老 / 0획 (7급)						
	늙을 로:	老年(노년) 老益壯(노익장) 老患(노환) 老後(노후)					

左	工 / 2획 (7급)								
	왼 **좌**:	左邊(좌변) 左手(좌수) 右往左往(우왕좌왕)							
右	口 /2획 (7급)								
	오를/오른 **우**	右手(우수) 極右(극우) 左之右之(좌지우지)							
朱	木 / 2획 (4급)								
	붉을 **주**	朱木(주목) 朱門(주문) 朱書(주서) 印朱(인주)							
紅	糸 / 3획 (4급)								
	붉을 **홍**	紅潮(홍조) 紅玉(홍옥) 紅一點(홍일점)							
周	口 / 5획 (4급)								
	두루 **주**	周到(주도) 周密(주밀) 周邊(주변) 周知(주지) 一周(일주)							
圍	口 / 9획 (4급)								
	에워쌀 **위**	範圍(범위) 包圍(포위)							
注	水(氵) / 5획 (6급)								
	부을 **주**:	注目(주목) 注文(주문) 注射(주사) 注油(주유) 傾注(경주)							
視	見 / 5획 (4급Ⅱ)								
	볼 **시**:	視覺(시각) 視點(시점) 時差(시차) 亂視(난시)							
晝	日 / 7획 (6급)								
	낮 **주**	晝夜(주야) 白晝(백주)							
間	門 / 4획 (7급)								
	사이 **간**(:)	間斷(간단) 間接(간접) 空間(공간) 期間(기간) 人間(인간)							

志	心 / 3획 (4급II)							
	뜻 지	志望(지망) 志願(지원) 志向(지향) 意志(의지) 有志(유지)						
操	手(扌) / 12획 (5급)							
	잡을 조(:)	操心(조심) 操作(조작) 情操(정조) 體操(체조)						
持	手(扌) / 6획 (4급II)							
	가질 지	持論(지론) 持病(지병) 堅持(견지) 所持(소지) 支持(지지)						
參	厶 / 9획 (5급)							
	참여할 참 석 삼	參加(참가) 參見(참견) 參考(참고) 參拜(참배) 參與(참여)						
指	手(扌) / 6획 (4급II)							
	가리킬 지	指導(지도) 指壓(지압) 指稱(지칭) 指彈(지탄) 指標(지표)						
針	金 / 2획 (4급)							
	바늘 침(:)	針線(침선) 針術(침술) 分針(분침) 時針(시침)						
珍	玉 / 5획 (4급)							
	보배 진	珍貴(진귀) 珍奇(진기) 珍重(진중) 珍風景(진풍경)						
味	口 / 5획 (4급II)							
	맛 미:	加味(가미) 甘味料(감미료) 妙味(묘미) 別味(별미) 興味(흥미)						
集	隹 / 4획 (6급)							
	모을 집	集結(집결) 集團(집단) 集積(집적) 密集(밀집) 採集(채집)						
會	日 / 9획 (6급)							
	모일 회:	會見(회견) 會計(회계) 會談(회담) 會同(회동) 會議(회의)						

招	手(扌) / 5획 (4급)							
	부를 **초**	招待(초대) 招來(초래) 招致(초치) 自招(자초)						
請	言 / 8획 (4급Ⅱ)							
	청할 **청**	請求(청구) 請約(청약) 請負(청부) 請願(청원)						
最	曰 / 8획 (5급)							
	가장 **최:**	最高(최고) 最近(최근) 最多(최다) 最善(최선) 最惡(최악)						
初	刀(刂) / 5획 (5급)							
	처음 **초**	初級(초급) 初期(초기) 初代(초대) 初步(초보) 初聲(초성)						
推	手(扌) / 8획 (4급)							
	밀 **추**	推進(추진) 推移(추이) 推論(추론) 推算(추산) 類推(유추)						
測	水(氵) / 9획 (4급Ⅱ)							
	헤아릴 **측**	測量(측량) 測定(측정) 觀測(관측) 實測(실측) 豫測(예측)						
充	儿 / 4획 (5급)							
	채울 **충**	充當(충당) 充滿(충만) 充分(충분) 充實(충실) 充足(충족)						
血	血 / 0획 (4급Ⅱ)							
	피 **혈**	血管(혈관) 血氣(혈기) 血壓(혈압) 血液(혈액) 血緣(혈연)						
就	尤 / 9획 (4급)							
	나아갈 **취:**	就業(취업) 就任(취임) 就職(취직) 就航(취항) 去就(거취)						
寢	宀 / 11획 (4급)							
	잘 **침:**	寢具(침구) 寢食(침식) 寢室(침실) 同寢(동침)						

打	手(扌) / 2획 (5급)						
	칠 **타**:	打擊(타격)	打點(타점)	亂打(난타)	安打(안타)	連打(연타)	
鍾	金 / 9획 (4급)						
	쇠북 **종**	警鍾(경종)	自鳴鍾(자명종)				
脫	肉(月) / 7획 (4급)						
	벗을 **탈**	脫落(탈락)	脫法(탈법)	脫色(탈색)	解脫(해탈)		
俗	人(亻) / 7획 (4급Ⅱ)						
	풍속 **속**	俗談(속담)	俗說(속설)	俗語(속어)	俗稱(속칭)	民俗(민속)	
探	手(扌) / 8획 (4급)						
	찾을 **탐**	探究(탐구)	探問(탐문)	探訪(탐방)	探查(탐사)	探險(탐험)	
知	矢 / 3획 (5급)						
	알 **지**	知己(지기)	知能(지능)	知識(지식)	未知(미지)	通知(통지)	
特	牛 / 6획 (6급)						
	특별할 **특**	特權(특권)	特使(특사)	特性(특성)	特異(특이)	特採(특채)	
派	水(氵) / 6획 (4급)						
	갈래 **파**	派生(파생)	急派(급파)	黨派(당파)	增派(증파)	學派(학파)	
銃	金 / 6획 (4급Ⅱ)						
	총 **총**	銃擊(총격)	銃器(총기)	銃傷(총상)	銃聲(총성)	銃彈(총탄)	
砲	石 / 5획 (4급Ⅱ)						
	대포 **포**:	砲門(포문)	砲兵(포병)	砲煙(포연)	砲火(포화)	發砲(발포)	

爆	火 / 15획 (4급)						
	불터질 **폭**	爆發(폭발) 爆笑(폭소) 爆竹(폭죽) 爆彈(폭탄) 原爆(원폭)					
藥	⾋ / 15획 (6급Ⅱ)						
	약 **약**	藥酒(약주) 藥局(약국) 藥草(약초) 投藥(투약)					
歡	欠 / 18획 (4급)						
	기쁠 **환**	歡談(환담) 歡待(환대) 歡送(환송) 歡迎(환영) 歡呼(환호)					
喜	口 / 9획 (4급)						
	기쁠 **희**	喜劇(희극) 喜悲(희비) 喜色(희색) 喜消息(희소식)					
戶	戶 / 0획 (4급Ⅱ)						
	집 **호:**	戶口(호구) 戶別(호별) 戶主(호주) 窓戶(창호)					
籍	竹 / 14획 (4급)						
	문서 **적**	國籍(국적) 兵籍(병적) 本籍(본적) 書籍(서적) 在籍(재적)					
孝	子 / 4획 (7급)						
	효도 **효**	孝道(효도) 孝誠(효성) 孝心(효심) 孝子(효자) 孝行(효행)					
婦	女 / 8획 (4급Ⅱ)						
	며느리 **부**	婦德(부덕) 婦人(부인) 新婦(신부) 主婦(주부)